천로역정
두 번째 이야기

KB217995

일러두기

- 이 책은 Christian Classics Ethereal Library에서 제공하는 *The Pilgrim's Progress* 의 2부를 번역 대본으로 삼았습니다.
- 이 책의 그림은 1904년 The Religious Tract Society에서 발행한 *The Pilgrim's Progress*에 실렸던 것입니다.

천로역정 두 번째 이야기

존 버니언 지음 | 해럴드 코핑 그림 | 최종훈 옮김 | 박형진 해설

1판 1쇄 발행 2019. 8. 26. | **1판 4쇄 발행** 2023. 8. 1. | **발행처** 포이에마 | **발행인** 고세규 | **편집** 임솜이 | **디자인** 지은혜 | **등록번호** 제300-2006-190호 | **등록일자** 2006. 10. 16. | 서울특별시 종로구 북촌로 63-3 우편번호 03052 | 마케팅부 02)3668-3260, 편집부 02)730-8648, 팩스 02)745-4827

값은 뒤표지에 있습니다. ISBN 979-11-5809-084-5 03230, 979-11-5809-085-2 04230 (set) | 이메일 masterpiece@poiema.co.kr | 좋은 독자가 좋은 책을 만듭니다. | 포이에마는 독자 여러분의 의견에 항상 귀를 기울이고 있습니다.

뒤따르는 이들의 새로운 여정

천로역정

두 번째 이야기

존 버니언

해럴드 코핑 그림 · 최종훈 옮김 · 박형진 해설

포이에마
POIEMA

크리스천의 아내와 아이들이 길을 나서게 된 전말과
위험한 여정을 거쳐 꿈꾸던 나라에 안전하게 도착하기까지의 이야기.

"내가 비유를 베풀었노라."
–
호 12:10

두 번째 이야기를 내놓는
지은이의 뜻

이제 가게, 내 작은 책이여,

첫 순례자가 낯을 비쳤던 곳이면 어디든 그곳을 향하여.

문을 두드리게. 어쩌면 안에서 물을지도 모르지, 게 뉘시오?

그럼 답하게. 크리스티아나Christiana가 여기 있소.

안으로 들기를 청하거든, 들어가게,

아들들을 다 데리고. 그러고는 힘닿는 대로 들려주게.

그 아이들이 누구이며, 또 어디에서 왔는지.

척 보고, 혹은 이름만 들어도 그이들 혹여나 알아채려는지.

만일 그러지 못하거든, 그이들에게 재우쳐 묻거나,

예전에 어느 크리스천을, 한 순례자를 대접한 적이 있지 않은가?
그랬노라 하면, 그이들의 이야기를 들으며 즐거웠노라 말하면,
그 순례자와 어떤 사이인지 알려주게.
그의 아내와 아들들이 바로 여기 있다고 말일세.

그이들에게 말하게,
아이들이 제 집과 고향을 떠나 순례자가 되었으며,
장차 올 세상을 좇고 있노라고.
도중에 여러 험한 일들을 만났고,
밤낮으로 온갖 고초에 시달렸노라고.
독사들을 밟아 뭉갰고 마귀들과 싸웠으며,
숱한 악들을 이겨냈노라고.
그래, 또한 들려주게.
뒷배를 봐주는 분,
이 순례여행을 갸륵히 여겨 그 길을 지키는 분,
굳세고 용감한 수호자가 늘 함께 계셨음을.
아울러 이들이 하나님의 뜻을 온전히 따르기 위해
어떻게 세상을 거부하고 있는지 가서 말해주게.
순례길이 순례자에게 선사할 온갖 고상한 것들을 또한 일러주게.
어떻게 이들이 임금님의 은총을 입고,
그분의 보살핌을 받게 되었는지를.

얼마나 근사한 저택을 베풀어주셨는지에 대해서도 알려주게.
거친 비바람과 삼킬 듯이 밀려오는 파도를 만날지라도,
언제나 주를 향하고 그 길을 단단히 붙잡는 이들에게는
마침내 얼마나 담대한 평안이 임하게 되는지를.

아마도 그이들은 온 마음을 담아 안아줄 걸세, 그대를.
나의 만이에게 그랬던 것처럼.
그리고 그대와 동행들을 갈채와 성원으로 드높이며
순례자들을 얼마나 사랑하는지를 드러내 보이리니.

반론 1 ____
하지만 그이들이 믿어주지 않으면 어쩌죠?
내가 진정 당신의 책이라는 걸 말예요.
《천로역정》과 순례자의 이름을 딴 가짜들이
진짜배기랑 똑같이 보이려 안간힘을 쓰는 터에
누군지도 모를 이들의 손으로, 집으로
스며들었으니 말입니다, 아주 음흉한 수법으로.

요즘 들어, 어떤 이들이 《천로역정》을 베끼다시피 위조해,

제 이름과 제목을 마음대로 붙여온 건 어김없는 사실이지.

그래, 또 다른 자들은 이름, 그리고 제목까지 제 책에

기워 붙여 그럴듯하게 꾸며내기도 한다네.

하지만 그런 책들은 그 꼴만 보아도 내 것이 아니라

다른 누군가의 소산이라는 것을 단박에 알아차릴 수 있지.

혹시라도 그런 이들을 만난다면

그대가 할 수 있는 유일한 행동은 그대만의 언어로,

지금껏 아무도 쓰지 않았고, 쉬이 꾸며낼 수도 없는 말로,

그들 앞에서 터놓고 이야기하는 것뿐.

그래도 여전히 미심쩍어하거든,

다시 말해 그대들이 마치 집시들처럼 너저분하게

온 나라를 어지르고 돌아다닌다고 여기든지,

보증할 수 없는 것들을 가지고 요리조리

착한 이들을 구슬리려 든다고 여기거든, 나를 부르라.

그대들이 순례자임을 내가 증명하리라.

오직 그대들만이 《천로역정》이고

앞으로도 그러하리라고.

하지만 누군가에게 시시콜콜 캐묻게 될지도 모르죠.

그이의 삶과 육신이 모두 저주받기를 바라는 자들에 관해서요.

그런 이의 집 문을 두드리고 순례에 나서길 권했다가

그자들에게 전보다 훨씬 더 큰 노여움을 사면 저는 어찌합니까?

답변 ____

지레 겁먹지 말게, 내 책이여,

그런 공포는 근거 없는 두려움에 지나지 않는다.

지금까지 순례자의 책이 바다와 뭍을 두루 다녔으나,

가난하든 부요하든, 그 어떤 나라에서도

무시를 당하거나 문전박대를 당했다는 이야기를

나는 단 한 번도 들어보지 못했구나.

프랑스와 플랑드르, 서로가 서로를 죽이는 그곳에서조차

《천로역정》을 친구로, 형제로 존중한다는구나.

듣자하니, 네덜란드에서도 더러는 이렇게 평한다더라.

《천로역정》은 금보다 귀하다고 말이다.

하일랜드와 아일랜드 사람들 역시

《천로역정》을 잘 안다고 입을 모은다지?

제법 발전한 뉴잉글랜드에서도 마찬가지라더라.

거기선 더없이 사랑스러운 매무새로 꾸민다더구나.

말끔하게 다듬고, 새 옷을 입히고, 보석으로 가꾸니

이목구비와 팔다리가 얼마나 잘 드러나던지.

《천로역정》이 너무도 어여뻐 보이는 까닭에

많은 이들이 날마다 순례자를 노래하고 입에 올리는구나.

고향으로 점점 더 가까이 가보면, 나의 《천로역정》에

부끄러움이나 두려움을 느껴야 할 이유가 전혀 없음을 알 걸세.

온 나라와 도시들이 순례자를 반겨 맞으리니,

내 순례자가 그저 곁에 있기만 해도,

어떤 무리든 그들에게 얼굴만 내밀어도,

그들의 입가에 번지는 웃음을 억누르지 못한다네.

용맹한 전사들도 《천로역정》을 끌어안고 사랑하여,

두꺼운 책에 담긴 이야기보다 더 존중하고 또 귀하게 여기며,

기쁨에 차올라 한마디 건네지.

내 종달새 다리 한 짝이 솔개보다 한참 윗길이라고 말이야.

젊은 숙녀들과 교양 있는 여인들마저

《천로역정》에 이만저만 호의를 보이는 게 아니어서

패물상자에, 가슴에, 심장에 내 순례자를 품고 산다네.
근사한 수수께끼를 그토록 건전한 가락에 실어 전하며
읽는 수고의 곱절이나 되는 유익을 안겨주는 까닭이지.
아무렴, 내 생각엔 장담해도 좋을 것 같구나.
어떤 이들은《천로역정》을 금보다 훨씬 귀하게 여긴다고 말이야.
거리에서 뛰노는 아이들까지
거룩한 순례자를 만나면, 고개 숙여 인사하지.
그리고 복을 빌며 말한다오.
'그대는 이 시대의 사랑을 한 몸에 받는 젊은이'라고.

한 번도 본 적은 없지만 그저 들은 바에 기대어 흠모하며
언젠가 순례자의 동무가 되어,
이미 오래전부터 꿰고 있는 이야기를
그 입에서 직접 듣게 되길 그들은 바란다네.

두고 보게나. 처음에는 순례자를 좋아하지 않고,
얼간이라고 부르던 이들마저도,
순례자를 직접 만나고 그들에게 이야기를 듣고 나서는
어김없이 사랑하는 이들에게 순례자를 추천하게 될 테니.

그러므로《천로역정》, 이 두 번째 이야기를,

그대는 겁낼 필요가 없다네.
세상에 얼굴 드러내는 걸 말이야. 아무도 그대를 해하지 못할 걸세.
다들 앞서 간 친구가 잘되길 바랐던 이들이거든.
그 뒤를 잇는 두 번째도
나이가 젊든, 들든, 휘청거리든, 반듯하든 누구에게나 하나같이
근사하고, 풍성하며, 유익한 것들을 담고 있기 때문이지.

반론 3 ____

하지만 더러는 순례자를 일컬어 너무 크게 웃는다고들 합니다.
또 누군가는 그이의 머리가 구름 속에 있는 것만 같다고 합디다.
개중에는 그 말과 이야기가 너무 난해하다는 이들도 있죠.
아무리 궁리해도 무슨 말을 하는지 도통 알 길이 없다고요.

답변 ____

여보게, 내 생각엔 누구든 순례자의 물기 어린 두 눈만 봐도,
그이의 웃음과 울음을 짐작하고 남을 성싶네만.
본질적으로 마음은 아픈데도 어쩔 수 없이
빙그레 복잡한 미소를 짓게 하는 것들이 있지.
야곱도 양떼와 함께 있는 라헬을 보자마자

입 맞추며 동시에 울지 않았나.

한편에선, 수군댄다지? 순례자의 머리엔 구름이 가득하다고들.
그래, 그럴지도 모르지.
하지만 그건 지혜가 외투를 뒤집어쓰고 있음을,
그리고 진심으로 찾고 싶은 무언가를 잘 탐색하기 위해,
제 마음을 채찍질하고 있음을 여실히 보여줄 따름일세.
난해한 말들 뒤에 숨은 듯 보이는
실상은 경건한 이들의 마음을 사로잡아
금언들이 품고 있는, 아주 흐릿한 가락으로 들려주는 사실에
더욱 몰두하게 만드는 법이라네.
또한 난 알고 있지. 모호한 비유가 도리어 호기심 어린 상상에
더 깊이 파고들뿐더러 마음과 머리에 단단히 달라붙는다네.
직유가 불러일으키는 것들보다 훨씬 더 강하게 말일세.

그러니, 내 책이여, 조심하게,
그 어떤 좌절도 그대의 여행을 휘두르지 못하게.
보게나, 그대는 적이 아니라 친구에게 보내지는 것일세.
그대와 그대의 순례자들을, 그대의 이야기를 품어줄 벗들에게.

더 나아가, 첫 번째 책이 숨겨두고 떠난 것들까지,

그대, 이 멋진《천로역정》두 번째 이야기가 드러내리니,
크리스천이 길을 나서며 잠가둔 것들을 사랑스런 크리스티아나가
제 열쇠로 열어젖히리라.

반론 4 _____

그런데 어떤 이들은 첫 번째 책의 방식을 좋아하지 않아요.
하찮은 모험담쯤으로 치부하고 가볍게 치워버리죠.
그런 이들을 만나면 뭐라고 해야 할까요?
그이들이 이 이야기를 무시하듯 나도 똑같이 무시해버릴까요?
아니면 어떻게 해야 할까요?

답변 _____

만일 그런 이들을 만나거든, 그대 크리스티아나는,
부디 온갖 애정 담은 지혜를 동원해 그이들을 맞이하게나.
욕설을 욕설로 갚지 말게.
그이들이 인상을 쓰더라도 부디 미소로 그들을 대해주게.
성품이 원래 그러하거나, 무언가 나쁜 소문을 들은 탓에
그대를 멸시하거나 함부로 쏘아붙이는 것이려니 여기시게.

어떤 이들은 생선을 싫어하고,

또 어떤 이들은 치즈를 좋아하지 않으며,

누군가는 친구와 어울리는 것을 좋아하지 않고,

제 집과 가정마저 멀리하며,

한편에선 돼지라면 진저리를 치는데

다른 이들은 닭고기를 외면하고,

개중에는 가금류는 마다하면서

뻐꾸기나 올빼미 고기는 좋아한다오.

그러니, 크리스티아나여,

그런 일들일랑은 저마다의 선택에 맡기고,

그대를 보고 크게 기뻐할 법한 이들을 찾아가시오.

무슨 일이 있어도 다투지 말고 더없이 겸손한 마음가짐으로

그대가 지닌 순례자의 면모를 그이들에게 보여주오.

그럼 내 작은 책이여, 가게나.

반갑게 맞이하며 그대를 대접하는 이들에게 가서 보여주게.

다른 이들에게는 단단히 빗장을 채우고 보이지 않을 것들을.

그대가 알려주고 싶어 하는 것들은

그이들에게 영원한 축복이 되며, 순례자의 길을 택하게 만들 걸세.

그대나 나를 뛰어넘어 훨씬 훌륭한 순례자가 될 길 말일세.

자, 가시게. 많은 이들에게 그대가 누구인지 말하게.

나는 크리스티아나라고 이야기하게.
이제 네 아들들과 더불어 그대가 할 일은,
순례자가 된다는 게 무얼 뜻하는지
많은 사람들에게 들려주는 것이라고 일러주게.

또한 가서 들려주게.
지금 그대와 함께 동행하는 이들이
어떤 이들인지 하나씩 알려주게.
그이들에게 말하게.
여기 곁에 선 양반은 '자비Mercy' 님으로,
함께 여정에 나선 지 아주 오래됐다오.
다들 와서 이 여인의 순결한 낯빛을 보고
게으름뱅이와 순례자를 가려내는 법을 배우시오.
젊은 아가씨들을 그에게 맡겨서
다가올 세상을 소중히 여기는 법을 기필코 익히게 하시오.
어린 아기씨들이 사뿐사뿐 하나님을 뒤따라가는 날,
낡고 썩은 죄인들을 그분의 회초리에 맡겨두고 따르는 그날,
그때는 마치 헐고 묵은 무리들이 비웃고 조롱해도
젊은이들은 '호산나!' 외쳐 불렀던 그 시절과 같을 게요.

다음에는 나이 많은 '정직Honest'의 이야기를 전해주게.

흰 머리 날리며 순례자의 땅을 걷던 그 노인네 말일세.

그래, 말해주게, 그이가 얼마나 솔직한지,

선하신 주님을 좇아 그이가 어떻게 십자가를 짊어지고 가는지.

어쩌면 머리 허연 늙은이들에게는 그게 먹혀서

그리스도를 사랑하고 죄를 애통히 여기게 할 수도 있을 터.

'불안Master Fearing' 씨가 어떻게 순례길에 들어섰고,

두려움에 울부짖으며

그 길고 긴 외로운 시간들을 어떻게 보냈는지도

그이들에게 들려주게.

아울러 끝내 기쁨을 상급으로 받게 되었던 일도 알려주게.

심령은 허약했을지언정 심성은 착했던 그이,

그렇게 선했기에 생명을 물려받았지.

'심약Master Feeble-mind' 씨의 이야기도 들려주게.

비록 앞장서지는 못했음에도 꾸준히 따라가는 이분을 말일세.

또한 그이가 어떻게 죽을 지경이 됐었고

어떻게 '담대Great-Heart' 님을 만나 목숨을 건졌는지도 말해주게.

은혜를 끼치는 일에는 조금 약했지만

그래도 진심을 품은 친구였네.

누구든 그 얼굴에서 참다운 경건을 읽어낼 수 있을 걸세.

'주저Master Ready-to-Halt' 씨에 대해서도 그리하게.
목발에 의지해야 했지만 용케도 넘어지는 법이 없던 사내.
'심약'과 그이가 어떻게 서로 좋아하게 되었는지
서로의 생각이 대부분 척척 맞아떨어졌던 것들을,
더불어 낱낱이 알려주게. 승산이 크지 않은 상황에서도,
한쪽이 노래를 하면 다른 한편은 그에 맞춰 춤을 추었노라고.

아주 어린 나이인데도 용기가 대단했던 젊은이,
'진리용사Master Valiant-for-the-Truth' 님도 잊어선 안 되지.
모두에게 알려주게, 그 영혼이 더없이 굳셌기에
아무도 그의 뜻을 꺾을 수 없었다네.
아울러 들려주게. 이 청년이 차마 침묵을 지키지 못하고 어떻게
'아량'과 함께 의심의 성을 무너뜨리고 '절망'을 처단했는지도.

'의기소침Master Despondency' 씨와
그이의 딸 '겁보Much-afraid' 양도 빠트려선 안 되지.
비록 하나님께 버림받았다 여기기에 (어떤 이들에게는)
정말 그래 보이는 행색을 했을지라도 말일세.
이들은 조심스러웠지만 흔들림이 없었지.
그리고 끝내 순례자들의 주님이 곧 제 친구임을 깨달았으니.

이 모든 일들을 세상에 들려주었으면,
내 책이여, 이제 돌아서서 이 현악기들을 연주하게.
살짝 손을 갖다 대기만 해도 절름발이들도 거인들도
몸을 흔들게 할 가락이 절로 흘러나올 걸세.

그대 가슴속에 쌓인 수수께끼들을
마음껏 끄집어내서 낱낱이 풀어내게.
나머지 알쏭달쏭한 문장들은 그냥 남겨두어
기발한 상상력을 지닌 친구들이 풀어내게 하세.

이제, 바라건대 이 보잘것없는 글과 나를
사랑해주는 이들에게 이 작은 책이 은총이 되기를.
그리고 이 책을 사드는 이들에게
돈을 잃거나 내버렸다고 여길 빌미를 주지 않기를.
뿐만 아니라 이《천로역정》두 번째 이야기가
선한 순례자들이 저마다 품은 생각에 딱 들어맞는 결실이 되기를,
아울러 방황하는 이들을 다만 얼마라도 타이르게 되기를,
그리하여 그 걸음과 마음을 바른 길로 되돌리기를.

이것이 글쓴이 존 버니언이
마음을 다해 드리는 기도이니.

The Pilgrim's Progress
part II

차례

읽는 이들에게
부치는 글

The Pilgrim's Progress

존경하고 사랑하는 길벗들에게.

순례자 크리스천과 그이가 새 예루살렘을 향해 걸었던 위험천
만한 여정에 관해서는 이전에 이미 이야기한 적이 있다. 내게는
썩 즐거운 일이었고 그대들에게도 유익했으리라 믿는다. 아울러
순례자의 아내와 자식들을 지켜봤던 얘기도 했었다. 순례길에
함께 오르길 워낙 싫어했던 터라 크리스천으로서는 식구들을 다
버려두고 혼자 길을 나설 수밖에 없었다. 가족들과 함께 멸망의
도시에 남아 있다간 슬금슬금 닥쳐오는 파멸과 맞닥뜨릴 게 뻔
한데, 그는 도무지 그런 위험을 무릅쓸 엄두가 나지 않았던 것이

다. 그대들에게 이미 설명했듯이, 그런 까닭에 크리스천은 아내와 아이들을 남겨둔 채 홀로 순례길에 들어섰다.

그동안 일이 워낙 분주하고 정신이 없어서 마실 다니듯 늘 들르던 동네, 다시 말해 순례자가 출발했던 곳에 좀처럼 가보지 못하고 지냈다. 그래서 여태껏 크리스천이 남겨둔 식솔들을 수소문해서 뒷이야기를 전할 기회가 없었다. 그러다 최근에 볼일이 생겨서 다시 그리로 내려가게 되었다. 순례자와 헤어진 자리에서 1.5킬로미터쯤 떨어진 곳에 숙소를 잡고 잠자리에 들었는데, 그날 밤 꿈을 꾸었다.

꿈에서 내가 누워 쉬고 있는 쪽으로 나이 지긋한 어른이 다가왔다. 마침 그 어르신이 내가 향하는 곳으로 가는 길이라기에 얼른 일어나서 동행해야겠다 싶었다. 그렇게 해서 우린 길동무가 됐다. 여느 여행자들과 마찬가지로, 얼마 지나지 않아 우리는 온갖 이야기를 다 털어놓게 되었으며, 그 끝에 크리스천과 그의 여정에 관한 이야기가 나왔다. 노인에게 던진 질문이 실마리가 됐다. "어르신, 저 아래 보이는 게 무슨 마을이죠? 저기, 우리가 가는 길 왼편에 있는 저 동네 말입니다."

그러자 총명(이게 노인의 이름이었다) 선생이 대답했다. "'멸망의 도시'일세. 많은 이들이 부대껴 사는 대도시이지만 성질이 사납고 게으른 부류가 득실거리지."

옳다구나 싶어서 얼른 뒤이어 말했다. "저도 언젠가 저기에 가

본 적이 있습니다. 어르신 말씀대로더군요.”

총명 선생 “어김없는 사실이고말고! 웬만하면 저기 사는 이들에 대
해 좋은 얘길 하고 싶지만 도저히 그럴 수가 없구려.”

“그렇습니다. 어르신은 참 선량한 분이란 생각이 듭니다. 좋은
일을 듣고 이야기하는 걸 즐겨하는 분 같아요. 그런데 혹시 이
고을에 살던 크리스천이라는 양반에게 어떤 일이 생겼는지 들어
보지 못하셨나요? 고귀한 세상을 향해 순례여행을 떠났다든지
하는….”

총명 선생 “들다마다! 그이가 여정에서 맞닥뜨리고 부닥쳤던 온
갖 괴롭힘과 어려움, 전쟁과 포로생활, 울부짖음과 신음, 놀
라고 두려웠던 일들까지 낱낱이 모두 다 들었다오. 그런데
말이오, 이건 꼭 짚고 넘어가야겠구려. 온 나라 구석구석까
지 크리스천의 이야기는 두루 퍼졌지만, 그이의 됨됨이와
행실을 듣고 그 뒤를 따른다든지 순례길이 어떠했는지 자취
를 찾아본 집안은 아예 없다시피 했소. 적잖은 이들이 순례
자의 위험천만한 여정에 성원을 보냈던 건 사실이오. 그래,
그렇다고 볼 수 있어. 여기 살 적에는 다들 입을 모아 그를
멍텅구리라고 놀려댔지만, 순례길을 떠나고 나서부터는 뭇

사람들로부터 큰 인정을 받았다오. 그이가 지금 있는 곳에서 더없이 행복하게 산다니까 더 그러겠지. 순례자가 따랐던 위태로운 나그넷길을 따라 밟을 엄두조차 못 내면서, 그이가 받은 상급을 보며 입맛을 다시는 작자들은 수두룩하단 말씀이야."

"그렇다면 그 양반들이 보기는 제대로 봤다는 생각이 듭니다. 순례자가 지금 머무는 데서 더없이 즐겁게 지내고 있다고 믿는다면 말입니다. 크리스천은 생명 샘에 살고 있거든요. 수고와 슬픔이 한 점도 깃들지 않은 삶을 누리고 있죠. 거기엔 괴로움 따위가 섞여들 여지가 전혀 없으니까요. 선생님도 들으셨죠? 사람들이 뭐라고들 하는지….."

총명 선생 "말? 많고말고. 흰옷을 입고 돌아다닌다느니계 3:4, 목에 금 목걸이를 걸고 다닌다느니, 머리에 진주가 박힌 금 면류관을 썼다느니 크리스천을 둘러싸고 별별 희한한 이야기들이 떠돌아다니지. 또 마치 세상에서 이웃끼리 가까이 지내듯, 순례자가 거기서 그들과 아주 친하게 어울린다고도 얘기하는 친구들도 있다네. 순례길에 드문드문 나타났던 그 환하게 빛나는 이들과 말일세.

어디 그뿐이겠나? 순례자가 사는 나라 임금님이 대궐에다

호사스럽고 쾌적한 거처를 내려주신 덕에 날마다 나라님이랑 한 상에서 먹고 마시며 함께 다니면서 이야기를 나눈다고 장담하는 이들도 있어. 모든 일을 판단하고 심판하시는 분께서 미소와 은혜를 듬뿍 베풀어주신다는 거지.슥 3:7: 눅 14:14-15 게다가 더러는 그 나라의 주인이신 왕자님이 곧 세상에 오셔서, 크리스천이 순례에 나서려는 걸 알게 된 이웃들이 그이를 그토록 멸시하고 한없이 조롱했던 까닭부터 파악하시리라고 여긴다네. 그자들이 뭐든 그럴듯한 답을 내놓을 수 있을지 모르겠네만.유 1:14-15

이야기인즉슨, 왕자님은 이제 크리스천을 마음을 다해 아끼고 사랑하신단 걸세. 그러니까 순례자가 길을 나설 때 쏟아졌던 모욕에 깊은 관심을 두시는 나머지, 마치 스스로 수치를 당한 것처럼 여기시리란 뜻이지.눅 10:16 놀랄 일도 아니야. 크리스천이 그처럼 온갖 어려움을 무릅썼던 것도 결국은 왕자님을 향한 사랑 때문일 테니."

다시 내가 나섰다. "다행이군요. 그 가엾은 양반을 생각하면 더 없이 반가운 소식이죠. 고된 수고를 벗고 이제 쉼을 누리게 됐고, 눈물의 씨앗을 뿌려 기쁨의 열매를 거두게 됐고, 적의 총알이 미치지 않는 곳에 이르렀으며, 그이를 미워하는 이들의 손아귀를 벗어났으니 참 반가운 일입니다.계 14:13; 시 126:5-6 이런 일들과 관련된 소문이 온 나라에 두루 퍼진 것 역시 반가울 따름입니다. 뒤에 남은 이들에게 그런 풍문이 선한 영향을 끼치지 않는다고 누가 감히 단언할 수 있겠습니까? 그런데 선생님, 문득 생각이 나서 그러는데, 혹시 크리스천의 아내와 자식들 얘길 들으신 적이 있습니까? 딱한 양반들 같으니라고! 그이들이 어떻게 지내는지 못내 궁금하군요."

총명 선생 "누구라고? 크리스티아나와 아이들이라 했소? 순례자가 했던 그대로 따라했다오. 물론, 처음엔 어리석게들 굴었지. 크리스천이 눈물 바람을 하며 매달려도 꿈쩍도 하지 않았으니까. 하지만 곰곰이 생각한 끝에, 완전히 마음을 달리 먹고는 온 식구가 보따리를 꾸려서 이내 순례자를 좇아 길을 떠났다네."

"잘됐네요, 너무 잘됐어요! 와, 대단하네요. 아내와 아이들까지 한꺼번에 순례에 나서다니!"

총명 선생 "어김없는 사실일세. 어떻게 된 일인지 자세히 들려줄 수도 있네. 마침 그때 그 자리에 있었던 터라 앞뒤 사정을 낱낱이 알고 있으니까."

"그럼 사실은 이러저러하다고 이곳저곳 다니며 그 소식을 전해도 된다는 말씀인가요?"

총명 선생 "걱정 말고 자신 있게 이야기하게나. 선량한 아낙과 아들 넷이 다 순례길을 떠났으니 말일세. 우린 한동안 같은 길을 갈 성싶으니 자네에게 앞뒤 사정을 죄다 이야기해주지. 남편이 강을 건너 가버린 뒤로 더 이상 아무 소식도 들을 수 없게 되자 크리스티아나(아이들을 데리고 순례자의 삶에 들어선 날부터 이게 그이의 이름이 됐지)는 생각이 많아졌다네. 무엇보다 남편을 잃었구나 싶었지. 둘 사이를 이어주었던 애정 가득한 관계의 끈이 결국 끊어져버렸다는 느낌이 들었던 걸세. 자네도 알겠지만, 예전에 크리스천이 했던 말마따나, 사랑하는 이들을 잃어버린 기억에 빠져 있을 때는 무거운 상념들을 짊어지고 살게 마련이 아니던가? 그래서 이 여인도 남편을 떠올리며 눈물을 펑펑 쏟곤 했지.

그런데 그게 다가 아니라네. 혹시 자신의 온당치 않은 처신이 남편을 더 이상 볼 수 없게 만든, 다시 말해 남편이 자신을 떠나게 된 원인 중 하나로 작용하지 않았을까 하는 의구심을 품기 시작했거든. 그러다 마침내 더없이 가까운 친구에게 온갖 매정하고, 부자연스러우며, 불경건한 짓을 해댔던 기억이 머릿속을 가득 채우고 득실거리기에 이르렀네. 양심에 부대

끼고, 죄의식에 짓눌렸지.

남편이 초조하게 신음하며, 쓰라린 눈물을 흘리고 탄식하던 기억부터, 함께 떠나자고 자신과 아들들에게 애원하고 사랑으로 설득할 때 얼마나 매정하게 대했는지까지 갖가지 기억이 다 떠오르는 바람에 더욱더 마음이 무너져 내렸다네. 이 무거운 짐을 짊어진 채로 크리스천이 들려준 말이나 눈앞에서 보여준 행동들이 문득문득 떠올라 가슴이 갈가리 찢어지는 고통에 시달리기도 했고. 특히 '어떡해야 구원을 받을 수 있을까?'라고 부르짖던 남편의 처절한 외침이 더없이 애절하게 여인의 귓가를 맴돌았다네.

그러다 아들들을 불러 모아 이야기했지. '우린 이제 다 망했다. 엄마가 잘못을 저지르는 바람에 아빠가 떠나버렸구나. 그 양반은 우리들을 데려가고 싶어 했지만, 난 내키지 않았단다. 그게 결국 너희들이 생명에 다가가지 못하게 막아서는 일이 되고 말았구나.' 그러자 아이들이 눈물을 흘리며 아버지를 따라가자고 매달리며 울부짖었어.

크리스티아나는 말했다네. '너희 아버지를 따라갔더라면 운명이 달라졌을 텐데! 그랬더라면 만사가 다 잘 풀렸을 거야. 지금 이런 꼴로 있지는 않았겠지. 처음에는 어리석게도 너희 아버지가 겪고 있는 문제가 터무니없는 공상에서 비롯됐거나 우울한 기질에 눌려서라고 판단했단다. 하지만 다른 데 원인이 있었다는 생각을 떨쳐버릴 수가 없구나. 구체적으로 말하자면, 죽음의 올가미에서 벗어나게 해줄 생명의 빛이 임했던 거야.약 1:23-25; 요 8:12; 잠 14:27 내 생각에는 그래.' 다시 한번 울음이 터졌다네. 다들 부르짖었지. '아, 저주스러운 그날이여!'

이튿날 밤, 크리스티아나는 꿈을 꿨소. 놀랍기도 하지, 널찍한 양피지가 눈앞에 좍 펼쳐지는 게 아니겠소? 거기엔 그이가 살아온 이력이 빠짐없이 적혀 있었소. 제 눈에도 더없이 사악해 보이는 죄악들까지 말이오. 여인은 잠든 채로 냅다 소리를 질렀소. '주님, 이 죄인에게 자비를 베푸소서!'눅 18:13 자던 아이들도 그 소릴 다 들었다오.

그리고 얼마나 지났을까, 크리스티아나는 꺼림칙하게 생긴 인물 둘이 곁에 서 있는 걸 알아챘다네. 그자들끼리 말하더래. '이 여인을 어찌할까? 자나깨나 자비를 베풀어달라고 소리를 질러대고 있으니 난감하네. 시종일관 이렇게 괴로워하게 됐다가는 그 남편처럼 영영 놓치고 말겠어. 그러니 무슨 수를 써서라도 장차 어찌 될지 궁리하지 못하도록 막아야겠지? 그렇지 않으면 온 세상이 일어나 말려도 기어코 순례자가 되어버릴 게야.'

크리스티아나는 땀에 흠뻑 젖은 채 깨어났네. 온몸이 와들와들 떨렸지. 하지만 이내 다시 잠이 들었는데 이번엔 크리스천, 그러니까 그녀의 남편이 은총의 땅에서 영원히 죽지 않는 이들 틈에 함께 있는 장면이 보이는 것 같더래. 손에 하프를 들고 서서 머리에 무지개를 두르고 보좌에 앉으신 분 앞에서 연주를 하고 있었다지, 아마? 그뿐만 아니라 왕자님 발등 위에 얼굴이 닿도록 머리를 조아리고 고백하더래. '저를 여기에 불러주신 나의 주인, 나의 임금님께 감사를 드립니다!' 그러자 주위를 에워싸고 있던 벗들이 한목소리로 무어라 외치고 또 하프를 타는데, 살아 있는 인간 가운데 그 누구도 그 뜻을 헤아릴 수 없는 말이었다는군. 알아듣는 이는 오로지 크리스천과 그 벗들뿐이었던 걸세.

아침이 밝자, 여인은 자리에서 일어나 하나님께 기도하고 아들들을 불러 잠깐 이야기를 나누고 있는데 밖에서 문을 두드리는 소리가 들렸어. 크리스티아나는 큰 소리로 대답했지. '하나님의 이름으로 오신 분이라면 어서 들어오세요!'

손님은 '아멘'으로 화답하더니 문을 열고 들어왔네. 그러곤 여인에게 허리를 숙이며 '이 댁에 평안이 가득하길 빕니다'라고 인사하고 나서 물었지. '크리스티아나 님, 제가 온 까닭을 아시겠습니까?' 순간, 피가 얼굴로 몰리고 몸이 떨렸지. 그이가 어디서, 그리고 무슨 심부름으로 찾아왔는지 어서 알고 싶은 마음에 가슴이 뜨겁게 차오르더래. 이윽고 손님이 입을 열었다네.

'내 이름은 '비결Secret'이올시다. 저 높은 데 있는 이들과 함께 지내고 있지요. 내 사는 데서 듣자 하니, 당신께서도 그쪽으로 오려는 생각을 가지고 있다 하더군요. 게다가 예전에 남편에게 어떤 악행을 저질렀는지 깨달았다는 얘기도 있고요. 남편이 가는 길을 냉정하게 막아서고 아이들한테는 아무 얘기도 해주지 않았죠.

크리스티아나여, 자비로우신 주님은 날 보내 당신에게 전하라고 하셨어요. 그분은 기꺼이 용서하시는 분이며 죄를 사해주시는 걸 곱절은 더 기뻐하신다고요. 또 당신을 주님의 임재에, 다시 말해 그 식탁에 초대하고 싶다는 뜻을 알리라고 하셨어요. 그분의 집에 가득한 맛있는 음식으로 먹이고 당신의 조상, 야곱의 유산을 물려받게 하시겠다고요. 당신의 남편 크리스천도 거기에 있어요. 아주 많은 벗들과 함께요. 그를 바라보는 이들의 삶을 보살펴주시는 분의 낯을 늘 우러러보고 있답니다. 당신의 발걸음이 저 높은 곳의 문턱을 넘는 소리를 들으면, 다들 한마음으로 기뻐할 거예요.'

그 얘기에 여인은 한없이 부끄러워 고개를 푹 숙였네. 손님은 계속 말을 이어갔지. '크리스티아나 님, 여기 편지도 있답니다. 댁의 남편이 모시는 임금님께서 보내신 글이죠.' 서신을 받아 열자 더없이 향기로운 냄새가 퍼졌다네.아 13 한 글자 한 글자가 모두 금으로 적혀 있었지. 내용을 보면, 임금

'비결'의 방문

님은 여인이 남편 크리스천이 걸었던 길을 그대로 따르길 바란다고 되어 있었어. 임금님의 성에 이르러 그분의 임재 안에 머물며 영원히 기쁨을 만끽할 길이 거기에 있기 때문이지. 편지를 죽 읽어 내려가던 이 착한 여인은 이내 감격에 겨워 손님에게 부르짖었네. '선생님, 저와 이 아이들을 함께 데려가주시겠어요? 우리도 가서 임금님께 예배할 수 있을까요?'

손님은 대답했지. '크리스티아나여, 고생 끝에 낙이 오는 법입니다. 새 예루살렘 성에 들어가려면 앞서 갔던 이가 그랬듯 시련을 거쳐야 하죠. 그래서 남편 크리스천처럼 하라고 당부하는 겁니다. 들판 너머에 있는 좁은 문으로 가세요. 당신이 반드시 가야 할 길이 거기서 시작되니까요. 힘닿는 데까지 최대한 빨리 가면 좋겠습니다. 아울러 이 편지를 가슴에 품고 가길 권합니다. 여행하는 내내 마음에 새겨질 때까지 읽고 또 읽고 아이들에게도 들려주세요. 편지는 이 집에서 나그네로 지내는 동안 그대들이 불러야 할 노래 가운데 하나이기 때문입니다.시 119:54 마지막 문을 지날 때 내놓아야 할 징표이기도 하고요.'"

꿈속이었는데도 사연을 들려주는 내내 총명 선생이 사뭇 감격한 눈치임을 알 수 있었다. 노인은 계속 말을 이었다.

"마침내, 크리스티아나는 아이들을 불러 모아놓고 이야기를 시작했지. '아들들아, 이미 짐작했을지 모르겠다만, 요즘 내가 너희 아버지의 죽음을 두고 생각이 이만저만 많은 게 아니었지. 그이가 행복하게 지낼까 의심스러워서가 아니라, 무척 잘살고 있다는 게 너무도 흡족해서야. 한편으론 내 처지와 너희들의 형편을 곱씹으며 얼마나 충격을 받았는지 모른다. 우린 정말 밑바탕부터 비참한 상황이니까. 너희 아빠가 한창 어려움을 겪고 있을 때 내가 보였던 행동들도 짐이 되어 양심을 무겁게 짓눌렀단다. 나만이 아니라 너희들까지 부추겨서 네 아버지에게 냉담하게 굴게 하고 끝내 순례길에 따라나서길 마다하게 만들었잖니.

지난밤에 꾼 꿈과 오늘 이 손님이 건넨 격려가 아니었더라면 나는 그런 상념들에 눌려 죽었을지도 모르지. 얘들아, 이제 짐을 꾸려서 새 예루살렘 성으로 통하는 문으로 가자꾸나. 아버지를 만나서 그 양반의 벗들과 한데 어울려 그곳의 법을 따르며 평화롭게 지낼 수 있을 거야.'

아이들은 눈물을 흘렸다네. 엄마의 마음이 그렇게 기우는 게 기뻤던 모양이오. 손님은 작별인사를 하고 떠나고 식구들은 나그넷길에 나설 채비를 시작했지. 그런데 막 집을 나서려는 참에 이웃에 사는 두 여인이 찾아와서 문을 두드렸어. 크리스티아나는 아까처럼 하나님의 이름으로 오신 분이라면 들어오라고 했네. 손님들은 기겁을 했어. 그런 식으로 말하는 걸 일찍이 들어본 적이 없었거든. 크리스티아나의 입에서 그런 얘기가 나올 줄은 상상도 못 했던 거지. 어쨌든 두 여인은 안으로 들어왔네. 그런데 맙소사, 마냥 착하기만 했던 안주인이 집을 떠나려 하고 있는 게 아닌가!

이웃 여인들이 캐묻기 시작했네. '이게 도대체 어찌 된 일이우?'

크리스티아나는 둘 중에 언니 격인 '소심댁Timorous'에게 먼 길을 떠날 준비를 하고 있다고 대답했지.

이 소심댁이란 여인은 지난날 크리스천이 '곤고재the Hill Difficulty'를 넘을 때 만났던 남자, 그러니까 사자들이 버티고 있다고 겁을 주며 돌아가라고 꼬드겼던 그자의 딸이었네.

소심댁 '말씀 좀 해보세요, 길을 떠나다니, 무슨 길을 떠나요?'
크리스티아나 '의로운 남편이 갔던 길을 따라가려고요.'

순간, 크리스티아나의 눈에서 눈물이 주르륵 흘러내렸다오.

소심댁 '착한 이웃 양반, 부디 그러지 않았으면 좋겠군요. 저 가엾은 아이들을 봐서라도 그렇게 자신을 망치는 여성스럽지 못한 일을 벌이지 마세요.'
크리스티아나 '그런 말씀 마세요. 아이들도 모두 함께 가기로 했어요. 남고 싶어 하는 아이는 단 한 명도 없었다고요.'

크리스티아나를 찾아온 자비와 소심댁

소심댁 '도대체 뭐가, 아니면 누가 댁에게 그런 생각을 심어줬는지 정말 궁금하구려.'

크리스티아나 '제가 알고 있는 걸 이웃 아주머니들도 알게 되시면, 틀림없이 저랑 함께 떠나려 할 거예요.'

소심댁 '이런, 제발! 댁이 알게 된 새 지식이 도대체 뭐기에 친구들마저 저버리고 아무도 모르는 데로 가게 만든답니까?'

그러자 크리스티아나가 대답했소. '남편이 떠난 뒤로, 특히 강을 건너가 버린 뒤로 몹시 괴로웠어요. 무엇보다 날 힘들게 만드는 건 그이가 한창 어려움을 겪을 때 보였던 제 막돼먹은 행동들이었어요. 그런데 이제는 제가 그때 그이가 그랬던 것처럼 힘들어하고 있고요. 순례여행을 떠나는 것 말고는 무엇으로도 해결이 나지 않을 거예요.

어젯밤 꿈에서 남편을 봤어요. 제 영혼이 그이와 같이 있었던 거죠. 남편은 그 나라 임금님과 함께 살고 있더군요. 한 상에 앉아서 밥을 먹더라고요. 영원한 생명을 가진 이들과 벗이 되었죠. 지금은 왕이 내려준 집에 머물고 있는데 이 세상의 으뜸가는 궁전도 거기에 대면 거름더미나 다름없겠다 싶더군요. 고후 5:1-4 궁궐에 계신 왕자님이 편지도 보내주셨어요. 그분께 가면 잘 대접해주겠노라 약속하는 서신이죠. 방금 전까지만 해도 사신이 여기에 있었어요. 날 초대하는 편지를 품고 말이죠.'

그러곤 편지를 꺼내 읽어주고는 말했지. '이것까지 보여드렸는데도 그런 말씀을 하시겠어요?'

소심댁 '오, 댁과 댁의 남편은 뭐가 씌어도 단단히 씐 것 같네요. 스스로 그런 어려움을 무릅쓰다니! 댁도 들었죠? 좀 심하게 말해, 댁의 남편이 집을 나서 첫 발을 떼는 순간부터 무슨 일을 당했는지 난 똑똑히 알아요. 이웃에 사는 '옹고집 씨Obstinate'라면 지금도 정확하게 증언해줄 수 있을 거예요. '유순한 씨Pliable'도 그렇고요. 두 분 다 댁의 남편과 한동안 동행했지만 슬기로운 사람들답게 더 멀리 가기를 겁내고 조심스러워했거든요. 뿐만 아니라, 크리스천이 어떻게 사자와 '아볼루온Apollyon', '죽음의 그늘 골짜기Shadow of Death'를 비롯해 온갖 어려움에 부닥쳤는지도 들었죠. '허망시장Vanity Fair'에서 만났던 위험은 댁도 잊지 않았을 겁니다. 사내도 그렇게 견디기 어려운 판에, 댁처럼 힘없는 아낙이 뭘 어찌하시려는 거죠? 댁의 살과 뼈나 다름없는 귀여운 네 아이들도 생각하셔야죠. 제 한 몸이야 앞뒤 가리지 않고 내던질 수 있다 할지라도 그 몸의 열매를 위해서는 집에 머물러야 마땅하지 않겠어요?'

하지만 크리스티아나는 소심댁에게 대꾸했다네. '이웃들께서는 헷갈리게 하지 말아주세요. 지금 저는 작은 값을 치르고 큰

이득을 보려는 참이에요. 지금 마음먹고 이 기회를 잡지 않는다면, 세상에 그런 멍청이는 없을 겁니다. 두 분은 이 길을 가면서 만날 수도 있는 온갖 어려움들을 말씀하셨지만, 그게 절 낙담시키기는커녕 도리어 제 판단이 옳음을 보여주는 것 같군요. 태산을 넘어야 평지를 보는 법입니다. 힘들게 오른 길을 수월하게 내려가는 기분은 한결 달콤하게 마련이고요. 아까 분명 제가 물었는데, 아무래도 두 분은 하나님의 이름으로 제 집에 오신 게 아닌 것 같으니 그만 가주시겠어요? 더는 저를 불안하게 만들지 마시고요.'

그러자 소심댁은 막말을 해대며 함께 온 이웃, 자비 양을 부추겼지. '우리의 조언이고 그동안 쌓아온 정이고 뭐고 다 퇴짜를 놓으니, 어서 그만 갑시다. 저 여자가 어찌하든 상관치 말고요!'

하지만 자비는 어찌할 바를 모르고 망설였다네. 기다렸다는 듯 그렇게 하자고 대꾸할 수 없었던 거야. 거기엔 두 가지 이유가 있네. 우선, 속마음은 크리스티아나에게 기울고 있었기 때문이지. 그래서 이 이웃 양반이 정 떠나겠다면 다만 얼마라도 함께 가면서 도와주어야겠다고 속으로 다짐했다네. 둘째로, 마음속 가장 깊은 데 도사린 제 영혼에 대한 갈망이 너무 컸던 까닭이지. 그러기에 그는 혼잣말처럼 중얼거렸네. '크리스티아나와 좀 더 이야기를 나눠봐야겠어. 이분의 말에 진리와 생명이 담긴 게 보이면 온 마음을 다해 동행할 거야.' 마침내 자비는 소심댁에게

답했어.

'그래요, 오늘 아침에 댁과 나란히 크리스티아나 님을 만나러 온 건 사실이에요. 그런데 보다시피 이분은 여길 영영 떠나려 하시는군요. 그래서 말씀인데, 이 화창한 아침에 잠시라도 같이 걸으며 힘을 보태드리는 게 도리가 아닐까 싶어요.' 자비는 대답을 하면서도 두 번째 이유만큼은 꽁꽁 감춰두고 드러내지 않았네.

소심댁은 토라져서 말했지. '알 만하군요. 댁도 어리석은 짓을 하기로 마음먹은 모양이네요. 하지만 때를 잘 살피세요. 슬기롭게 구시고요. 위험과 떨어져 있으면 위험할 일이 없죠. 하지만 위험 속에 들어앉아 있으면 만사가 다 위험할 테니까요.'

그렇게 소심댁은 집으로 가버렸고, 크리스티아나는 길을 떠났지. 그런데 소심댁은 집으로 돌아가자마자 이웃들을 불러 모았다네. '머뭇댁Mrs. Bat's-Eyes', '조급댁Mrs. Inconsiderate', '경박댁Mrs. Light-Mind', '무지 부인Mrs. Know-Nothing' 같은 아낙들이지. 손님들이 다 모이자, 소심댁은 크리스티아나와 순례여행 이야기를 꺼내놓았네. 그이가 말문을 열었어.

'이웃 아주머니들, 내 말 좀 들어보시구려. 오늘 아침에는 딱히 할 일도 없고 해서 크리스티아나 씨네 집으로 찾아갔었다우. 가서 현관문을 똑똑 두드렸어요. 알다시피, 여기선 다들 그렇게 하잖아요. 안에서 대꾸하더군요. 하나님의 이름으로 왔으면 들어오라든가? 당연히 들어갔죠. 잘 지내겠거니 생각하면서요. 그런데 이 고장을 뜰 채비를 차리고 있지 뭐유? 아이들까지 다 데리고요. 제가 물었어요. 왜 이러느냐고요. 아니 글쎄, 순례여행을 떠날 작정이라는 거예요. 그 댁 바깥양반처럼 말이죠. 간밤에 꿨다는 꿈 얘기도 합디다. 남편이 가 있는 그 나라의 임금님이 그쪽으로 오라는 초대장을 보냈더래요.'

그러자 무지 부인이 물었다네. '댁의 생각은 어때요? 정말 갈까요?'

소심댁 '가겠죠. 무슨 일이 있어도 가고 말 거예요. 집을 떠나지 못하게 붙잡을 요량으로 온 힘을 다해 설득했거든요. 길을 가다가 당하게 될 온갖 어려움 같은 얘기를 해준 거죠. 그런데 그게 다 나그넷길에 들어서도록 북돋는 소리가 되고 말았어요. 별의별 말을 다 하더라고요. 고생 끝에 낙이 온다고 했죠, 아마? 음, 그리고 비탈이 가파를수록 내려가는 기분이 한결 달콤하게 마련이라고도 했어요. 그것만 봐도 각오가 얼마나 단단한지 딱 알겠더라고요.'

머릿댁 '앞뒤 분간 못하는 멍청한 여편네 같으니라고! 남편이 죽을 고생을 한 걸 뻔히 알고도 깨달은 바가 전혀 없으니. 장담하지만, 남편이 다시 돌아온다면 사지가 멀쩡한 데에 만족하며 편히 쉴 거예요. 다시는 얻는 것 하나 없이 수없는 위험을 무릅쓰지 않을 겁니다.'

조급댁은 맞장구를 쳤다네. '그런 천둥벌거숭이 같은 바보들은 마을에서 사라져야 해요. 제가 보기엔, 크리스티아나가 가버리는 게 더 낫습니다. 그런 속마음을 품고 여기서 그대로 살아간다면, 누가 마음 편히 살 수 있겠어요? 그런 여자라면 아둔하거나, 이웃과 어울릴 줄 모르거나, 지혜로운 이라면 도무지 참을 수 없는 부류의 이야기만 하고 다니겠죠. 그러니 저로서는 그 여자가 떠난 게 조금도 유감스러워할 일이 아니네요. 갈 테면 가라고 하세요. 더 나은 인간을 그 집에 들이면 되죠. 그런 별종 바보들이 사는 탓에 세상이 좋아지지 않는 거라고요.'

경박댁도 거들었어. '자, 자 그따위 얘기는 이제 그만 집어치웁시다. 저는 말입니다, 어제 '방탕 마담Madam Wanton'한테 갔었어요. 너나없이 어린 계집애들처럼 깔깔거리며 즐거워했지요. 거기 누가 있었는지 아세요? 저랑 '육욕 부인Mrs. Love-the-Flesh' 말고도 서넛이 더 있었어요. '호색 씨Mr. Lechery'랑 '외설댁Mrs. Filth'을 비롯해 다른 이들도 있었고요. 다들 어울려 음악과 춤을 비롯해 기분이 한껏 좋아지는 온갖 일을 즐겼어요. 마담은 상당히 교양 있는 여성이더군요. 호색 씨는 참 잘생긴 신사였고요.'"

1

낙담 못을 지나
좁은 문 앞에 서서

The Pilgrim's Progress

"그때쯤, 크리스티아나는 길을 나섰소. 자비 양도 따라나섰지. 아이들까지 데리고 길을 걸으며 크리스티아나는 어렵게 말문을 열어 자비 양에게 말했다네. '집을 떠나면서까지 이렇게 함께 가주시니, 제가 감히 생각지도 못했던 은혜를 입었어요. 얼마가 될지는 모르겠지만요.'

그러자, 앳된(아직 어린 친구였소) 자비 양은 단호한 어투로 대답했소. '일단 동행할 뜻을 세운 이상, 떠나온 동네에는 얼씬도 하고 싶지 않아요.'

크리스티아나는 말했지. '그럼 자비 양, 나와 생사를 같이하기로 해요. 우리 순례의 끝이 어찌 될지, 난 잘 알아요. 내 남편은 스페인 광산에서 나오는 금을 몽땅 줘도 갈 수 없는 곳에 있답니다. 자비 양은 비록 내 초대를 받고 거기에 가지만 거절당하는 일은 결코 없을 거예요. 나와 우리 아이들을 불러주신 그곳 임금님은 사랑을 베푸는 걸 더없이 즐거워하시는 분이거든요. 그뿐 아니라, 혹시 원한다면 일꾼으로 함께 갈 수도 있어요. 내가 삯을 주고 당신을 고용하면 되잖아요. 일이 어떻게 되든 그대와 나 사이엔 무엇 하나 달라지는 게 없어요. 그저 함께 길을 갈 뿐이죠.'

자비 '정말 그럴까요? 저도 환대받으리라는 걸 어떻게 확신할 수 있죠? 그러한 능력을 가진 분에게서 그 소망을 받아 품을 수만 있다면, 지루할 틈 없이 끝도 없는 험한 길을 간다 할지라도 능히 도우실 수 있는 이의 도움을 받아가며 거침없이 전진할 수 있을 텐데 말입니다.'

크리스티아나 '어여쁜 자비 양, 그럼 이렇게 하면 어떨까요? 나랑 같이 저 들판 너머에 있는 좁은 문까지 함께 갑시다. 거기서 더 깊이 물어볼게요. 그때까지도 힘을 얻을 만한 무언가를 만나지 못하면, 자비 양이 고향으로 되돌아간다 해도 저는 불만 없어요. 지금껏 함께 걸으며 나와 우리 아이들에게 보여준 친절에는 반드시 보답하도록 할게요.'

자비 '그럼 그리로 가겠어요. 그다음에 벌어질 일들은 받아들여

야겠죠. 하늘나라 임금님이 마음을 주셔서 제 몫을 허락해주시면 좋겠어요.'

크리스티아나는 진심으로 기뻐했네. 동행이 생겼을 뿐만 아니라 이 가련한 아가씨가 구원을 간절히 사모하도록 설득할 수 있었기 때문일세. 그렇게 같이 길을 가는데, 자비 양이 문득 눈물을 펑펑 쏟기 시작했네. 크리스티아나는 물었어. '이런! 왜 그렇게 우세요?'

자비 '아! 아직 저 죄에 젖은 마을에 남아 있는 제 불쌍한 친척들의 처지와 형편을 제대로 헤아린다면 어떻게 애통하지 않을 수 있겠어요. 지혜로운 스승도 없고 무슨 일이 닥치고 있는지 알려줄 이도 없으니 더더구나 슬플 수밖에요.'

크리스티아나 '가엾게 여길 줄 아는 이들이 순례자가 되는 법이죠. 착하디착한 크리스천이 집을 떠나면서 그랬던 것처럼, 자비 양도 친구들을 생각하며 눈물을 흘리는군요. 귀 기울여 듣지도 않고 관심도 없는 어리석은 제 모습을 보고 남편은 얼마나 슬퍼했는지 몰라요. 하지만 크리스천과 우리의 주님은 그이의 눈물을 모아 병에 담아두셨죠. 지금 나와 자비 양, 그리고 이 귀여운 아이들은 그 눈물의 열매를 거두고 유익을 누리는 중이에요. 자비 양, 그대의 이 눈물들이 결코 헛되지 않

을 거예요. 눈물을 흘리며 씨를 뿌리는 자는 기쁨으로 거둔
다는 진리의 말씀이 있잖아요. 울며 씨를 뿌리러 나가는 자
는 반드시 기쁨으로 그 곡식 단을 가지고 돌아오리라는 구절
도 있고요.'시 126:5-6

그러자 자비는 이렇게 노래했다네."

주님의 거룩하신 뜻이라면,
한없이 거룩하신 분으로 제 인도자가 되게 하소서,
그분의 문에, 그 울타리 안에,
그분의 거룩한 산에 오르기까지.

또 무슨 일이 닥치더라도,
그분으로 하여금 저를 지키게 하소서.
값없이 주시는 은혜와 거룩한 길로부터
방향을 틀거나 벗어나는 법이 없도록.

또 남겨두고 온 이들을
그분이 친히 불러 모으게 하소서.
주님, 그들이 주께 속하게 되길 간구하게 하소서,
온 마음과 뜻을 다해.

연로한 내 길벗은 다시 말을 이었다. "그런데 '낙담'이란 못Slough of Despond에 이르자, 크리스티아나는 어쩔 줄 모르고 당황하기 시작했다네. '여기가 바로 사랑스런 내 남편이 진흙탕에 빠져 죽을 뻔했던 곳이에요.' 그러곤 이내 알아차렸어. 순례자들을 위해 이 수렁을 깔끔하게 정리하라는 임금님의 명령에도 불구하고 상태가 예전보다 더 나빠졌다는 걸 말일세."

정말 상태가 그렇게 엉망이었느냐고 어르신한테 되물었다. 노인은 호언장담을 했다.

"엄연한 사실일세. 임금님의 일꾼인 척하는 작자들이 수두룩했거든. 왕의 대로를 고치고 다듬는 일을 한다면서 돌 대신 흙이랑 허접스러운 것들을 가져와 사용하면서 수리를 하기는커녕 도리어 망쳐대는 무리들이지. 그래봤으니 크리스티아나와 아이들로선 그 앞에서 멈춰 설 수밖에. 그런데 그때 자비 양이 말하더군. '자, 어디 한번 해보자고요. 조심조심 건너면 될 거예요.' 일행은 한 걸음 한 걸음 발 딛는 자리를 유심히 살피면서 비틀비틀 전진했다네.

그럼에도 크리스티아나는 거의 수렁에 빠질 뻔했어. 한두 번이 아니었지. 수렁을 건너기가 무섭게 일행은 어디선가 자기들에게 하는 이야기가 들리는 것 같았다더군. '주님께서 하신 말씀이 이루어질 줄 믿은 여자는 행복합니다.'눅 1:45

그이들은 다시 걷기 시작했고 자비 양은 크리스티아나에게 말을 붙였어. '아주머니처럼 저에게도 좁은 문에 이르러서 사랑이 넘치는 환영을 받게 되리란 소망을 품을 확실한 근거가 있으면, '낙담의 수렁' 따위에 빠져 풀이 죽지는 않을 것 같아요.'

크리스티아나는 말했네. '그대는 그대의 상처를, 나는 나의 아픈 구석을 잘 알고 있죠. 착한 친구여, 이 여정의 끝에 이르기 전까지는 우리 둘 다 쉴 새 없이 닥쳐오는 무수한 악의 공격과 마주해야 할 겁니다. 그대와 나처럼 한없이 빛나는 영광을 얻고자 하는 이들과 우리가 누리는 행복을 그토록 샘내는 무리가 있다는 건 조금만 생각해봐도 알 수 있죠. 하지만 어떤 두려움과 올무에 맞닥뜨리게 될지, 우리를 미워하는 자들이 어떤 곤경과 두려움으로 우리를 공격해올지는 상상하기조차 어려운 일이죠.'"

총명 선생은 여기서 떠나갔고 나는 홀로 꿈속에 남았다. 크리스티아나와 자비, 그리고 아이들이 모두 좁은 문으로 올라가는 게 보였다. 문간에 이르러서는 어떻게 기별을 넣어야 할지, 문을 열어주는 이에게는 무어라 말해야 할지 잠깐 상의했다. 그러곤 결론을 내렸다. 크리스티아나가 가장 나이가 많으므로 가서 문을 두드리고 누군가 얼굴을 내밀면 일행을 대표해 이야기를 나누기로 했다. 그리하여 여인은 문을 두드리기 시작했다. 가엾은 남편이 그랬던 것처럼, 두드리고 또 두드렸다.

하지만 안에선 아무런 기척이 없었다. 들리는 건 개가 마주 짖는 소리뿐이었다. 개도 보통 큰 개가 아니구나 싶었다. 그 바람에 두 여인과 아이들은 겁에 질리고 말았다. 무시무시한 경비견이 와락 달려들 것만 같은 두려움에 한동안은 문을 더 두드릴 수가 없었다. 마음이 심하게 요동쳤고 어찌해야 좋을지 갈피를 잡지 못했다. 문을 두드리자니 개가 무섭고, 돌아서자니 등을 돌리고 가버리는 모습을 문지기가 보고 몹시 노할까 겁이 났던 것이다. 하지만 결국은 다시 노크를 해야겠다고 생각했다. 처음보다 훨씬 더 격렬하게 문을 두드려댔다. 마침내 문을 지키는 이의 목소리가 날아왔다. "게 누구요?" 개 짖는 소리가 뚝 그치더니 어떤 이가 문을 열고 나타났다.

크리스티아나는 납작 엎드려 절을 하고 말했다. "부디 주님께서는 대궐문을 두드린 일로 여종에게 노하지 말아주세요!"

문지기는 다시 물었다. "어디서들 왔소? 무슨 볼일로 온 거요?"

크리스티아나는 대답했다. "예전에 크리스천이 살던 데서 오는 길입니다. 용무도 그이와 똑같습니다. 다시 말씀드리자면, 부디 저희를 어여삐 봐주셔서 이 문을 지나 새 예루살렘 성으로 통하는 길로 따라갈 수 있도록 너그러이 허락해주십사 하는 것입니다. 그리고 주님, 한 가지 더 아뢸 게 있습니다만. 저는 크리스티아나라고 하는데, 지금 저 높은 데 살고 있는 크리스천의 아내였습니다."

문지기는 화들짝 놀라며 물었다. "불과 얼마 전까지만 해도 순례자의 삶이라면 치를 떨던 양반이 지금은 바로 그 순례자가 되어 이곳에 왔단 말이오?" 크리스티아나는 고개를 떨구며 말했다. "그렇습니다. 그리고 여기 제 귀여운 자식들도 함께 왔습니다."

문지기는 크리스티아나의 손을 잡고 안으로 인도하며 말했다. "어린이들이 나에게 오는 것을 막지 말고 그대로 두세요." 그러고는 안으로 들어가기가 무섭게 위편에 있는 나팔수에게 명령했다. "크게 외치며 기쁨의 나팔을 불어 크리스티아나를 환영하라!" 지시를 받은 나팔수는 곧바로 목청껏 환호하며 달콤한 가락으로 세상을 가득 채웠다.

그러는 사이에 문밖에 서 있던 가련한 자비는 거절당할지도 모른다는 두려움에 덜덜 떨며 눈물짓고 있었다. 하지만 크리스티아나는 아이들과 함께 문지방을 넘자마자 자비를 위해 간청했다. "주님, 일행이 아직 밖에 있습니다. 저와 같은 뜻을 품고 여기까지 왔지요. 남편이 섬기는 임금님의 초대를 받은 저와 달리 아무런 초청도 없이 무작정 찾아왔다는 생각에 잔뜩 풀이 죽어 있답니다."

자비는 이제 초조해지기 시작했다. 일 분이 한 시간만큼이나 길게 느껴졌다. 그래서 친구가 청을 다 마치기도 전에 문을 두들기기 시작했다. 얼마나 요란하게 두들겨대던지 크리스티아나가 흠칫 놀랄 정도였다. 문을 지키는 이는 "거기 뉘시오?"라고 물었다. 크리스티아나는 얼른 대답했다. "저이가 제 친굽니다."

문지기는 문을 열고 밖을 내다보았다. 그런데 자비는 그새 넋을 잃고 쓰러져 있었다. 문이 열리지 않을까 봐 너무도 겁이 나서 혼절했기 때문이다.

문지기는 자비의 손을 잡고 말했다. "아가씨, 정신 차리고 어서 일어나세요."

자비는 말했다. "오, 제가 기절을 했네요. 제 안에는 생명이 이제 거의 다 스러졌어요."

하지만 문지기는 말했다. "목숨이 힘없이 꺼져갈 때에 주님을 기억하였더니, 기도가 주님께 이르렀으며 주님 계신 성전에까지 이르렀다'는 말이 있소.요 2:7 겁내지 말고 굳게 서세요. 그리고 무슨 일로 여기까지 왔는지 이야기해보세요."

자비 "크리스티아나와 달리, 저는 초대를 받지 못했으나 무턱대고 여기까지 따라왔습니다. 그이는 임금님의 부름을 받았지만, 저는 그저 벗의 초청을 받았을 뿐이죠. 주제넘게 군다고 여기실까 봐 지금 몹시 두렵습니다."

문지기 "친구가 아가씨와 함께 이곳에 오고 싶어 했소?"

자비 "그럼요. 그리고 어른께서 보시다시피 이렇게 왔고요. 죄를 용서하는 은혜가 남아 있다면, 주님의 불쌍한 이 여종에게도 나눠주시길 간곡히 부탁드립니다."

문 앞에서 쓰러진 자비

문지기는 자비의 손을 잡고 다정하게 문안으로 이끌며 말했다. "나는 어떤 경로로 왔든 상관없이 나를 믿는 모든 이들을 위해 기도한다오." 그러곤 곁에 선 이들에게 명령했다. "자비 양에게 향기를 들이마시고 기력을 차리게 할 만한 걸 가져다주어라!" 누군가 몰약 한 뭉치를 가져다주었고 젊은 아가씨는 금방 활기를 되찾았다.

이렇게 크리스티아나와 아이들, 그리고 자비는 순례길을 시작하는 첫머리에서 주님의 영접을 받고 따뜻한 말씀을 들었다. 하지만 거기서 만족하지 않고 그들은 이야기를 더 이어갔다. "저희의 죄를 슬퍼하고 후회합니다. 주님의 용서를 간구합니다. 앞으로 어찌 살아야 할지 더 깊이 가르쳐주세요."

문지기는 말했다. "말과 행동으로, 그러니까 사죄를 약속한 말씀과 그 약속을 이루기 위해 내가 했던 일들을 바탕으로 그대들을 용서합니다. 말씀은 입맞춤으로 내 입술에서 거두세요. 내가 어떤 일을 했는지는 자연히 알게 될 거요."아 1:2; 요 20:20

문을 지키는 이는 여인과 아이들에게 여러 가지 좋은 말들을 들려주었다. 나는 다들 몹시 기뻐하는 모습을 보았다. 그는 또 일행을 성문 꼭대기로 데려가서 어떤 역사를 통해 그들이 구원을 받았는지 보여주고 순례길을 가는 동안 두고두고 위로를 받을 그곳의 광경에 대해서도 설명해주었다.

문지기는 일행을 정자 아래에 남겨두고 잠시 자리를 비웠다.

그제야 비로소 자기들끼리 이야기를 나누기 시작했다. 말문은 크리스티아나가 먼저 열었다. "문안까지 들어오게 돼서 얼마나 기쁜지 모르겠어요."

자비 "아주머니도 기쁘시겠지만, 전 감격에 겨워 펄쩍펄쩍 뛸 지경이랍니다." 자비가 한껏 들뜬 목소리로 말했다.

크리스티아나 "문간에 서 있을 때는 그간의 수고가 죄다 물거품이 되는 게 아닌가 싶더라고요. 아무리 두드려도 안에서 아무 답이 없었으니까요. 사나운 개가 우리를 보고 극성맞게 짖어댈 때는 더더구나 그런 생각이 들었죠."

자비 "다들 그분의 따뜻한 안내를 받으며 안으로 들어가고 저 혼자 밖에 떨어져 있을 때가 가장 두려웠어요. '두 여자가 맷돌을 갈고 있을 터이나, 하나는 데려가고, 하나는 버려둘 것'이란 말씀이 이뤄지는구나 하는 생각이 들었죠.마 24:41 '이젠 다 글렀어!'라며 악을 쓰고 싶은 걸 간신히 참았답니다. 겁이 나서 차마 문을 두드리지 못하고 있다가 문설주에 적힌 글을 봤어요. 용기가 나더군요. 죽기 살기로 문을 두드려야겠다는 생각도 나고요. 그래서 두드렸죠. 하지만 어떻게 두드렸는지는 설명할 수가 없군요. 삶과 죽음 사이에서 씨름하느라 정신이 하나도 없었거든요."

크리스티아나 "어떻게 문을 두드렸는지 모르겠다고요? 얼마나 힘

껏 두드리던지 쾅쾅 소리에 화들짝 놀랄 지경이었어요. 그런
노크 소리는 난생처음이었다고요. 그 격렬한 손길에 힘입어
여기 들어왔는지도 몰라요. 온 나라를 단번에 휩쓸어버릴 기
세였으니까요."마 11:12

자비 "맙소사! 누구라도 제 상황이 되면 그러지 않고는 배겨낼
도리가 없을걸요? 문이 눈앞에서 딱 닫혔다고요. 곁에는 더
없이 무서운 개가 버티고 있었고요. 저처럼 그렇게 절박해지
면 온 힘을 다해 문을 두드릴 수밖에 없을 거예요. 그런데 저
기, 주님께서는 제 무례한 짓거리에 뭐라고 말씀하셨어요?
화를 내지는 않으셨나요?"

크리스티아나 "시끄럽게 쾅쾅거리는 소리가 들리자, 그분 얼굴에
해맑은 미소가 떠올랐어요. 자비 양의 대담한 몸짓을 보고
기분이 아주 좋으셨나 봐요. 그렇지 않으면 그런 표정이 나
올 수가 없거든요. 하지만 한 가지 희한한 구석이 있어요. 그
토록 사나운 개를 대체 왜 키우실까 하는 거죠. 미리 알았더
라면 감히 문을 두드릴 엄두조차 내지 못했을 거예요. 하지
만 어쨌든 우린 여기에 들어왔잖아요. 이렇게 문안으로요!
정말 얼마나 행복한지 모르겠어요."

자비 "아주머니만 괜찮으시면, 그분이 다시 오셨을 때 제가 여쭤
볼게요. 왜 그렇게 성질 고약한 개를 앞뜰에 두었느냐고요.
부디 불쾌하게 듣지 않으셨으면 좋겠어요."

아이들은 반색을 했다. "꼭 그렇게 해주세요. 그리고 목줄을 단단히 묶어달라고도 해주세요. 여기서 나가다가 물리면 어떡해요."

드디어 문을 지키는 이가 다시 돌아왔고, 자비는 엎드려 절하고 경배하며 말했다. "수송아지를 대신해 제물로 드리는 입술의 열매를 받아주소서."

그이는 말했다. "평화가 그대에게 깃들기를! 어서 일어나세요."

하지만 자비는 계속 땅에 얼굴을 댄 채 물었다. "주님, 주님은 의로우신 분입니다. 제가 주님과 변론할 때마다, 언제나 주님이 옳으셨습니다.렘 12:1 하지만 주님의 공평한 판단을 여쭙고 싶습니다. 어째서 앞뜰에 그토록 사나운 개를 두셨는지요? 우리 같은 아낙네와 아이들이 문간에 왔다가 그 꼴을 보면 질겁하고 발에 날개가 달린 듯 도망치지 않겠습니까?"

문지기는 대답했다. "개의 임자는 따로 있다오. 다른 이의 땅에 갇혀 지내는 까닭에 순례자들한테는 짖는 소리만 들릴 뿐이에요. 놈은 저기 보이는 저 성에 살지만 성벽을 따라 이 너머까지는 다가올 수 있지. 그래서 그동안 사납게 짖어대는 소리로, 심하든 가볍든 순진한 순례자들을 숱하게 겁줘왔고 말이오.

사실 개 주인은 나와 내 나라에 좋은 마음을 품어서가 아니라, 순례자들이 내게 오는 걸 막으려는 뜻으로 놈을 키우고 있어요. 여길 들어오려고 문을 두드리는 이들을 겁줄 셈이거든. 개를 아예 풀어놔서 내가 사랑하는 이들을 괴롭힐 때도 있지만 지금은 꾹 참고 있다오. 순례자들에게는 이 사나운 개한테 호되게 당하기 전에 때맞춰 도움을 주고 있어요. 심술궂은 성질을 드러내지 못하게 하는 거지. 하지만 내가 값을 치르고 사들인 이들이라면, 사전에 이런 형편을 전혀 눈치채지 못했다 해도 개를 두려워하지 않으리라 믿소. 이 집 저 집 다니며 구걸하는 비렁뱅이들도 한 푼 얻을 수 있는 절호의 기회를 놓치기보다는 무섭게 으르렁거리고, 짖고, 심하게 무는 개의 위험을 무릅쓰는 법이니까. 하물며 개, 그것도 남의 집 마당에 있는 개 따위가 어떻게 순례자가 내게 오는 걸 막을 수 있겠소? 나는 그 짖는 소리마저 순례자들에게 득이 되게 할 텐데 말이오. 나는 그이들을 사자의 입에서 건지고 사랑하는 이들을 개의 세력에서 구한다오.ˮ시 22:21-22

그러자 자비는 말했다. "제 무지를 고백합니다. 제대로 알지 못하는 일에 간섭하고 말았습니다. 주님이 만사를 다 잘 처리하심을 압니다."

크리스티아나는 순례여행으로 화제를 돌리고 앞으로 벌어질 일들을 캐물었다. 문을 지키는 이는 지난날 여인의 남편에게 그랬던 것처럼 일행을 먹이고, 발을 씻겨주었으며, 그이만의 독특한 방식으로 채비를 차려주었다.

2

환대와 섬김으로
기운을 차리고

The Pilgrim's Progress

꿈에서 보니, 일행은 다시 길을 가고 있었다. 날씨는 더없이 쾌청했다. 크리스티아나는 노래하기 시작했다.

은혜로다,
순례자로 살기 시작한 날은.
또한 은혜로다,
순례길로 날 움직이신 분은.

옳도다, 길 떠난 지 이미 오래,

영원히 사는 길을 찾아서.
하지만 지금도 달린다네, 온 힘을 다해,
아니 가기보다는 늦는 편이 나을 터.

눈물은 기쁨이 되고, 두려움은 믿음으로
변해가네, 보다시피.
우리 시작은, 우리의 결말이 어떠할지
보여주네(말씀에 이른 대로).

크리스티아나 일행이 가야 하는 길을 끼고 높이 쌓아 올린 담
장이 늘어섰는데, 그 안쪽은 앞에서 말한 사나운 개의 주인이 소
유한 정원이었다. 뜰에서 자라는 과일 나무 가운데 몇 그루는 담
장 밖으로 가지를 늘어뜨리고 있었다. 향기가 얼마나 그윽하던
지 보는 이마다 이끌리듯 나무로 몰려가 열매를 따 먹고 탈이 나
기 일쑤였다. 그맘때 아이들이 다 그렇듯, 크리스티아나의 아들
들도 나무와 거기 달린 과실에 홀딱 빠져서 냉큼 달려들어 따 먹
기 시작했다. 엄마가 나서서 아무리 꾸짖어도 아이들은 아랑곳
하지 않았다.

크리스티아나는 애타는 목소리로 타일렀다. "얘들아, 너흰 그
릇된 행동을 하고 있는 거야. 과일은 우리 게 아니잖니!" 그렇게
말을 하면서도 열매가 원수의 것이라는 사실은 새카맣게 모르고

열매를 따 먹는 아이들

있었다. 장담하지만, 그런 낌새를 알아차렸더라면 두려움에 사색이 됐을 것이다. 그러나 결국 일행은 과일나무를 지나쳐 가려던 길로 나아갔다. 출발한 데서부터 한 6백 미터쯤 갔을까? 몹시 험상궂게 생긴 남자 둘이 맞은편에서 다가오는 게 보였다. 아이들이 앞장서 걸었고, 크리스티아나와 그의 길벗 자비는 베일로 얼굴을 가리곤 계속 갈 길을 갔다. 드디어 두 무리가 딱 마주쳤다. 그런데 마주 오던 사내들이 갑자기 아낙네들에게 다가오더니 끌어안으려는 몸짓을 보였다. 크리스티아나는 매섭게 쏘아붙였다.

"물러서요! 소란 피우지 말고 가던 길 가시라고요!"

하지만 두 사내는 마치 아무 소리도 들리지 않는다는 듯 그녀의 말을 깡그리 무시하고 손을 뻗어 붙잡으려 들기 시작했다. 화가 머리끝까지 치민 크리스티아나는 있는 힘껏 발길질을 해댔다. 자비 역시 재주껏 몸을 피했다. 크리스티아나는 상대를 향해 다시 소리쳤다.

"썩 비켜요! 가던 길 가라고요! 우리에겐 털어갈 돈도 없어요. 보다시피 다 순례자들이에요. 친구들이 보태주는 돈으로 살아가는 사람들이란 말이오!"

험악하게 생긴 사내들 가운데 하나가 느물거리며 말을 붙였다. "돈을 노리고 댁들을 해치려는 게 아니라니까 그러네. 우리가 청하는 사소한 부탁 하나만 들어주면 그대들을 영원히 여자로 만들어 드리리다."

그게 무슨 뜻인지 헤아린 크리스티아나는 다시 사납게 소리를 질렀다. "댁들의 청이 무엇이든 귀 기울이지도, 신경 쓰지도, 들어주지도 않겠어요! 바빠서 이만 가야겠소. 우린 생사가 달린 일을 하고 있단 말이에요!"

크리스티아나 일행은 거듭 지나쳐 가려 했지만 사내들은 호락호락 길을 내주지 않았다.

험상궂은 남자들이 말했다. "목숨을 상하게 할 뜻은 없다니까. 우리가 원하는 건 따로 있다고!"

크리스티아나는 물러서지 않았다. "그렇겠지. 우리 몸과 영혼을 모조리 차지할 작정일 테죠. 그럴 속셈으로 다가왔다는 걸 다 알아요. 하지만 장차 누릴 행복을 위협할 올가미에 스스로 걸려들 바엔 차라리 당장 이 자리에서 죽어버리겠어요."

그러곤 한목소리로 고함을 치며 울부짖었다. "사람 죽어요! 살려주세요!"

여성을 보호하는 율법에 호소한 것이다.신 22:25-27 하지만 사내들은 물러날 기색이라곤 전혀 없이 오히려 두 여인을 억누를 요량으로 달려들었다. 여인들은 다시 소리 높여 부르짖었다.

아까 말했던 대로, 좁은 문을 지나 아직 멀리 가지 못한 상태였으므로 여인들의 비명은 방금 떠나온 동네 사람들의 귀로 들어가게 되었다. 그러자 어느 집에서인가 사람들이 하나둘 뛰쳐나왔다. 크리스티아나의 목소리라는 걸 알아채고는 순례자들을 구하러 서둘러 달려왔다. 현장에 가까워지자 심한 몸싸움을 벌이는 여인들과 곁에 서서 울고 있는 아이들이 그들의 눈에 들어왔다. 구하러 달려간 한 사내가 악당들에게 소리쳤다. "뭐 하는 짓들이야! 네놈들이 주님의 백성을 범하려는 겐가?"

그가 불한당 같은 자들을 붙들려 하자, 놈들은 담장을 넘어 큰 개를 키우는 자의 뜰로 달아나버렸다. 사나운 개가 이제 그자들의 보호자가 된 것이다. '구조하러 온 이Reliever'는 여인들에게 다가와 어찌 된 셈인지 물었다. 둘은 입을 모아 답했다.

"당신의 왕자님께 깊이 감사드립니다. 우리는 그저 약간 놀랐을 따름입니다. 이렇게 도우러 달려온 당신께도 고맙다는 말씀을 드리고 싶습니다. 이렇게 와주시지 않았더라면 저희는 꼼짝 못하고 당했을 겁니다."

몇 마디 더 나눈 뒤에, 이들을 구조한 이가 말했다. "문을 통과해 영접을 받을 때 여러분들을 보면서 연약한 여인들임에도 여정을 함께할 안내자를 주님께 청하지 않는 게 놀라웠습니다. 그랬더라면 이런 어려움과 위험은 피할 수 있었을 겁니다. 그분은 기꺼이 안내자를 붙여주셨을 테니까요."

크리스티아나는 무릎을 쳤다. "맙소사! 눈앞의 은총에 마음을 빼앗긴 나머지 닥쳐올 위험 따위는 전혀 생각지 못했습니다. 더구나 임금님의 궁전과 이토록 가까운 곳에 그자들처럼 무지막지한 놈들이 도사리고 있으리라고 누가 짐작이나 하겠습니까? 주님께 안내자를 부탁드렸더라면 분명 매사가 다 잘 풀렸을 겁니다. 그런데 생각해보니 정말 이상하군요. 그편이 우리에게 유익하리라는 걸 잘 아시는 주님은 왜 길을 인도해줄 이를 저희에게 보내주지 않으셨던 걸까요?"

구조자 "구하지도 않는 걸 늘 베풀어주시는 건 아니니까요. 그렇게 되면 그다지 소중하게 여기지 않을 게 뻔하죠. 간절히 바라다가 소원하던 걸 얻을 때에야 비로소 필요를 느끼는 이의 눈에 그 가치가 제대로 들어오고 결국 올바르게 쓰이게 마련이거든요. 주님이 먼저 안내자를 허락하셨더라면, 미리 구하지 않은 실수를 지금처럼 뼈아프게 생각지도 않았을 거예요. 모든 일이 협력해서 선을 이루는 법입니다. 여러분들도 한층 조심스러워졌잖아요." 그는 부드러운 어투로 차근히 설명했다.

크리스티아나 "그럼 주님께 다시 돌아가서 저희의 생각이 짧았음을 고백하고 안내자를 청해보면 어떨까요?"

구조자 "여러분들이 미처 생각하지 못한 부분이 있었다고 인정하더라고 전해드리죠. 왔던 데로 되돌아갈 필요는 없습니다. 앞으로 어디를 가든지, 부족함이 없을 테니까요. 순례자들을 맞이하기 위해 주님이 마련해두신 숙소마다 충분히 대비를 갖추고 있어서 어떤 공격에도 맞설 수 있거든요. 하지만 이미 말했듯이, 요청하는 이들에게만 역사하십니다. 겔 36:37 만일 그분께 간청할 가치가 없다면, 뭐가 됐든 그건 하찮은 것이 겠죠."

말을 마친 사내는 집으로 돌아가고, 순례자들은 다시 걷기 시작했다. 자비는 탄식하듯 말했다. "이렇게 황당할 데가 있나! 위험은 다 통과한 줄 알았어요. 괴로운 일도 다시는 없을 줄 알았고요."

크리스티아나는 뒤따르던 그녀를 돌아보며 대꾸했다. "아우님에겐 그 순진함이 핑곗거리가 될 수 있겠지만 난 이만저만 큰 잘못을 저지른 게 아니랍니다. 문을 나서기 전부터 이런 위험이 있으리라는 걸 이미 알고 있었으면서도 마땅히 준비를 갖추어야 할 때 그러지 못했거든요. 아무렴, 야단맞아 싸지요."

자비는 깜짝 놀라며 물었다. "집을 떠나기 전부터 아셨다고요? 어떻게요? 숨기지 말고 제게 말씀해주세요."

크리스티아나는 대답했다. "숨길 게 뭐 있겠어요? 낱낱이 알려드리죠. 아직 순례에 나서기 전이었는데, 어느 날 밤, 잠자리에 들었다가 오늘 일과 관련된 꿈을 꾸었어요. 웬 사내 둘이 침대맡에 서 있는 것 같았어요. 어디서나 흔히 만날 수 있는 그런 남자들이었는데, 내가 구원받는 걸 어떻게든 막으려고 한참을 궁리하더군요. 그런데 그자들이 뭐라고 했는지 아세요? '이 여편네를 도대체 어떻게 해야 할지 모르겠군. 자나깨나 용서해달라고 울부짖으니 말일세(내가 한창 괴로워하고 있던 참이었거든요). 이렇게 고통스러워하기 시작했으니 이대로 가다가는 놓쳐버리기 십상 이겠어. 이 여자의 남편도 그러다 잃지 않았나.' 이제 아시겠죠? 이걸 경고로 받아들이고 주의를 했어야 해요. 마땅히 이런 상황 을 예측하고 대비를 했어야 하는데 그러질 못했어요."

자비는 고개를 끄덕였다. "부주의에서 비롯된 이번 일은 나 자 신이 얼마나 불완전한 존재인지 깨닫는 기회였어요. 주님의 은 혜가 얼마나 풍성한지 선명하게 드러나는 사건이기도 했고요. 이미 보았듯, 주님은 우리가 그분께 구한 적이 없었음에도 불구 하고 사랑을 품고 뒤를 따르다가 오로지 그분의 선한 뜻을 위해 세상 무엇보다 강한 손을 내밀어 우리를 구원해주셨잖아요."

이렇게 이야기를 나누며 조금 더 걷다 보니, 어느새 길가에 서 있는 어느 집에 이르렀다. 순례자들의 쉼터로 세워진 집인데, 거 기 얽힌 사연은 《천로역정》 첫 번째 이야기에 더 자세히 적혀 있 다. 일행은 그 집(해석자의 집)으로 다가갔다. 안에서 와자지껄 떠 드는 소리가 문밖까지 들려왔다. 문득문득 '크리스티아나'라는 이름이 튀어나오는 듯해서 다들 숨을 죽이고 귀를 쫑긋 세웠다. 여러분도 알아두어야 할 게 있다. 이 여인이 아이들까지 데리고 순례길에 올랐다는 소문이 심지어 일행보다 앞질러 이곳에 당도 했다는 사실이다. 소식을 들은 이들은 뛸 듯이 기뻐했다. 크리스 천의 아내라면 얼마 전만 하더라도 순례여행 소리만 나와도 진

저리를 치던 이가 아니던가! 바로 그 주인공이 대문 앞에 서 있
으리라고는 눈곱만큼도 생각지 못한 채 침이 마르도록 칭송하는
선한 이들의 목소리를 일행은 문밖에 서서 꼼짝 않고 다 들었다.
마침내 지난번 좁은 문에서처럼 크리스티아나가 문을 두드렸다.
노크하는 소리를 듣고 아직 앳돼 보이는 큰아기가 문을 열고 나
와 두 여인을 마주보았다.

큰아기 "누굴 찾으시나요?"

크리스티아나 "듣자 하니, 여기는 순례길을 걷는 이들을 위해 특별
히 마련된 곳이라고 해서 이렇게 왔습니다. 자리가 있다면
저희가 신세를 좀 져도 될는지요. 보다시피, 이미 하루해가
다 저물어서 더 가기가 꺼려지는군요."

큰아기 "그럼 성함을 말씀해주시겠어요? 들어가서 주인어른께
전해 올리겠습니다."

크리스티아나 "크리스티아나라고 합니다. 몇 년 전에 이 길을 지나
갔던 순례자의 안사람이랍니다. 여기 제 아들들도 함께 왔습
니다. 이 숙녀분도 일행이고요. 순례여행을 함께하고 있죠."

그러자 '순결Innocent'(큰아기의 이름이었다)은 뒤도 돌아보지 않고
달려 들어가, 안에 있던 이들에게 이 소식을 전했다. "문밖에 지
금 누가 와 있는지 아세요? 크리스티아나와 아이들이 왔다고요!

길벗이랑 함께요. 밖에서 맞아주기를 기다리고 있다니까요!"

모두 뛸 듯이 기뻐하며 주인에게 알렸다. 집주인도 한달음에 달려 나와 일행을 돌아보고 나서 말했다. "착한 크리스천이 순례 자의 삶에 뛰어들면서 남겨두고 떠났던 크리스티아나가 그대이 구려!"

크리스티아나 "너무도 냉담해서 남편의 괴로움을 가벼이 여겼고 결 국 홀로 험한 여행을 떠나게 버려두었던 여자가 바로 접니 다. 그리고 여긴 남편의 네 아이이고요. 그런데 저도 이제는 이렇게 여기까지 왔습니다. 이 밖에는 달리 길이 없다고 굳 게 믿기 때문이죠."

해석자 "'아버지가 맏아들에게 가서 얘야, 너 오늘 포도원에 가서 일해라 하고 말하였다. 그런데 맏아들은 대답하기를 싫습니 다 하고 말하였다. 그러나 그 뒤에 그는 뉘우치고 일하러 갔 다' 하는 성경 말씀이 그대로 이루어진 셈이로군."마 21:29

크리스티아나 "그렇게 되길 바랍니다, 아멘! 제게 말씀하시는 일들 이 그대로 이뤄져서 마지막 때에 점도 없고 흠도 없이 평안 히 주님 앞에 서도록 허락해주시길 소원합니다."

해석자 "그런데 왜 이렇게들 문간에 서 계신가? 그대 아브라함의 딸이여, 어서 들어오시게. 그렇잖아도 댁들 이야기를 하고 있 던 참이었소. 그대들이 순례길에 나섰다는 소문이 먼저 여기

까지 날아왔거든. 얼른 들어오렴, 얘들아. 아가씨도 이리 들
어오시오."

　해석자는 일행을 집 안으로 불러들였다. 집 안으로 들이고는
편히 앉아 쉬라고 권했다. 다들 자리를 잡자 이번에는 순례자들
을 보살피는 그 집의 식솔들이 새 손님들을 구경하러 방으로 우
르르 들어왔다. 누군가가 먼저 빙그레 웃자 곁에 섰던 이도 따라
웃었고 마침내는 모두가 함께 웃었다. 크리스티아나가 순례자의
길에 들어선 걸 더없이 기쁜 일로 여겼기 때문이다. 한편으로는
아이들에게 관심을 보이며 손을 내밀어 그들의 얼굴을 어루만졌
다. 사랑의 표현이었다. 자비와도 다정하게 인사를 나누고 모두
를 향해 말했다.
　"주인댁에 오신 여러분을 환영합니다!"
　잠시 뒤, 아직 저녁밥 차릴 준비가 덜 끝난 터라 해석자는 일행
을 널찍한 응접실로 데려가서 지난날 크리스티아나의 남편, 크
리스천이 보았던 갖가지 장면들을 구경시켜 주었다. 철창에 갇
힌 사내, 잠에서 깨어난 사내와 무시무시한 꿈, 적들을 베어 넘기
고 길을 내는 용시, 뭇사람들 가운데 가장 큰 이의 초상을 비롯
해 크리스천에게 너무도 유익했던 것들을 하나하나 살펴보았다.
　응접실을 돌아본 크리스티아나 일행이 그 의미를 되새기고 거
의 다 훑어봤을 즈음, 해석자는 또 다른 방으로 안내했다. 제일

먼저, 손에 갈퀴를 든 채 오로지 땅바닥만 내려다볼 줄 아는 사내가 있는 방으로 들어갔다. 머리 위편으로는 영원한 왕관을 든 또 다른 이가 서서 갈퀴 대신 면류관을 잡으라고 권하고 있었다. 하지만 사내는 쳐다보기는커녕 아예 관심도 없다는 표정으로 그저 갈퀴로 바닥에 있는 지푸라기라든지 작은 나뭇가지, 지저분한 흙먼지 따위를 헤적거릴 뿐이었다.

크리스티아나 "여기에 무슨 뜻이 있는지는 분명히 알 것 같습니다. 저건 세상에 속한 사람의 모습입니다. 그렇지 않습니까, 주인어른?"

해석자 "바른 말씀이오. 갈퀴는 세상 욕심에 물든 마음을 가리키지. 손에 영원한 왕관을 들고 부르는 분의 명령을 따르기보다 검불이나 나무 작대기, 바닥의 흙 따위를 뒤적이는 데 신경을 쏟는 사내가 보이시는가? 저런 부류는 하늘나라를 그저 꾸며 낸 이야기쯤으로 치부하고 오로지 이 땅에 있는 것들만이 가치가 있다고 여긴다네. 또 저 사내가 줄곧 바닥만 내려다본다는 건 세상일이 인간의 정신을 지배하게 되면 예외 없이 하나님에게서 마음이 뜨게 된다는 사실을 알려준다오."

크리스티아나 "부디 이 갈퀴에서 저를 건져주세요."잠 30:8

해석자 "그런 기도는 이제 한물가서 녹이 슬 지경이라오. '저를 부유하게도 하지 마시고'라고 간구하는 이는 만에 하나나 될까? 대다수는 지푸라기, 나무토막, 흙 따위를 마치 대단한 것으로 치부하고 쫓아다니는 판이니."

크리스티아나와 자비는 눈물지으며 말했다. "서글프게도 어김없는 사실입니다."

첫 번째 방을 다 보여준 해석자는 그 집에서 으뜸가는 매우 좋은 방으로 안내했다. 눈부시게 화려한 방이었다. 주인장은 여기저기 둘러보며 도움이 될 만한 게 있나 찾아보라고 했다. 다들 방을 살피고 또 살폈지만 쓸 만한 물건이라곤 좀처럼 눈에 띄지 않았다. 벽에 커다란 거미 한 마리가 달라붙어 있었지만 대수롭지 않게 여기고 지나쳐버렸다.

자비는 말했다. "주인 어르신, 아무것도 보이지 않습니다." 크리스티아나는 좀처럼 말이 없었다. 해석자는 채근했다. "한 번 더 돌아보세요."

자비는 다시 여기저기를 살피고 나서 말했다. "보이는 거라고는 벽에 매달린 흉측한 거미 한 마리뿐입니다."

주인장은 되물었다. "이 넓은 방에 고작 거미 한 마리뿐이란 말인가요?"

순간, 크리스티아나의 눈에 눈물이 차올랐다. 과연 이해가 빠른 여인이었다. "예, 한 마리만이 아닙니다. 그래요, 저 거미가 지닌 독보다 훨씬 치명적인 해악을 품은 거미들이 수두룩합니다."

갈퀴를 든 남자

해석자는 반가운 표정으로 대답했다. "옳소이다." 그제야 자비는 낯을 붉혔고 아이들은 손으로 얼굴을 가렸다. 무슨 소린지 비로소 알아듣기 시작했기 때문이다.

해석자는 말을 보탰다. "보다시피, 거미는 '사람의 손에 잡힐 것 같은데도 왕궁을' 드나듭니다.잠 30:28 이런 기록이 있는 까닭은 설령 그대가 죄의 독성에 완전히 찌들어 있다 하더라도 믿음의 손을 단단히 붙들면 하늘나라 임금님이 사는 대궐의 으뜸가는 방에 깃들 수 있음을 보여주려는 게 아니겠소?"

크리스티아나는 고백했다. "어느 정도 예상은 했지만, 이렇게 깊은 뜻이 담긴 줄은 상상도 못 했습니다. 제아무리 근사한 방에 있어도 우리는 거미와 같아서 몹시 추악한 짐승처럼 보이겠구나 싶었지만, 꺼림칙하게 생긴데다 독까지 잔뜩 품은 이 거미란 벌레를 통해 믿음이 어떻게 작용하는지 배우게 될지는 미처 생각지 못했습니다. 저 거미는 저렇게 줄을 단단히 붙잡고 이 집의 가장 근사한 방 안에 살고 있군요. 과연 하나님은 그 무엇도 헛되게 짓지 않으셨어요."

다들 고마워하는 표정이었다. 하나같이 눈물이 그렁그렁한 눈으로 서로를 바라보았다. 그러곤 해석자 앞에 깊이 머리를 숙였다.

해석자는 일행을 암탉과 병아리들이 있는 다른 방으로 데려가더니, 잠시 지켜보라고 했다. 병아리 한 마리가 쪼르르 물통으로 달려가더니 물을 마셨다. 물을 삼킬 때마다 머리를 쳐들고 하늘을 우러렀다. 해석자는 말했다.

"이 하찮은 짐승이 하는 짓을 보고 자비가 어디에서 오는지 의식하는 법을 배우시게나. 위를 바라봄으로써 받아 누리는 거지."

그러고 다시 그들을 살펴보라고 주문했다. 찬찬히 들여다보니 암탉은 네 가지 울음소리로 새끼들을 다루고 있었다. 우선 평범한 울음소리가 있었는데, 암탉은 종일 그런 소릴 냈다. 둘째는 가끔 쓰는 특별한 울음소리였다. 셋째는 새끼를 품을 때 내는 독특한 소리였다.마 23:37 넷째로는 크게 울부짖는 소리가 있었다.

"자, 이제 이 암탉을 임금님에, 병아리는 그분을 따르는 자녀들에 빗대어 생각해보세." 주인장은 설명을 이어갔다. "임금님도 암탉과 비슷한 방법으로 거룩한 백성들을 대하신다오. 일상적인 부르심을 통해서는 아무것도 주지 않으시지만, 특별한 부르심에는 무언가 주시려는 게 있는 법이지. 자녀들을 날개 아래 품으실 때는 독특한 소리를 내시고, 원수가 다가오는 게 보이면 크게 부르짖어 경고하신다네. 암탉과 병아리들이 있는 이 방으로 댁들을 모신 데는 그만한 뜻이 있었소. 여성분들이니 분명 쉬이 알아들으리라 믿었기 때문이지."

크리스티아나는 부디 조금 더 구경할 수 있게 해달라고 부탁했다. 그러자 이번에는 푸주한이 한창 양을 잡고 있는 도살장으로 이끌었다. 그런데 놀랍게도 양은 꼼짝 않고 묵묵히 죽음을 받아들이고 있었다. 해석자는 말했다.

"이 양처럼 부당한 일을 겪으면서도 투덜거리거나 불평하지 않고 견뎌내는 법을 배우게나. 보시게, 양이 제 죽음을 얼마나 차분히 받아들이는지. 가죽이 남김없이 벗겨져나가는데도 반항의 몸짓 하나 없이 받아들이고 있지 않나. 임금님은 그대들을 양으로 부르신다네."

방들을 돌아본 뒤에는 온갖 꽃이 피어 있는 마당으로 향했다. 해석자는 물었다. "이 꽃들이 다 잘 보이시나?"

크리스티아나가 고개를 끄덕이자 그는 다시 말을 이었다.

"들어보시게. 꽃마다 생김새와 성질과 색깔과 향기와 특징이 모두 다르다네. 조금 나은 놈이 있고 그보다 못한 녀석도 있지. 뿐만 아니라 서로 다투는 법 없이 정원사가 심은 자리에 그대로 서 있다오."

그러곤 곧장 들판으로 안내했다. 밀과 옥수수를 심은 밭이었는데 가까이 가보니 이삭은 모조리 잘려나가고 짚대만 남아 있었다. 해석자가 다시 물었다.

"이 땅에 거름을 주고, 쟁기로 갈고, 씨앗을 뿌렸지만 낟알은 간데없다네. 이제 어쩌면 좋을까?"

크리스티아나는 얼른 대답했다. "얼마는 가져다 태우고, 나머지는 거름으로나 써야겠죠."

해석자가 말을 받았다. "알다시피 우리가 바라는 건 열매인데,

기대하는 바를 얻지 못하니 불에 태우고 지나다니는 사람들의 발에 밟히도록 내다 버릴 수밖에. 그대들도 이런 저주를 받지 않도록 조심들 하시게나."

들판에 나갔다가 돌아오는 길에 조그만 개똥지빠귀로 보이는 새가 커다란 거미를 물고 앉아 있었다. 해석자는 녀석을 가리키며 여길 좀 보라고 했다. 다들 새를 바라보았다. 자비는 이번엔 또 어떤 뜻이 숨어 있는 건지 상황을 파악하느라 얼떨떨해하는 눈치였다.

크리스티아나는 중얼거렸다. "저렇게 작은 새, 게다가 인간과 어울리길 좋아하기로는 많은 새들 가운데 단연 으뜸이라는 개똥지빠귀가 거미를 잡아먹다니, 끔찍하네요. 빵 부스러기나 그다지 해롭지 않은 먹이를 먹고 산다고 생각했는데, 예뻐했던 마음이 싹 가셔요."

해석자는 말했다. "개똥지빠귀는 일종의 상징 같은 것이라오. 주님을 믿노라 고백하는 일부 무리의 모습에 딱 들어맞지. 겉보기에는 목소리도, 낯빛도, 행동거지도 모두 지빠귀처럼 곱다네. 이들은 참된 마음으로 신앙을 고백하는 이들에게 누구보다 큰 사랑을 품은 척하고 한데 어울리며 동료가 되고 싶어 해서, 언뜻 보면 선한 이들이 흘리는 빵 부스러기를 먹고 사는 줄로 착각할 정도란 말일세. 경건한 이들의 집에 문지방이 닳도록 들락거리며 주님의 임명을 받기라도 한 것처럼 굴지만 실상은 지빠귀마

낭 거미를 잡아 게걸스럽게 삼키는 자들이지. 그자들은 자유자재로 식습관을 바꿀 줄 알아서 부정한 것들을 들이켜고 죄를 물처럼 삼킨다네."

한참 주변을 돌아보던 해석자와 일행은 다시 집으로 돌아왔다. 하지만 아직까지 저녁이 준비되지 않아서 크리스티아나는 자신들에게 도움이 될 만한 가르침을 더 달라고 간청했다.

그러자 해석자는 입을 열어 이야기를 시작했다.

"암퇘지는 살이 찔수록 진창에 뒹굴기를 더 좋아하고, 황소는 살찔수록 까불거리며 도살장으로 끌려가고, 육욕에 젖은 인간은 건강할수록 더 깊이 악에 빠지는 법이라오. 여인의 내면에는 멋지고 세련되고자 하는 마음이 있게 마련인데, 하나님 보시기에 값진 보물로 자신을 꾸민다면 그만큼 아름다운 건 없을 게요. 무언가에 하루 이틀 열심을 내는 일은 쉬워도, 그것을 한 해 내내 꾸준히 하기란 쉽지 않은 일이오. 마찬가지로 신앙을 고백하기 시작하는 건 쉬운 일이지만, 마땅히 할 바를 따라 끝까지 유지해내기는 이만저만 어려운 게 아니지.

어떤 선장이든 풍랑을 만나면 배에서 가장 값어치 없는 물건부터 서슴없이 바다로 던져버릴 거요. 으뜸가게 좋은 물건부터 내던질 이가 어디에 있겠소? 하나님을 두려워하지 않는 자들이나 그럴 테지. 작은 틈 하나가 배를 가라앉히고 단 하나의 죄가 죄인을 파멸시키는 법이라네. 친구를 외면하는 이는 스스로 은혜를 저버릴 따름이지만, 구주를 잊은 자는 자신에게 무자비한 짓을 하는 거라오. 죄에 빠져 살면서 행복을 추구하는 이는 잡초를 심은 뒤에 제 곳간이 밀이나 보리 낟알로 가득하길 기다리는 꼴이지. 인생을 제대로 살자면 생의 마지막 날을 불러다가 살아가는 동안 늘 곁에 둘 평생의 동반자로 삼아야 하오. 사람들 사이에 중상모략이 넘쳐나고 소신이라는 것이 손바닥 뒤집듯 자주 바뀌는 것만 봐도 세상에 죄가 존재한다는 사실에는 의심의 여지가 없소. 하나님은 가볍게 생각하시는 이 세상을 인간들은 매우 소중하게 여깁니다.

그렇다면 하나님이 높이 평가하는 하늘나라는 얼마나 대단하겠소? 어렵고 괴로운 일투성이임에도 불구하고 이 삶을 놓아버리기가 그토록 어렵다면, 저 하늘 위의 삶은 어떠하겠소? 다들 인간의 의로움을 추켜올리는데, 마땅히 높임을 받아야 할 하나님의 의로움에 마음을 쓰는 이들이 과연 얼마나 되겠소? 더러 식탁에 앉아 밥을 먹고 남기기도 하지요? 예수 그리스도의 공로와 의로움도 그렇소이다. 온 세상의 필요를 다 채우고도 남는다오."

말을 마친 해석자는 일행을 다시 마당으로 데려가더니 속은 완전히 썩어 문드러졌지만 여전히 이파리들을 무성히 늘어뜨리고 있는 나무 앞에 세웠다. 이번에는 자비가 물었다.

"이건 무얼 뜻하나요?"

주인어른은 대답했다. "겉은 근사하지만 속은 썩어버린 이 나무는 하나님의 뜰에 있는 숱한 이들과 견줄 수 있소. 입으로는 하나님을 높이 칭송하지만 사실 그분을 위해 하는 일이라고는 전혀 없는 이들이지. 이파리는 무성한데 마음은 아무짝에도 쓸모가 없어서 고작 마귀의 부시통에 들어 있는 불쏘시개로나 쓰일 따름이라오."

드디어 저녁 준비가 끝났다. 밥상이 펼쳐지고 거기엔 온갖 진수성찬이 올랐다. 다들 자리를 잡고 앉았다. 감사 기도가 끝나자 모두들 식사를 즐겼다. 주인장은 쉼터에 머무는 이들이 밥을 먹을 때마다 음악으로 흥을 돋우곤 했다. 이번에도 음유시인이 악기를 연주했다. 노래를 부르는 이도 있었는데 대단히 고운 목소리로 이렇게 찬양했다.

주님만이 나의 의지시니,
그분이 나를 먹이시네.
내게 부족함이 전혀 없으니,
과연 무얼 더 바라랴?

노래와 연주가 끝나자 해식자는 어떤 이유로 순례자의 삶에 들어서게 되었느냐고 크리스티아나에게 물었다. 여인은 대답했다.

"먼저 남편을 잃었다는 생각이 들더군요. 이루 말할 수 없이 슬펐습니다. 거기까지는 모두 육신의 정이었죠. 그런데 곧이어 남편이 겪었던 괴로움과 순례여행, 그리고 그 과정에서 제가 저지른 못 돼먹은 행동들이 어느 지경이었는지 하나둘 떠오르기 시작했어요. 죄책감을 주체할 수가 없더군요. 못에 빠져죽고 싶은 마음이 간절했습니다. 그런데 때마침 행복하게 살고 있는 남편 꿈을 꾸었어요. 편지도 받았고요. 그이가 사는 나라의 임금님이 당신에게로 나아오라고 부르시는 초대장이었죠. 꿈을 꾸고 서신까지 받고 보니 이 길을 가야겠다는 각오가 서더라고요."

해석자 "길을 나서기 전, 그대의 발목을 잡는 일은 없었소?"

크리스티아나 "있었답니다. 소심댁Timorous이라는 이웃이 가로막고 나섰어요. 남편더러 사자가 도사리고 있다고 겁을 주면서 집으로 돌아가라고 구슬렸던 양반의 피붙이였죠. '자포자기식 모험'을 계획하고 있다면서 저를 바보 취급했어요. 뿐만 아니라, 크리스천이 순례길에 만난 온갖 고난과 역경을 제 앞에서 줄줄이 읊어가며 결심을 꺾고 눌러앉히려 애쓰더군요. 하지만 그 모든 훼방을 잘 물리치고 이겨냈어요.

그런데 그 꿈, 흉측하게 생긴 사내 둘이 어떻게 하면 절 무너뜨려 순례를 그만두게 만들까 궁리하던 꿈은 여행 내내 절 몹시 괴롭혔어요. 맞아요, 그 기억이 아직도 제 마음에 남아서 낯선 이를 길에서 만날 때마다 걱정부터 하게 만든답니다. 우리에게 해를 입히고 다른 길로 가게 만들 속셈으로 접근하는 게 아닌가 싶어서요. 그래요, 아무에게나 떠벌릴 생각은 없지만, 주인어른께는 그 일도 말씀드리는 게 좋겠군요. 좁은 문에서 여기까지 오는 길 어디쯤에선가 우리 둘 다 '사람 죽어요, 살려주세요!'라고 울부짖을 수밖에 없는 심한 공격을 받았어요. 그런데 저희를 덮친 두 사내가 제가 꿈속에서 보았던 자들과 아주 비슷하더군요."

해석자는 말했다. "시작이 좋았구려. 그대 이야기의 결말은 비할 바 없이 더 좋을 겁니다." 그리고 눈을 돌려 자비를 바라보며 물었다. "그대는 어쩌다 여기까지 오게 되셨소?"

자비는 낯을 붉히고 안절부절못하며 한동안 말문을 열지 못했다.

해석자는 다독였다. "두려워 말고 그저 믿기만 하게. 어서 털어놔봐요."

마침내 자비가 입을 열었다. "어르신, 사실 전 경험이 부족해서 웬만하면 조용히 있으려는 편입니다. 경솔하게 행동하다가 그게 결국 화를 부르지 않을까 하는 두려움이 제 마음속에 가득합니다. 여기까지 같이 온 크리스티아나처럼 어른께 말씀드릴 만한 환상이나 꿈도 없어요. 마음씨 좋은 친구들의 조언을 마다한 기억도 없고요."

해석자 "그럼 대체 무엇이 아가씨를 설득해서 지금껏 걸어온 길에 나서게 했던 거요?"

자비 "굳이 말씀드리자면, 여기 있는 이분이 마을을 떠나려고 짐을 싸고 있을 때 우연히 집에 들르게 됐어요. 다른 이웃이랑 함께요. 노크를 하고 집으로 들어갔죠. 안에 들어서니 이분이 분주히 움직이고 있는 게 보였어요. 어찌 된 일이냐고 물었죠. 남편에게 오라는 연락을 받았다는 거예요. 자리를 잡고 앉아서 꿈에 본 남편의 모습을 설명해주었어요. 신비로운 궁전에 살며, 영원히 사는 이들과 더불어 지내고, 면류관을 쓰고 있으며, 하프를 연주하고, 왕자님과 같은 식탁에서 먹고 마시며, 그리로 불러주신 주님을 노래하고 찬양한다는 따위의 이야기였죠.

크리스티아나의 말을 듣는 내내 속이 타들어가는 듯했어요. 속으로 중얼거렸죠. '이게 사실이라면, 그리고 만일 그럴 수만 있다면 내 부모와 태어나 지금까지 살던 나라를 떠나서 이분과 함께 가야겠다.' 그래서 내게 들려준 그 이야기에 대해 조금 더 알려달라고, 가는 길에 함께 데려가달라고 부탁했습니다. 멸망당할 위험을 감수하지 않고는, 더 이상 이 동네에선 살 수 없다는 걸 그때 깨달았으니까요. 그래도 떠날 때는 마음이 무겁더군요. 가기 싫어서가 아니라 많은 친척과 친구들을 남겨두고 가는 게 안타까워서였죠. 하지만 그것보

다 마음의 갈망이 너무 컸어요. 이젠 할 수만 있다면 크리스
티아나 아주머니와 함께 크리스천과 그분의 임금님이 계신
곳으로 갈 겁니다."

해석자 "길을 떠나온 건 참 잘한 일일세. 진리를 믿게 되었으니
말이오. 아가씨는 나오미와 그이의 하나님을 가슴에 품고 부
모와 고향을 떠나 이전까지 전혀 알지 못하던 민족에게 갔
던 룻과 같은 일을 하셨소. '댁이 한 일은 주님께서 갚아주실
것이오. 이제 댁이 주 이스라엘의 하나님의 날개 밑으로 보
호를 받으러 왔으니, 그분께서 댁에게 넉넉히 갚아주실 것이
오.'"룻 2:11-12

저녁 식사가 끝나고 잠자리가 마련되었다. 여인들은 저마다,
아이들은 다 같이 한 방에 들었다. 자비는 침대에 누워서도 가슴
이 벅차 좀처럼 잠을 이룰 수가 없었다. 끝내 기회를 놓칠지도
모른다는 의구심이 그 어느 때보다도 멀리, 아주 멀리 사라져버
린 까닭이다. 자비는 자리에 누운 채 그런 은혜를 베풀어주신 하
나님을 높이고 찬양했다.

아침 해가 떠오르자 다들 일어나 길 떠날 채비를 서둘렀다. 하
지만 해석자는 조금 더 머물다 가라고 했다. "절차를 밟고 출발
하는 게 좋겠소." 그러곤 처음에 이들에게 문을 열어주었던 순결
에게 지시했다. "이분들을 마당에 있는 욕실로 데려가 길에서 묻

흰 때를 말끔히 씻어내게 해드려라."

일행을 정원으로 안내한 순결은 욕조가 있는 곳의 문을 열어주며 말했다. "주인어른은 순례길을 가다가 이 집에 든 손님들이 정결해지길 바라십니다. 그러니 깨끗이 씻으세요."

모두들 욕조로 들어가 몸을 씻었다. 목욕을 마치고 나왔을 때는 상쾌하고 깨끗해졌을 뿐만 아니라 한결 생기가 솟고 뼈 마디마디에 힘이 붙었다. 씻으러 들어갈 때보다 훨씬 아름다워진 모습으로 안채에 들어섰다. 욕실에서 돌아온 일행을 맞은 해석자는 따듯하게 굽어보며 말했다. "달덩이처럼 훤하구려."

그러곤 목욕을 마친 이들에게 찍어주는 도장을 가져오도록 했다. 도장을 받아들고는 한 사람 한 사람씩 찍어주었다. 어디를 가든 누구나 알아볼 수 있는 표식이었다. 그 표식은 이스라엘 자손들이 이집트 땅에서 나올 때 받아들인 유월절의 의미이자 전부였다.출 13:8-10 도장은 미간에 찍혀 있었다. 표식이 장신구 역할을 하는 덕에 곱절은 더 아름다워 보였다. 품위를 한껏 더해주었으며 마치 천사의 낯빛인 것처럼 보이게 해주었다.

해석자는 여인들을 시중드는 순결에게 다시 말했다.

"예복을 보관하는 방에 가서 이분들에게 입힐 옷을 꺼내오너라."

큰아기는 부리나케 달려가서 하얀 옷을 꺼내다가 주인어른 앞에 펼쳐놓았다. 세마포로 지은 예복은 하나같이 희고 정갈했다. 새 옷을 차려입은 여인들은 서로를 보고 너무 놀라 두려울 지경이었다. 각기 자신은 볼 수 없고 상대방의 영광만 볼 수 있었다. 여인들은 상대가 자신보다 더 근사하다며 탄복하기 시작했다. 한쪽에서 그대가 나보다 아름답다고 칭송하면 상대편에서 오히려 그대가 더 어여쁘다고 화답하는 식이었다. 놀랍도록 달라진 모습에 아이들도 어안이 벙벙한 모양이었다.

담대라는
이름의 길벗

The Pilgrim's Progress

해석자는 '담대Great-Heart'라는 나이 든 일꾼을 불러서 명령했다.

"칼과 투구, 방패로 무장하고 사랑하는 내 딸들을 이다음에 머물 '뷰티풀House Beautiful'이라는 저택까지 배웅하여라."

하인은 냉큼 무기를 챙겨들고 앞장섰다. 해석자는 말했다. "평안하게들 가시오!"

그 댁에 딸린 식구들도 갖가지 덕담을 건네며 인사했다. 일행은 길을 걸으며 노래했다.

여기까지가 둘째 마당,

우리는 듣고 보았네,
세월이 지나고 또 흘러갈 동안
뭇사람들에겐 내내 감춰졌던 일들을.

거름더미 헤적이는 사내,
거미, 암탉과 병아리들마저도
내게는 가르침이 되었으니,
이제는 그 교훈을 따르리.

푸주한과 정원, 들판,
개똥지빠귀와 녀석의 먹이,
그리고 썩은 나무는 내게
묵직한 생각거리를 남겨주었네,

나를 변화시켜
깨어 기도하며, 힘써 진실하고,
날마다 십자가를 지며
두려움으로 주님을 섬기리.

꿈에서 보니, 일행은 여전히 담대를 앞세운 채 길을 가고 있었
다. 그렇게 걷고 또 걸어 마침내 크리스천의 짐 보따리가 등에서

벗겨져 무덤 속으로 굴러떨어졌던 자리에 이르렀다. 거기서 잠깐 쉬면서 다들 하나님을 찬양했다.

크리스티아나는 말했다. "좁은 문에서 들었던 이야기가 생각납니다. 정확히, 말씀과 행위로 용서를 받아야 한다고 했었죠. '말씀으로'라는 건 '약속으로'라는 뜻이고, '행위로'란 그 약속을 이루기 위해 주님이 했던 일들을 가리킨다고도 했어요. '약속'이 뭔지는 얼추 짐작이 가는데, '행위로' 혹은 '그 약속을 이루기 위해 했던 일들을 통해' 용서를 받는다는 건 당최 무슨 소린지 모르겠어요. 담대 님은 알고 계실 것 같은데 특별히 문제 될 게 없다면, 좀 알려주시겠어요?"

담대 "행위로 용서받는다는 말은 다시 말해 용서가 필요한 다른 이를 위해 누군가가 한 행동에 힘입어 용서를 받는다는 얘기올시다. 용서받은 이가 아니라 다른 이의 공로로 죄 사함을 받는다는 뜻이죠. 그게 바로 제가 용서를 받은 방법입니다. 이 문제를 다시 풀어서 이야기하자면, 댁과 자비 양, 그리고 이 어린 친구들이 용서를 받은 건 다른 누군가, 한마디로 말해 좁은 문에서 만났던 바로 그분 덕택이라는 말씀이오. 그분은 이중적인 방식으로 용서를 이루셨어요. 의를 행해서 댁들의 허물을 덮었고 피를 흘려 여러분의 죄를 씻었죠." 롬 5:19

크리스티아나 "하지만 그렇게 의를 나눠주시면 그분께 남는 게 있을까요?"

담대 "주님의 의로움은 여러분의, 심지어 그분 자신의 필요를 채우고도 남습니다."

크리스티아나 "부디 조금만 더 자세히 설명해주세요."

담대 "여부가 있겠습니까? 하지만 우선 지금 이야기하는 주인공은 견줄 상대가 없는 독보적인 분임을 짚고 넘어가야 하겠습니다. 그분은 명확하게 구분되지만 절대로 나눌 수는 없는 두 본성을 한 인격에 지니셨습니다. 이들 두 본성은 제각기 의義를 소유하며 그 의는 저마다 본성을 구성하는 핵심 요소가 됩니다. 따라서 어느 쪽에서든지 정의, 또는 의를 분리하려 했다가는 필시 그 본성 자체가 사라질 겁니다. 인간은 이런 의로움을 나눠 가진 존재로 지음 받지 않았습니다. 그러므로 그 두 본성, 또는 어느 한쪽을 덧입어야 정의로워지고 거기에 기대어 살 수 있게 됩니다.

이들 말고도, 두 본성이 연합해 하나가 된 또 하나의 의가 이분 가운데 있습니다. 이는 인성과 동떨어진 신성만의 의도, 신성과 분리된 인성만의 의도 아닙니다. 양쪽 본성 가운데 어느 하나도 이지러짐 없이 온전히 연합된 의로움이므로, 그분에게 중보자의 역할을 맡기시면서 그 직분을 넉넉히 감당하도록 준비시키신 하나님의 역사에 핵심을 이루는 의로 보아야 마땅할 겁니다."

그분이 첫 번째 의를 내어주신다면, 그 신성을 나눠주시는 셈입니다. 두 번째 의를 베풀어주신다면 순전한 인성을 나눠주시는 셈입니다. 그런데 세 번째 의를 허락하신다면, 그분으로 중보자의 직분을 감당하게 한 그 완전함을 나눠주시는 겁니다. 그러므로 그분은 다른 의를 가지고 이미 드러난 하나님의 뜻을 행하거나 거기에 순종합니다. 바로 그 의로움을 죄인들에게 덧입혀 죄를 가려주십니다. '이제는 한 사람이 순종함으로 말미암아 많은 사람이 의인으로 판정을 받을 것'이라고 하신 말씀 그대로입니다."

크리스티아나 "그럼 마지막, 이 세 번째 의 말고는 다른 의는 쓸모가 없다는 말씀인가요?"

담대 "그렇지 않습니다. 첫 번째와 두 번째 의가 그분의 본성과 직분의 핵심을 이루고, 다른 누군가에게 전달될 수 없는 의로움이기는 하지만, 인간을 의롭게 하는 목적을 이룰 수 있는 건 바로 그 두 의로움 덕분입니다. 그분의 신성에서 비롯되는 의는 순종에 힘이 됩니다. 인성에서 비롯되는 의로움은 뭇 백성들을 의롭게 하는 일에 순종할 능력을 줍니다. 그리고 이 두 본성이 연합된 의로움은 그분의 직분에 권위를 더해서 위임받은 사명을 행하게 합니다.

그런데 하나님이신 그리스도에게 필요 없는 의로움도 있습니다. 의가 없어도 그분은 하나님이십니다. 인간이신 그리스도에게 필요 없는 의로움도 있습니다. 그것 없이도 주님은 완벽한 인간이십니다. 아울러 신인神人, God-man이신 그리스도에게 필요 없는 의로움도 있습니다. 의가 없어도 완벽하게 신인이시기 때문입니다. 하나님이신 그리스도, 그리고 신인이신 그리스도에게는 스스로 필요한 의로움이 없습니다. 그래서 의를 베푸실 수 있는 겁니다. 주님에게는 필요 없는 의, 즉 의롭게 하는 의로움을 친히 나눠주시는 겁니다. 그걸 '의의 선물'이라고 부르는 까닭이 여기에 있습니다. 주 예수 그리스도는 스스로 율법 아래로 들어가셨으므로 그 의로움을 나눠주실 수밖에 없습니다. 율법은 의롭게 행할 뿐만 아니라 자비를 베푸는 의무를 다하도록 요구하기 때문입니다.롬 5:17 따라서 옷 두 벌을 가졌다면 율법에 따라 헐벗은 이에게 한 벌을 나눠주어야 합니다. 주님은 진정 옷 두 벌을 갖고 계십니다. 하나는 그분 몫이고 나머지 하나는 누군가에게 선사할 옷입니다. 그러기에 그리스도는 옷을 갖지 못한 이에게 값없이 베풀어주십니다. 그러니 크리스티아나 님과 자비 양을 포함해 여기 있는 모든 이들이 받아 누리는 용서는 다른 누군가의 행위, 또는 공로에서 비롯된 겁니다. 여러분의 주, 그리스도는 그렇게 일하시고 그 열매를 다음에 만나는 가난하고 가엾은 이들에게 아낌없이 쏟아주는 분이십니다.

하지만 행위로 용서를 받기 위해서는 그 값으로 하나님께 반드시 무언가를 치러야 합니다. 우리를 대신해 지불할 무언가가 마련되어야 한다는 말씀이죠. 죄를 지으면 의로운 율법에 따라 합당한 저주를 받기 마련입니다. 거기서 벗어나려면 저지른 해악의 값을 대신 갚는 대속의 길을 통해 의롭다 여김을 받아야 합니다. 세상에 오셔서 마땅히 여러분이 서야 할 자리에 대신 서시고 여러분의 죄를 위해 돌아가신 주님의 보혈로만 가능한 일입니다. 그래서 그리스도는 피로 값을 치르시고 그대들의 더럽고 추한 영혼을 의로 덮어주셨습니다.롬 8:34 하나님이 세상을 심판하러 오시는 날, 여러분을 해치지 않고 지나가게 하신 거죠."갈 3:13

크리스티아나 "굉장하군요! 말씀과 행위로 용서를 받았다는 이 한마디에 반드시 알아두어야 할 핵심이 있다는 걸 이제 깨달았습니다. 자비 양, 우리 이걸 마음에 새기도록 노력합시다. 그리고 얘들아, 너희도 잘 기억해두어라. 그런데 담대 님, 착하디착한 크리스천의 어깨에서 짐 보따리가 떨어져나가고 그이가 기쁨에 겨워 세 번이나 펄쩍펄쩍 뛰었던 것도 바로 이 깨달음 때문이 아니었을까요?"

담대 "그렇습니다. 무슨 수를 써도 끊어지지 않던 오랏줄을 잘라냈던 무기는 바로 이것에 대한 믿음이었습니다. 그 양반이 십자가에 이르기까지 그 무거운 짐을 지고 겪었던 고통 또한 이 진리의 가치를 깨닫는 과정이었습니다."

크리스티아나 "저도 그리 생각했습니다. 요즘 제 마음이 이전보다 한결 가볍고 즐거워지기는 했습니다만, 이 이야기를 듣고 난 지금은 열 배나 더 상쾌하고 기쁘거든요. 세상에서 가장 무거운 짐을 짊어진 이라도 여기에 와서 제가 알게 된 사실을 깨닫고 믿는다면 마음이 더없이 행복하고 평안해질 겁니다. 여태까지는 그다지 절실하게 다가오지 않았지만 이젠 정말 자신할 수 있어요."

담대 "이러한 사실을 알고 묵상하게 되면 위안을 얻고 무거운 짐에서 벗어날 뿐만 아니라 그 진리가 내면에 불러일으키는 사랑을 사모하게 됩니다. 약속만이 아니라 그리스도의 대속이라는 방도와 수단을 통해 용서를 받았다는 생각을 단 한 번이라도 하게 된다면 누구라도 그럴 겁니다. 자신을 위해 그런 역사를 이뤄주신 분을 향해서도 깊은 사랑을 품게 되겠죠."

크리스티아나 "정말이지 옳습니다. 주님이 저를 위해 피 흘릴 수밖에 없었다는 생각을 하면 제 마음에도 뜨거운 피가 흐르는 것만 같습니다. 오, 사랑이 넘치는 주님! 오, 은혜로우신 주님! 주님은 제 주인이 되고도 남습니다. 저를 값 주고 사셨으니까요. 주님은 제 모든 걸 가지실 권리가 있습니다. 제 값어치보다 열 배는 더 비싼 대가를 치르셨으니까요.

남편이 눈물을 쏟으며 잰걸음으로 씩씩하게 그 길을 걸어간 건 이제 조금도 놀랄 일이 아닙니다. 남편은 저더러 함께 가자고 열심히 설득했지만 지독하리만치 못된 인간이었던 저는 그이를 홀로 떠나게 하고 말았습니다. 자비 양, 그대의 아버지와 어머니도 여기에 있었더라면 얼마나 좋았을까요? 소심댁도요. 아니, 아니지! 이젠 '방탕 마담Madam Wanton'도 이 자리에 있었으면 하는 마음이 간절하답니다. 그랬더라면 소심댁의 두려움도, 방탕 마담의 욕정도 그이들을 구슬려 집으로 돌려보내지 못했을 겁니다. 선한 순례자가 되길 마다하지도 않았을 테고요. 틀림없어요. 틀림없고말고요."

담대 "애정 어린 따뜻한 말씀이군요. 하지만 앞으로도 계속 그럴 수 있을까요? 안타깝지만 이 이야기가 누구에게나 통하는 건 아닙니다. 예수님이 피를 흘리는 모습을 본다고 해도 모두가 같은 생각을 하진 않습니다. 심장에서 흘러내린 피가 땅에 떨어지는 걸 바로 곁에서 지켜보면서도 그대의 반응과는 전혀 딴판이었던 이들이 수두룩했죠. 애통해하기는커녕 주님을 손가락질하며 비웃었고, 제자가 되는 대신 주님께 냉담했죠. 그러니 내 딸들이여, 여러분이 느끼는 그 모든 감정은 지금껏 이야기한 일들을 경건하게 곱씹은 덕에 갖게 된 특별한 감동에서 비롯된 겁니다. 암탉이 평범한 소리로 부를 때는 병아리들에게 무언가를 주려는 게 아니라고 했던 말을 잊지 마세요. 여러분이 이런 마음을 가지는 건 특별한 은혜를 입었기 때문입니다."

꿈에서 보니, 일행은 꾸준히 걸어서 지난날 크리스천이 순례여행을 하다가 '우매Foolish'와 '나태Sloth', '방자Presumption'와 맞닥뜨렸던 자리에 이르렀다. 그런데, 저런! 그 셋이 하나같이 족쇄를 찬 채 길에서 조금 벗어난 곳에 매달려 있는 게 아닌가!

자비는 안내자인 담대에게 그 셋은 누구며 어째서 저렇게 달려 있느냐고 물었다.

담대 "이 셋은 아주 고약한 성품을 지닌 이들이었습니다. 스스로 순례자가 될 뜻이 없었을뿐더러 누구든 순례길에 오르려는 이가 있으면 훼방을 놓으려 안간힘을 썼죠. 아주 게으르고 어리석기 짝이 없는데다 남들까지 구슬려서 그렇게 만들어 놨어요. 자기들처럼 살면 결국은 행복해질 거라고 가르치기도 했답니다. 크리스천이 지나갈 때는 다들 잠을 자고 있더니 보다시피 지금은 저렇게 매달려 있네요."

자비 "정말로 저들의 간악한 세 치 혀에 넘어간 이가 있나요?"

담대 "있고말고요. 적잖은 이들을 바른길에서 끌어냈죠. '늘보Slow-pace'라는 이를 꾀어 자기들처럼 살게 했어요. '작심삼일Short-wind', '무의지No-heart', '호색Linger-after-Lust', '잠보Sleepy-head'에다가 '우둔Dull'이라는 여인마저 꾀어내서 바른길을 버리고 저들처럼 지내게 만들었답니다. 그뿐만 아니라, 주님을 헐뜯기까지 했어요. 매정한 감독관이라고 속삭거렸죠. 새 예루살렘 성을 두고도 세간에서 상상하는 수준의 절반에도 미치지 못할 거라고 깎아내렸어요. 주님의 일꾼들에게도 손가락질을 서슴지 않았죠. 기껏해야 남의 상에 감 놔라 배 놔라 하길 좋아하는 골칫거리 참견쟁이로 취급했어요. 그런데 그게 다가 아니에요. 하나님이 베푸신 양식을 빈껍데기라고 부르고, 거룩한 자녀들을 안락하게 해주는 온갖 선물을 공상으로, 순례자의 여정과 수고를 헛짓거리로 치부했습니다."

크리스티아나는 고개를 절레설레 흔들었다.

"끔찍하기도 해라! 그런 자들이라면 눈곱만큼도 슬퍼하지 않겠어요. 마땅히 받아야 할 형벌을 받았을 뿐이니까요. 큰길가에 저렇게 매달려 있는 게 도리어 잘됐단 생각도 드는군요. 다른 이들이 보고 조심할 수 있게요. 그런데 저자들이 저지른 죄악을 아예 철판이나 동판에 새겨서 장난질 쳤던 곳에 걸어두었더라면 악한 무리들에게 경고가 되지 않았을까요?"

담대 "그렇게 해놨어요. 담장 쪽으로 조금만 더 다가가면 보일 겁니다."

자비 "아니, 아니죠! 저렇게 매달아두고 저자들의 이름이 조롱거리가 되게 하면 좋겠어요. 놈들의 죄목이 영원히 따라다니게요. 아무튼 우리가 여기에 도착하기 전에 저들이 처형돼서

천만다행입니다. 그렇지 않았더라면 우리처럼 연약한 여인들에게 무슨 짓을 했을지 누가 알겠어요?"

그러곤 제 뜻을 노래로 지어 불렀다.

저기 달린 셋,
진리에 맞서는 자들에게 부치는 경고일세.
따라오는 이들로 두려워 떨게 하리,
순례자의 벗이 아니라면 이런 결말을 보게 되리니.
그대, 나의 영혼아, 조심하여라.
거룩함을 망치려 드는 저런 자들을.

일행은 다시 걸음을 재촉해 '곤고재the Hill Difficulty' 밑자락에 이르렀다. 선량한 담대는 조만간 기회를 봐서 지난날 크리스천이 이곳을 지나가면서 무슨 일을 겪었는지 이들에게 이야기해주기로 마음먹었다. 우선 일행을 샘으로 데려가 말했다.

"자, 여기가 바로 크리스천이 이 언덕을 오르기 전에 물을 마셨던 샘입니다. 물이 참 깨끗하고 맛이 달았죠. 히지만 순례자들이 여기서 갈증을 푸는 걸 마땅찮게 여기는 이들이 이곳을 짓밟아 망쳐놓는 바람에 탁해졌습니다."겔 34:18-19

자비 양이 끼어들었다. "왜들 그렇게 시샘을 하는 거죠?"

안내자는 못 들은 척 말을 이었다. "걱정할 것 없습니다. 물을 떠서 그릇에 담아두면 이내 달고 맑은 물이 될 테니까요."

크리스티아나 일행은 마지못해 시키는 대로 따랐다. 물을 질그릇에 떠 담고 부유물이 가라앉아 맑아질 때까지 기다렸다가 들이켰다.

이어서 담대는 언덕 아랫자락을 끼고 도는 두 갈래 길을 보여주었다. '허울'과 '위선'이 잘못 들어섰던 바로 그 길이었다. 안내자는 설명했다. "여긴 아주 위험한 길입니다. 크리스천이 이곳에 이르렀을 즈음, 두 나그네가 들어갔다가 조난당한 바로 그 길이죠. 보시다시피 사슬과 말뚝, 도랑이 가로막고 있음에도 불구하고, 적잖은 이들이 비탈을 기어오르는 수고를 피할 심산으로 위험을 무릅쓰고 이 길을 택하곤 한답니다."

크리스티아나 "'사악한 자의 길은 험하니라'라는 성경 말씀이 있지요.잠 13:15 그런데도 어떻게 목이 부러질 수도 있는 위험한 길로 들어갈 수 있는지 도대체 납득이 가지 않습니다."

담대 "일단 무조건 덤벼들고 보는 거죠. 그래요, 그런 이들은 임금님의 일꾼들이 아무 때고 그이들을 보고는 소리치며 그릇된 길로 들어서 위험하니 조심하라고 일러줘도 도리어 욕을 하며 대꾸할 겁니다. '댁들이 임금님의 이름을 내세워 떠드는 소리 따위엔 귀 기울이지 않겠소! 무엇이든 입에서 뱉은 그대로 어김없이 실행할 테니까.'렘 44:16-17 나 원 참, 기가 막혀서. 조금 더 들여다보면 이 길들로 가지 말라는 경고는 차고 넘친다는 걸 알게 될 겁니다. 말뚝과 도랑, 쇠사슬뿐만 아니라 울타리까지 쳐져 있거든요. 그런데도 한사코 그리로만 가려고 하니….'

크리스티아나 "참으로 게으른 자들이군요. 다들 고생은 하고 싶지 않은 거예요. 비탈을 타고 오르는 길이 달갑지 않겠죠. '게으른 사람의 길은 가시덤불로 덮여 있는 것 같다'고 한 성경 말씀이 저이들에게 그대로 이뤄지겠군요.잠 15:19 맞아요, 새 예루살렘 성으로 이어지는 언덕길을 기어오르는 대신 위태로운 덫 속으로 걸어 들어갔으니까요."

일행은 다시 걸어서 언덕을 오르기 시작했다. 가도 가도 비탈이었다. 정상까지는 아직 갈 길이 먼데, 크리스티아나는 벌써 가쁜 숨을 몰아쉬고 있었다. 여인은 말했다. "숨이 턱 끝까지 차게 만드는 고개로군요. 영혼보다 육체의 편안함을 좋아하는 이들은 상대적으로 더 쉬운 길을 택하고도 남겠어요."

자비도 말했다. "좀 앉아야겠어요."

아이들 가운데 막내는 급기야 훌쩍거리기 시작했다.

"자, 자, 어서 갑시다. 여기 앉으면 안 돼요. 조금만 더 올라가면 왕자님의 정자가 있답니다." 담대는 어린아이의 손을 잡아 이

곤고재를 오르는 순례자들

끌었다.

정자에 이르렀을 즈음에는 온몸이 뜨겁게 달아올라 주저앉지 않고는 못 견딜 지경이 됐다. 자비는 토하듯 말했다. "고단하게 수고한 이들에게 쉼은 얼마나 달콤한가!마 11:28 그리고 이렇게 쉴 자리를 마련해두신 순례자들의 왕자님은 또 얼마나 선하신 분인 가! 이 정자 얘기는 숱하게 들었지만 이렇게 직접 와보기는 난생처음입니다. 하지만 여기서 잠들진 않도록 조심들 하자고요. 듣자 하니 크리스천 님이 여기서 깜빡 졸다가 큰 봉변을 당했다고 하더군요."

한쪽에서는 담대가 아이들에게 물었다. "자, 우리 어린 친구들은 좀 어때? 순례여행을 계속할 만한가?"

막내가 곧장 답했다. "아저씨, 심장이 터지는 줄 알았어요. 아까는 제 손을 잡아주셔서 참 고마웠습니다. 엄마가 해주신 말씀이 떠올랐어요. 하늘나라로 가는 길은 사닥다리를 타고 올라가는 것 같고 지옥으로 통하는 길은 내리막과 같다고 하셨어요. 하지만 저라면 죽음으로 이어지는 내리막길을 걷기보다 사다리를 타고 생명의 길로 가겠어요."

자비가 끼어들었다. "하지만 '언덕이란 본래 내려가기가 한결 쉽다'는 옛말도 있지."

하지만 제임스James(그게 아이의 이름이었다)는 굽히지 않고 말했다. "산을 내려가기가 그 무엇보다 힘들어지는 날이 다가오고 있다고 생각해요."

담대는 칭찬했다. "대견하기도 하지. 정답을 알고 있구나."

자비는 빙그레 웃었다. 아이의 얼굴이 빨개졌다.

"애들아, 입이 궁금하지 않니? 앉아서 쉬는 동안 먹게 달콤한 군것질거리를 좀 주랴?" 크리스티아나는 아이들에게 말했다. "나한테 석류가 있거든. 아까 집을 나설 때 해석자 어른이 손에 쥐어주신 거야. 벌집 조각 약간이랑 술도 한 병 챙겨주셨단다."

"어른이 무언가를 싸주시는구나 싶었어요. 아주머니를 따로 불러내셨잖아요." 자비가 말을 보탰다.

크리스티아나는 고개를 끄덕이며 말했다. "맞아요, 그분이 준비해주셨어요. 처음 집을 떠날 때 제가 다짐하고 약속했던 것은 여전히 유효합니다. 기꺼이 길벗이 되어주셨으니, 이제 내게 주어지는 건 무엇이든 자비 양과 나누겠어요."

크리스티아나는 자비와 아이들에게 음식을 나눠주었다. 다들 맛있게 먹기 시작하자 담대에게도 권했다. "담대 님도 같이 드시겠어요?"

하지만 그이는 손사래를 쳤다. "여러분은 순례여행을 계속해야 하지만, 전 이제 곧 돌아갈 거예요. 집에서 날이면 날마다 그런 걸 먹는답니다. 다들 든든히 먹어두세요. 큰 도움이 될 겁니다."

4

네 아이들과
분별의 교리문답

The Pilgrim's Progress

다들 먹고 마시며 얼마간 더 수다를 떨었다. 문득 일행을 안내하는 담대가 말했다. "날이 저물고 있습니다. 이제 괜찮으시면 자리를 정리하고 떠납시다."

모두 자리를 털고 일어나 다시 걷기 시작했다. 어린아이들이 앞장을 섰다. 하지만 크리스티아나가 술병 챙기는 걸 잊는 바람에 아이 하나를 보내서 도로 가져와야 했다. 그러자 자비는 말했다.

"여기는 뭔가를 잃어버리는 자리인가 봐요. 크리스천 아저씨는 두루마리를 잃어버렸고 크리스티아나 아주머니는 술병을 깜박했잖아요. 담대 님, 어째서 이런 일이 생기는 거죠?"

안내자는 대답했다. "원인은 잠, 또는 건망증이죠. 어떤 이들은 깨어있어야 할 때 잠들어버립니다. 반드시 기억해야 할 때 잊어버리는 이들도 있죠. 쉼터에서 순례자들이 무언가를 곧잘 잃어버리는 까닭이 거기에 있습니다. 제아무리 즐겁고 유쾌한 상황이라 할지라도 순례자들은 일찍이 챙겨온 것들을 잘 간수하고 기억해야 해요. 자칫 방심하다가는 기쁨이 눈물로 끝나고 태양이 뒤로 숨어버리기 십상입니다. 크리스천이 여기서 겪었던 일만 봐도 단박에 알 수 있습니다."

한참을 걷다 보니 어느새 일행은 소심댁과 '불신Mistrust'이 크리스천을 만나 사자들 이야기로 겁을 주며 돌아가라고 했던 자리에 도착했다. 그런데 가만히 보니, 무대 비슷한 게 서 있었다. 길가 쪽 단상 앞에 놓인 큼지막한 안내판에는 시구가 적혀 있었고 그 아래로 여기 무대가 설치된 이유가 기록되어 있었다. 시구를 옮기자면 이랬다.

이 무대를 보는 자,
마음과 혀를 삼갈지니,
그리 아니하면, 오래전 어떤 이들처럼,
순식간에 여기서 스러지리.

밑에는 이런 문구가 적혀 있었다. "심약하거나 믿음을 잃어 더 멀리 순례를 이어가길 두려워하는 이들을 벌하기 위해 이 무대를 세우노라. '소심'과 '불신' 또한 크리스천의 순례여정을 가로막은 죄로 여기서 뜨겁게 달군 쇠로 혀를 지지는 형벌을 받았노라."

자비는 말했다. "사랑을 입은 이의 말과 썩 비슷하군요. '너 속이는 혀여 무엇을 네게 주며 무엇을 네게 더할꼬? 장사의 날카로운 화살과 로뎀 나무 숯불이리로다'라는 말씀이 있잖아요."시 120:3-4

일행은 다시 길을 떠나 멀리 사자가 시야에 들어오는 데까지 나아갔다. 담대는 힘센 사나이라 사자를 겁내지 않았다. 하지만 짐승들이 으르렁거리는 자리로 점점 다가갈수록 앞서가던 아이들은 냉큼 어른들 옷자락을 붙들고 늘어졌다. 사자들이 무서워 뒷걸음질 치며 어른들의 등 뒤에 숨기 바빴다. 지켜보던 담대는 빙그레 웃으며 말했다.

"요 녀석들! 다가오는 위험이 없어 보일 때는 앞장을 서더니 사자를 보자마자 꽁무니를 빼는구나!"

일행은 계속 걸었다. 담대는 칼을 뽑아 들었다. 사자가 덤벼들어도 순례자들을 위해 자신이 기꺼이 길을 내줄 셈이었다. 그런데 웬 사내가 나타났다. 마치 사자들의 뒤를 봐주는 분위기였다. 사내는 순례자들을 이끄는 안내자에게 물었다. "여기는 어떻게 오시었소?" 그자의 이름은 '잔혹Grim'이었는데, 더러는 '피칠갑Bloody-man'이라고도 한다. 거인족 출신으로 순례자들을 무자비하게 살해해온 까닭이다.

담대는 맞받았다. "이 아낙들과 아이들은 순례여행 중이어서 반드시 이 길을 지나야 하오. 사자들과 그대가 막아선다 해도 뚫고 지날 것이요."

잔혹 "여긴 순례길이 아니니 순례자들을 보내줄 수 없소. 아예 얼씬도 못하게 하려 이렇게 왔고 그 뜻을 이루기 위해 친히 사자들의 뒷배도 봐주고 있지."

사실 이 길엔 인적이 워낙 드물어서 길바닥에 잡초가 무성했다. 사자들이 사납게 으르렁거리는 데다 그 맹수들을 살펴주는 잔혹의 무자비한 행동거지 탓에 아무도 이 길을 지날 엄두를 내지 못했기 때문이다.

그러자 크리스티아나가 나섰다. "비록 이전에는 나그네들이 샛길로 돌아갈 수밖에 없었고 그리하여 지금까지 널찍한 이 길에 발길이 끊어지다시피 했을지라도, 내가 이렇게 떨치고 일어선 이상, 이스라엘의 한 어미가 이처럼 일어난 이상 이젠 그렇지 않을 거요."삿 5:6-7

하지만 잔혹은 사자를 걸고 맹세한다며 절대로 그 길을 지나갈 수 없으니 돌아가라고 잔뜩 날이 선 목소리로 을러댔다.

그러자 순례자들의 안내자 담대가 먼저 잔혹에게 달려들었다. 얼마나 용감하게 칼을 휘두르던지 천하에 거인이라도 물러서지 않을 도리가 없었다. 잔혹은 사자들을 움직일 속셈으로 외쳤다. "네놈이 내 땅에서 감히 날 죽이려 드는 게냐?"

담대 "여기는 임금님의 대로인데도 네놈은 이 길에다 사자들을 들여놓았다. 하지만 여기 이 여인과 아이들은 연약할지언정 네 짐승들에 질려 길에서 벗어나지는 않을 것이다."

그러고는 다시 한 번 칼을 힘껏 내리쳤다. 그 순간, 거인이 무릎을 꿇고 풀썩 주저앉았다. 이어 날아간 칼날에 놈의 투구가 부서졌고, 다음엔 팔이 잘려나갔다. 거인은 비명을 내질렀다. 그 소리가 얼마나 끔찍하던지 여인들은 화들짝 놀랐지만, 잔혹이 대자로 바닥에 쓰러져 있는 걸 보고 무척 기뻐했다. 사자들은 사슬에 묶여 있었으므로 꼼짝도 할 수 없었다. 짐승들의 뒤를 봐주던 늙은이 잔혹이 죽자, 담대는 순례자들을 재촉했다. "자, 갑시다. 저를 따라오세요. 사자들로부터는 아무 해도 입지 않을 겁니다."

일행은 앞으로, 또 앞으로 계속 걸었다. 사자 곁을 지날 때, 여인들은 몸을 떨었고 아이들도 사색이 되었지만 다행히 다들 별탈 없이 그 자리를 벗어났다.

얼마나 걸었을까, 문지기의 오두막이 저만치 보이자 그쪽으로 방향을 틀었다. 여기까지 왔으니 더는 서두르지 않기로 했다. 한밤중에 이 지역을 여행하는 건 위험한 일이기 때문이다. 문 앞에 이르자 순례자를 이끄는 안내자가 대문을 쾅쾅 두드렸다. 안에서 문지기의 외침이 날아왔다. "게 뉘시오?"

담대는 대답했다. "날세!"

문지기는 한달음에 달려 내려왔다. 전에도 순례자들을 데리고 온 적이 있었으므로 목소리를 알아들었던 것이다. 그는 문을 열어젖히고 문간에 선 안내자를(뒤쪽에 서 있는 여인들까지는 아직 알아채지 못했다) 바라보며 깜짝 놀라 말했다.

"이런! 담대 님이 오밤중에 웬일이십니까?"

이편에서 대답했다. "순례자 몇 분과 함께 왔습니다. 주인님 명령을 좇아 오늘은 여기에 묵게 해야겠습니다. 사자들의 뒤를 봐주는 거인의 공격만 없었더라면 좀 더 일찍 왔을 겁니다. 길고도 지루한 싸움 끝에 그자를 베어 넘기고 순례자들을 예까지 안전하게 모셔왔지요."

문지기 "어서 들어오세요. 내일 아침까진 계실 거죠?"
담대 "아니올시다. 지금 곧장 주인님께 돌아갈 겁니다."
크리스티아나 "오, 담대 님! 우리끼리 순례여행을 계속하도록 맡겨 두시리라고는 생각도 못 했어요. 정말이지 신실하게 저희를 사랑으로 대해주셨고 우릴 위해 용감하게 싸우셨어요. 자상하게 이런저런 조언을 해주기도 하시고요. 베풀어주신 호의를 절대 잊을 수 없을 거예요."

자비도 아쉬워했다. "여정이 끝날 때까지 길벗이 되어주실 줄 알았어요. 우리처럼 연약한 여자들이 어떻게 친구나 보호자 없이 온갖 어려움이 도사린 이 길을 갈 수 있겠어요?"

아이들 가운데 나이가 가장 어린 제임스도 나섰다. "아저씨, 제발 같이 가면서 저희를 도와주세요. 저희는 너무 약하고 이 길은 너무 위험해요. 아저씨도 아시잖아요."

담대 "얘야, 난 주인님의 명령에 따라야 한단다. 너희들과 끝까지 같이 가는 임무를 주시면 기꺼이 곁을 지키겠지. 하지만 애초부터 문제가 있었어. 주인님이 나더러 한동안 동행해주라고 명령하실 때, 여행을 마무리하는 순간까지 같이 가게 해달라고 부탁드렸어야 했어. 그랬더라면 틀림없이 청을 들어주셨을 텐데. 아무튼, 이제 난 돌아가야겠다. 착한 크리스티아나 님, 자비 양, 그리고 어리지만 용감한 친구들, 그럼 이만 안녕!"

담대가 떠나자 문지기인 '주의깊은Watchful'은 크리스티아나에게 고향은 어딘지, 다른 가족은 있는지 꼬치꼬치 캐물었다. 여인은 대답했다. "멸망의 도시에서 왔습니다. 남편은 세상을 떠나고 없어요. 이름이 크리스천이었는데, 그이도 순례자였죠."

"어떻게 이런!" 문지기는 무척 놀란 눈치였다. "그분이 댁의 남편이라고요?"

크리스티아나는 고개를 끄덕여 보였다. "맞아요. 얘들은 남편이 남긴 자식들이고요." 그러곤 자비를 가리키며 소개했다. "여기는 한 마을에 사는 아가씨예요."

문지기는 종을 울렸다. 손님이 오면 늘 종을 치는 게 습관이었다. 그곳에서 일하는 '겸양Humble-Mind'이란 큰아기가 문간에 나타났다. 문지기는 겸양에게 안에 들어가서 크리스천의 아내 크리스티아나와 그 아이들이 여기까지 순례여행을 왔음을 알리라고 지시했다. 큰아기는 냉큼 들어가 소식을 전했다. 말이 떨어지기가 무섭게 안에 있던 이들이 기쁨에 겨워 내지르는 함성이 들려왔다. 그 소리가 얼마나 크던지!

집 안에 있던 이들이 우르르 문지기한테로 몰려나왔다. 일행이 여전히 문간에 서서 기다리고 있었기 때문이다. 나이가 가장 많은 이가 크리스티아나에게 말했다. "그대, 선한 크리스천의 아내여, 어서 들어오시게. 함께 온 이들과 얼른 안으로 드시오, 은총 입은 여인이여."

집 안에 들어서자 커다란 방으로 안내하더니 앉기를 권했다. 모두들 자리를 잡을 때쯤, 집안의 가장 큰 어른이 객을 맞으러 나왔다. 이들이 누구이며 어떻게 여기까지 오게 되었는지 소식을 모두 전해 들은 주인은 하나하나 입맞춤으로 인사하며 말했다.

"그대, 하나님의 은혜를 담는 그릇이여, 댁과 친구들을 환영합니다."

제법 늦은 시간인데다 험한 길을 종일 걸어온 까닭에 순례자들은 몹시 지쳐 있었다. 치열한 싸움을 목격하고 무시무시한 사자들과 맞닥뜨리기까지 해서 다들 기진맥진이었다. 잠자리가 준비되기만 하면 곧장 들어가 쉬고 싶은 마음이 굴뚝같았다. 하지만 집주인과 식구들은 손사래를 쳤다.

"안 됩니다. 먼저 고기 한 조각이라도 먹고 기운을 차려야지요."

그러고는 곧바로 양고기와 거기에 어울리는 소스를 곁들인 상을 차려냈다.출 12:21; 요 1:29 손님들이 오고 있다는 소식을 들은 문지기가 미리 준비를 시켜두었던 것이다. 그렇게 저녁을 먹고 기도까지 드렸다. 이제 가서 쉴 일만 남았다.

크리스티아나는 말했다. "염치없지만, 혹시 선택할 수 있다면 남편이 이곳에 왔을 때 묵었던 방에서 자고 싶습니다."

그댁 식구들은 일행을 그리로 안내했다. 그리하여 모두들 한 방에 누웠다. 크리스티아나와 자비는 자리에 든 채 생각나는 대로 이런저런 이야기를 나누었다.

크리스티아나 "남편이 순례를 떠났을 때만 하더라도 내가 이렇게 뒤따르게 될 줄은 상상도 못 했어요."

자비 "지금처럼 바깥어른이 누웠던 침대에 눕고 그분이 쉬었던 방에 묵을 줄은 꿈도 꾸지 못하셨겠네요?"

크리스티아나 "편안한 마음으로 남편의 낯을 대하고 그이와 더불어 주님을 임금님으로 예배하리라고 생각해본 적도 거의 없는 것 같아요. 하지만 지금은 언젠가 그런 날이 다가올 줄 믿어요."

자비 "쉿! 잘 들어보세요. 무슨 소리가 나지 않나요?"

크리스티아나 "맞아요! 무슨 음악 소리 같은데요? 우리가 여기에 온 걸 기뻐하는 소리인가 봐요."

자비 "정말 멋져요! 우리가 찾아온 걸 반기는 곡조가 집 안에, 마음에, 그리고 하늘나라에도 가득 울려 퍼지다니!"

둘은 두런두런 조금 더 이야기를 나누다 깊은 잠에 빠져들었다. 눈을 떠보니 벌써 아침이었다. 크리스티아나는 자비에게 말했다. "어젯밤에 곤히 자면서도 환하게 웃던데, 무슨 일이 있었어요? 꿈을 꾸는구나 싶기는 했는데요."

자비 "맞아요. 아주 단꿈을 꾸었죠. 정말 제가 자면서 웃던가요?"

크리스티아나 "그럼요. 그것도 아주 깔깔 웃던걸요? 무슨 꿈이었는지, 제발 좀 얘기해 봐요."

자비 "간밤에 꿈을 꿨어요. 외딴곳에 홀로 앉아서 완악한 제 마음을 한탄하고 있었죠. 거기에 앉은 지 얼마 지나지 않아서 많은 이들이 제 주위로 모여들었어요. 저를 지켜보고 또 제가 무슨 말을 하는지 들으려는 것 같았죠. 다들 귀를 기울이더군요. 저는 계속해서 완고한 제 마음을 한탄했고요. 그런데 이번에는 그이들 가운데 몇몇이 날 비웃는 듯했어요. 저더러 멍청이라고 하는 이도 있었고요. 더러는 거칠게 밀치기 시작했어요.

그런데 문득 고개를 들어 보니, 누군가 날갯짓을 하며 저를 향해 날아오는 게 아니겠어요? 그분은 곧장 제게 와서 물었어요. '자비야, 무엇 때문에 네가 그렇게 괴로워하고 있느냐?' 제 푸념을 다 들으시더니 한마디 하시더군요. '안심하여라.' 그러곤 손수건을 꺼내서 제 눈물을 닦아주시고 은과 금으로 지은 옷을 입혀주셨어요. 겔 16:8-11 귀에는 귀고리를 달아주시고 머리에 아름다운 면류관을 씌우셨고요. 이윽고 제 손을 잡고 말씀하셨어요. '나를 따라오너라.'

그분은 하늘로 올라가셨어요. 저는 그분을 좇아 황금으로 된 성문 앞에 이르렀어요. 그분이 똑똑 두드리자 안에 있던 이들이 문을 열어주었죠. 절 데려간 분이 먼저 들어가고 제가 그 뒤를 따라 보좌 앞까지 나아갔습니다. 보좌에 앉으신 분이 내게 말씀하시더군요. '딸아, 어서 오거라.' 사방이 별, 아니 해처럼 온통 환하고 반짝거렸어요. 그런데 거기서 아주머니의 남편을 얼핏 본 것 같았어요. 바로 그 대목에서 꿈에서 깨어났어요. 제가 정말로 웃었단 말이죠? 사실인가요?"

크리스티아나 "웃다마다요! 자비 양이 직접 자기 모습을 봤어야 했
는데! 틀림없이 좋은 꿈이구나 싶었어요. 이제 앞쪽 절반을
실제로 보았으니, 언젠가는 마침내 나머지 절반도 볼 수 있
게 될 겁니다. '사실은 하나님이 말씀을 하시고 또 하신다고
하더라도, 사람이 그 말씀에 주의를 기울이지 못할 뿐이에
요. 사람이 꿈을 꿀 때에, 밤의 환상을 볼 때에, 또는 깊은 잠
에 빠질 때에, 침실에서 잠을 잘 때에, 바로 그 때에 하나님
은 사람들의 귀를 여시고 말씀을 듣게 하세요.' 욥 33:14-15 잠자
리에 누웠을 때 반드시 정신을 차리고 있어야만 하나님과 대
화를 나눌 수 있는 건 아니랍니다. 잠든 사이에도 주님은 찾
아오셔서 거룩한 목소리를 듣게 하시죠. 자는 사이에도 마음
은 깨어 있기 십상인데, 하나님은 거기에 대고 말씀하세요.
맨정신일 때와 마찬가지로 말씀으로, 잠언으로, 또는 표적과
비유를 통해 뜻을 전하시죠."

자비 "꿈을 꿔서 참 기뻐요. 머지않아 그 꿈이 이뤄지는 걸 지켜
보며 다시 한 번 웃을 수 있으면 좋겠어요."

크리스티아나 "이제 더는 미적거리지 말고 일어나야 할 시간이란
생각이 드네요. 우리가 뭘 해야 하는지 알아봐야겠어요."

자비 "저분들이 한동안 머물라고 저희에게 청하면, 부디 그 제안
을 기쁘게 받아들이기로 해요. 여기서 조금 더 묵으며 '분별

Prudence'과 '경건Piety', '자선Charity' 같은 이 댁 아가씨들과 좀 더 깊이 교제해보고 싶어요. 다들 어여쁘고 진지해 보이더군요."

크리스티아나 "그이들이 어찌 하려는지 지켜봅시다."

순례자들이 일어나 준비를 마치고 내려갔다. 아래층에 있던 식구들과 서로 잘 쉬었는지, 잠자리는 편안했는지 인사를 주고받았다.

자비 "아주 편안했습니다. 평생 묵어본 숙소 가운데 단연 으뜸이었어요."

그러자 분별과 경건은 말했다. "얼마라도 더 머무시면 이 집이 주는 유익을 마음껏 누리시게 될 거예요."

자선도 거들었다. "맞아요, 선한 마음으로 그렇게 해드리죠."

이렇게 뜻이 모아졌다. 일행은 한 달 남짓 더 머물렀으며 서로에게 아주 유익한 시간을 보냈다. 크리스티아나가 아이들을 어떻게 양육하고 있는지 궁금했던 분별은 아이들에게 질문을 해도 괜찮겠느냐고 물었다. 아이들의 엄마는 흔쾌히 그러라고 했다. 분별은 막내, 그러니까 제임스에게 첫 질문을 던졌다.

분별 "자, 제임스야, 누가 널 지으셨는지 말해볼래?"

제임스 "아버지 하나님과 아들 하나님, 그리고 성령 하나님이요."

분별 "참 잘했다. 그럼, 누가 널 구원하시지?"

제임스 "아버지 하나님과 아들 하나님, 그리고 성령 하나님입니다."

분별 "이번에도 제대로 맞혔구나. 그런데 아버지 하나님이 어떻게 널 구원하시지?"

제임스 "은혜로요."

분별 "아들 하나님은 어떻게 하실까?"

제임스 "그분의 의로움, 죽음과 보혈, 그리고 생명으로 구원하셨어요."

분별 "그럼 성령님은 어떻게 너를 구원하시는지 말해볼래?"

제임스 "빛을 비춰주시고, 새롭게 하시고, 보호하시는 역사를 통해서죠."

분별은 크리스티아나에게 말했다. "아이들을 이렇게 잘 키우시다니, 정말 칭찬받으실 거예요. 가장 어린 아이가 이처럼 척척 대답을 할 정도면, 다른 친구들에게는 똑같은 질문을 해볼 필요조차 없겠어요. 이번엔 셋째와 이야기를 좀 나눠볼까요?"

분별 "'조셉Joseph'(이게 셋째의 이름이었다), 내가 몇 가지 물어봐도 되겠니?"

조셉 "마음을 다해 대답해볼게요."

분별 "사람이란 어떤 존재지?"

조셉 "이성을 가진 피조물입니다. 아까 동생이 말한 것처럼, 하나님이 그렇게 만드셨죠."

분별 "구원받는다는 말을 들으면 뭐가 떠오르니?"

조셉 "인간은 죄를 지어서 스스로 종살이를 하는 비참한 신세가 되었어요."

분별 "삼위일체 하나님이 구원해주셨다는 건 무슨 뜻일까?"

조셉 "죄는 워낙 크고 강한 폭군이어서 하나님 말고는 아무도 그 손아귀에서 빼낼 힘이 없습니다. 그런데 하나님은 한없이 선하시고 인간을 더없이 사랑하셔서 사람을 그 끔찍한 상태에서 확실하게 건져내셨어요."

분별 "하나님은 어떤 마음을 가지고 보잘것없는 인간을 구원하셨는지 알겠니?"

조셉 "주님의 이름과 은혜, 그분의 정의와 같은 것들을 영광스럽게 드러내고 그분의 피조물들을 영원히 행복하게 하시려는 뜻입니다."

분별 "어떤 이들이 구원을 받을 수 있을까?"

조셉 "주님이 베푸시는 구원을 받아들이는 이들이죠."

분별 "참 잘했다, 조셉. 어머니가 잘 가르치셨구나. 들려주신 말씀을 마음에 잘 새기거라."

이어서 분별은 둘째 '새뮤얼Samuel'에게 말을 걸었다.

분별 "자, 새뮤얼, 네게도 몇 가지 물어볼까 하는데…."

새뮤얼 "정말요? 예, 얼마든지 물어보세요."

분별 "하늘나라란 무얼까?"

새뮤얼 "더없이 은혜가 넘치는 장소이자 상태를 가리킵니다. 하나님이 거기에 계시잖아요."

분별 "너는 왜 하늘나라에 가려고 하지?"

새뮤얼 "하나님을 뵙고 지치는 법 없이 주님을 섬길 수 있으니까요. 그리고 그리스도를 뵙고 끝없이 사랑할 수 있고요. 또 세상에서는 절대로 누릴 수 없을 만큼 성령으로 충만해지는 경험을 할 수 있거든요."

분별 "착하기도 하지! 너도 참 잘 배웠구나."

이번에는 첫째 '매튜Matthew'에게 묻기 시작했다.

분별 "네가 매튜로구나. 몇 마디 물어봐도 괜찮겠니?"

매튜 "성심껏 대답하겠습니다."

분별 "하나님 이전에, 그러니까 그분이 계시기 전에 무언가가 있었을까?"

매튜 "아니오. 하나님은 영원하시니까요. 첫째 날이 시작되기까지 그분 말고는 아무것도 없었어요. 엿새 동안 주님이 하늘과 땅, 바다, 그리고 그 안에 있는 모든 것들을 만드셨잖아요."

분별 "성경에 대해서는 어떻게 생각하니?"

매튜 "하나님의 거룩한 말씀입니다."

분별 "거기 적힌 내용 가운데 네가 이해하지 못하는 말씀은 없니?"

매튜 "없기는요. 엄청나게 많은 걸요."

분별 "도무지 납득이 가지 않는 부분과 맞닥뜨리면 넌 어떻게 하니?"

매튜 "하나님은 저보다 훨씬 지혜로운 분이라고 생각해요. 그래서 주님이 제게 유익하리라고 여기시는 건 남김없이 알려주시길 기도할 따름이에요."

분별 "죽은 이들의 부활에 대해서는 어떻게 생각하니?"

매튜 "땅에 묻힌 그대로 부활하리라고 믿습니다. 썩은 몸이 아니라 완전한 몸으로요. 여기에는 두 가지 근거가 있습니다. 우선 하나님이 그렇게 약속하셨기 때문이고, 둘째로는 주님은 그러실 수 있는 분인 까닭이죠."

분별은 아이들을 돌아보며 말했다. "어머니 말씀을 늘 새겨야 한다. 너희들에게 더 많은 걸 가르쳐주실 거야. 또 다른 분들이 들려주는 좋은 말씀에도 열심히 귀를 기울여야 해. 너희들 잘 되라고 하시는 이야기들이거든. 아울러 하늘과 땅이 주는 가르침도 세심하게 살펴야 한단다. 하지만 무엇보다도 아버지를 순례자의 길에 들어서게 했던 책을 깊이 묵상하거라. 얘들아, 너희가 여기에 있는 동안은 나도 힘닿는 대로 이것저것 가르쳐주마. 신앙이 더 깊어지는 데 도움이 될 만한 일들을 내게 자주 물어봐주면 좋겠구나."

순례자들이 그곳에 머문 지 일주일쯤 됐을 때, 자비에게 손님이 찾아왔다. '번영Brisk'이라는 사내로 자비에게 호감을 품은 듯 보였다. 그는 제법 예의를 갖추고 신앙이 깊은 척했지만, 실상은 마음과 영혼이 세상에 단단히 붙어 떨어질 줄 모르는 인물이었다. 처음 한두 번, 그리고 그 후로 몇 번 더 자비를 찾아오더니 마침내 사랑을 고백했다. 자비는 고운 아가씨여서 한껏 끌렸던 것이다. 게다가 그녀는 항상 무슨 일인가를 하는 데 온 정신을 쏟고 있었다. 제 일이 없으면 하다못해 양말이나 옷이라도 지어서 가난한 이들에게 나눠주곤 했다. 그런 걸 만들어서 대체 어디에다 쓰려는지 아무것도 몰랐던 번영 씨는 게으름이라곤 눈곱만큼도 찾아볼 수 없는 아가씨의 모습에 크게 감동했다. 그러곤 이 사내는 속으로 생각했다.

'정말 좋은 아내가 되겠어.'

자비는 한집에 사는 다른 큰아기들에게 이런 일이 있었음을 알리고 번영 씨를 어떻게 생각하는지 물었다. 적어도 자신보다는 자기 또래인 그들이 그 사내에 대해 더 잘 알리라 믿었기 때문이다. 아가씨들은 알고 있는 사실을 자비에게 모두 들려주었다. 분주하게 사는 청년인데 겉으로는 신실한 척하지만 신앙에 담긴 선한 능력에 관해서는 아는 바가 별로 없는 듯해 걱정스럽다는 이야기였다.

"안 되겠네요." 자비는 말했다. "더 볼 것도 없겠어요. 영혼에 걸림돌을 놓고 싶지는 않으니까요."

그러자 분별은 대꾸했다. "번영 씨에게 실망을 안기는 일은 그다지 어려운 노릇이 아닙니다. 가난한 이들을 위해 시작했던 일을 꾸준히 계속하기만 하면 그이의 용기는 금세 꺾이고 말 겁니다."

이윽고 다시 찾아온 번영은 여전히 같은 일, 다시 말해 가난한 이들을 위해 무언가를 만드는 일에 매달리고 있는 자비를 보았다. 그가 물었다. "이런, 그대는 항상 이 일을 붙들고 있나요?"

아가씨는 대꾸했다. "예. 제게 필요한 물건을 만들 때도 있고 남들을 위한 걸 마련할 때도 있죠."

"그래서 하루에 얼마나 버시오?" 사내가 캐물었다.

"이런 일을 하는 이유는 선한 사업을 많이 하고 앞날을 위하여 든든한 기초를 스스로 쌓아서 참된 생명을 얻으려는 뜻일 뿐입니다." ᵈ딤전 6:17-19 자비는 말했다.

번영은 재우쳐 물었다. "아니, 그래서 이걸로 도대체 뭘 한다는 거죠?"

"헐벗은 이들에게 입히지요."

그 한마디에 번영의 낯빛이 달라졌다. 그러곤 다시는 자비를 찾지 않았다. 누군가 그 연유를 물으면 답하곤 했다. "어여쁜 아가씨이긴 한데, 어디가 많이 아픈 게 아닌가 싶어서 말이죠."

번영 씨와 자비

번영이 떠나버린 뒤에 분별은 말했다. "거 보세요. 저이가 곧 아가씨를 저버릴 거라고 말씀드렸죠? 아, 그리고 이젠 당신에 대한 나쁜 소문을 동네방네 퍼트리고 다닐 거예요. 신앙에 발을 걸치고 있고 자비 님을 사랑하는 척하지만, 아가씨와 그 양반은 워낙 기질이 달라서 절대로 함께 갈 수 없으리라고 봐요."

자비 "지금까지 아무에게도 이야기한 적 없지만, 실은 이전에도 신랑감이 여럿 있었어요. 하지만 제 됨됨이에서는 아무 흠을 찾지 못하면서도 제가 지닌 조건에는 하나같이 거부감을 보이더군요. 결국은 아무와도 뜻을 같이할 수 없었죠."

분별 "지금 이 시대에 자비란 빛 좋은 개살구에 지나지 않습니다. 아가씨가 제시하는 조건을 받아들여야 일이 성사되는데, 그걸 받아들일 수 있는 이가 거의 없다시피 하니까요."

자비 "음, 아무도 절 데려가지 않으면, 죽을 때까지 결혼하지 않겠어요. 제가 지닌 조건들을 남편 삼아 살죠, 뭐. 본성을 바꿀 수는 없는 노릇 아니겠어요? 눈에 흙이 들어간다 해도 이 부분에서 뜻이 어긋나는 남자와 혼인하는 걸 용납하지는 않겠어요. 제게는 '인후Bountiful'라는 언니가 있어요. 번영 씨처럼 막된 남자와 결혼했는데 둘 사이에 불화가 끊이지 않았어요. 언니는 예전에 시작한 일, 그러니까 가난한 이들에게 친절을 베푸는 일을 계속 이어가기로 작정했거든요. 형부는 처음에는 의견이 엇갈릴 때마다 고래고래 소리를 지르며 험한 말을 퍼붓더니 나중에는 결국 언니를 집에서 내쫓고 말았어요."

분별 "형부도 믿노라고 고백하는 이였죠? 틀림없어요."

자비 "맞아요. 그런 부류였어요. 요즘 세상엔 그런 이들이 더 흔하죠. 하지만 누가 됐든 그런 사람들과는 조금도 어울리고 싶지 않아요."

어느 날, 크리스티아나의 맏아들 매튜에게 탈이 났다. 아이는 병에 걸려 몹시 괴로워했다. 얼마나 아파하던지 그가 말하기로는 누군가가 갑자기 양쪽에서 창자를 움켜쥐고 힘껏 잡아당기는 것만 같다고 했다. 이들이 머무는 데에서 멀지 않은 곳에 세상에 널리 알려진 '노련Skill'이란 나이 지긋한 의사가 살고 있었다. 크리스티아나는 왕진을 요청했다. 한달음에 달려온 의사는 방으로 들어가 아이를 간단히 살핀 뒤, 배앓이라는 진단을 내렸다. 그러곤 아이 엄마에게 물었다. "최근에 매튜에게 무얼 먹이셨나요?"

크리스티아나는 고개를 갸우뚱거렸다. "음식이요? 당연히 몸에 좋은 것들만 먹였지요."

의사는 설명했다. "아이가 무언가에 몰래 손을 댄 모양인데, 그게 소화되지 않고 뱃속에 그대로 남아 있습니다. 저절로 나오지는 않을 테니 빨리 씻어내는 게 좋겠습니다. 아니면 생명을 잃을 겁니다."

그러자 새뮤얼이 불쑥 끼어들었다. "엄마, 이 길 들머리에 있는 문에서 막 나왔을 때 형이 뭔가 주워 먹지 않았어요? 엄마도 알 거예요. 길 왼편, 담장 안쪽으로 과수원이 있었잖아요. 울타리 밖으로 뻗어 나온 나뭇가지가 있었는데, 형이 거기서 열매를 따 먹었어요."

크리스티아나는 금방 기억해냈다. "맞아, 그랬지. 나뭇가지에서 무언가를 따서 허겁지겁 삼켰어. 이런 말썽꾸러기 같으니라고. 그렇게 말리는 데도 막무가내더니."

노련 선생은 말했다. "이제 알겠어요. 무언가 해로운 음식을 먹었음이 틀림없습니다. 그 음식, 그러니까 과실은 더없이 독성이 강합니다. 바알세붑의 과수원에서 나는 열매거든요. 그걸 먹고 숨진 이들이 수두룩한데, 아무도 댁들에게 조심하라고 일러주지 않았다니, 참 이상한 일이군요."

크리스티아나는 큰 소리로 울며 부르짖기 시작했다. "아이고, 이 못난 녀석아! 오, 어미가 되어가지고 이렇게 조심성이 없었다니! 선생님, 우리 아들을 어쩌면 좋습니까!"

노련 "자, 너무 상심하지 마세요. 아이는 다시 괜찮아질 겁니다. 하지만 먼저 속을 비우고 먹은 걸 다 게워내야 합니다."

크리스티아나 "선생님, 제발 최선을 다해주세요. 비용은 얼마든지 치르겠습니다."

노련 "아니올시다. 난 합당한 대가만 받고 싶습니다."

의사는 독소를 배출시키는 약을 아이에게 먹였지만, 너무 약해서 잘 듣지 않았다. 염소 피, 암송아지를 태운 재, 그리고 우슬초 즙을 섞어 만든 약이었다.히 9:13, 19; 10:1-4 정화 작용이 시원찮음을 알아챈 노런 선생은 다시 딱 들어맞는 약을 만들어냈다. 이번에는 '그리스도의 살과 피ex carne et sanguine Christi'요 6:54-57; 히 9:14가 주재료였는데(알다시피, 환자를 위해서라면 의사는 별별 희한한 약을 다 만드는 법이다), 여기에 한두 가지 언약과 적절한 양의 소금을 넣어 알약을 빚었다.막 9:49 음식을 끊고 한 번에 세 알씩, 회개의 눈물 반 리터 정도와 함께 먹게 되어 있었다.슥 12:10

약을 지어서 가져갔지만 아이는 좀처럼 먹으려 하지 않았다. 배가 갈가리 찢겨나가는 것처럼 아프다고 하면서도 한사코 거부하고 버텼다.

의사는 구슬렸다. "자, 어서! 약을 먹어야 낫지."

소년은 발버둥을 쳤다. "속에서 받지를 않아요."

엄마는 다급했다. "반드시 먹이고 말 테다!"

아이도 완강했다. "도로 토해내고 말 거예요."

크리스티아나는 의사에게 물었다. "선생님, 약 맛이 어떤가요?"

노런 선생은 고개를 저었다. "전혀 나쁘지 않아요."

아이 엄마는 알약 하나를 집어서 혀끝에 대보고 나서 말했다.

"아들아, 약이 꿀보다 더 달구나. 그러니 엄마를 사랑한다면, 동생들을 사랑한다면, 여기 자비 누이를 사랑한다면, 그리고 네 목숨을 사랑한다면 어서 먹으렴."

이렇게 한바탕 실랑이를 벌였는데, 하나님의 은혜를 구하는 기도를 드린 뒤에야 비로소 아이는 약을 삼켰다. 약은 제대로 효험이 있었다. 아이의 속을 깨끗이 씻어 내렸고 깊이 잠들게 했으며 푹 쉬게 해주었다. 열을 내리고 땀을 내게 해 배앓이를 싹 낫게 해주었다. 매튜는 얼마 지나지 않아 자리를 털고 일어났다. 지팡이를 짚고 이 방 저 방 돌아다니며 분별과 경건, 자선을 붙들고 자신이 얼마나 아팠고 어떻게 나았는지 떠들어댔다.

아이가 깨끗이 낫자 크리스티아나는 노련에게 물었다. "선생님, 제 아들에게 보여주신 수고와 보살핌에 제가 어떻게 값을 치르면 좋을까요?"

의사는 대답했다. "이런 경우와 관련해 제정되어 시행된 규정에 따라, 치료비는 의과대학 학장님께 치르셔야 합니다." 히 13:11-15

크리스티아나 "그렇군요. 그런데 이 약은 다른 병에도 효과가 있습니까?"

노련 "만병통치죠. 순례자들이 걸리는 모든 병에 다 잘 듣습니다. 잘 마련해서 적절히 보관하기만 하면 유효기간은 신경 쓸 필요 없습니다."

크리스티아나 "그러면 열두 첩만 지어주세요, 선생님. 이것만 있으면 다른 약은 가져갈 필요가 없겠어요."

노련 "이 약은 병에 걸린 뒤에 치료할 때도 좋지만 미리 예방하는 데도 좋습니다. 감히 장담하건대, 꼭 써야 할 자리에 과감하게 사용하면 영원히 살 수도 있지요.요 6:51 하지만 착한 크리스티아나 님이 명심해야 할 일이 있습니다. 이 약은 반드시 제가 처방한 대로만 복용해야 한다는 점입니다. 달리 쓰면 아무 효험도 보지 못할 겁니다."

노련 선생은 크리스티아나와 아이들, 그리고 자비 양 몫의 약을 따로따로 지어주었다. 그리고 특별히 매튜를 불러 앞으로는 풋과일을 따 먹어선 안 된다고 단단히 주의를 준 뒤에 모두에게 입맞춤으로 인사하고 돌아갔다.

언젠가 분별 양은 아이들에게 언제라도 보탬이 될 만한 일을 물으면 기꺼이 설명해주겠노라고 약속한 적이 있었다. 그래서 심하게 병을 앓고 난 매튜는 아가씨에게 질문했다. "약이라고 하면 십중팔구는 다 쓰디쓰던데, 어째서 그런 거죠?"

분별 "세상에 물든 마음에는 하나님 말씀과 그 효능이 얼마나 달갑지 않게 다가오는지 보여주기 위해서지."

매튜 "약을 먹고 효능이 나타나기 시작하면 설사를 하고 토하게 돼요. 그건 왜 그렇죠?"

분별 "말씀이 들어가서 제대로 작용하기 시작하면 마음과 정신을 정결하게 한다는 걸 알려주는 거란다. 약이 몸을 깨끗이 씻어주듯, 하나님 말씀은 영혼을 말끔하게 만들어주지."

매튜 "불길이 위로 치솟는 데서, 또 태양이 내뿜는 햇살과 따뜻한 기운이 아래로 내리쬐는 걸 보면서 무얼 배워야 하나요?"

분별 "불이 타오르는 모습에서는 강렬하고 뜨거운 소망이 하늘 나라에 올라간다는 걸 배우지. 또 태양이 열기와 빛줄기, 그리고 상쾌한 기운을 내려 보내는 걸 보면서는 지극히 높고 귀한 분이심에도 은혜와 사랑으로 더없이 낮고 낮은 우리에게 내려오신 세상의 구세주를 깨달아 알아야지."

매튜 "구름은 어디서 수분을 얻나요?"

분별 "바다에서 얻지."

매튜 "거기서는 무얼 깨달아야 할까요?"

분별 "거룩한 양을 돌보는 이들은 하나님으로부터 교리를 받아 가져와야 한다는 사실을 배워야겠지."

매튜 "구름이 자신을 남김없이 땅 위에 쏟아붓는 까닭이 궁금해요."

분별 "거룩한 양을 치는 사역자들은 하나님에 대해 아는 바를 아낌없이 모두 세상에 전해야 한다는 사실을 보여주기 위해서 란다."

매튜 "해가 무지개를 빚어내는 이유도 알고 싶어요."

분별 "하나님의 언약은 그리스도를 통해 확실하게 입증된다는 걸 보여주려는 뜻이야."

매튜 "왜 바닷물은 땅으로 스며들어 샘물이 되는 걸까요?"

분별 "하나님의 은혜는 그리스도의 몸을 통해 찾아온다는 걸 알려주려는 게지."

매튜 "어떤 샘물은 산꼭대기에서 솟아요. 어째서 그러는 거죠?"

분별 "은혜의 성령님은 수많은 가난하고 낮은 이들에게만이 아니라 대단하고 힘센 이들 가운데서도 솟아나리라는 사실을 알려주기 위해서란다."

매튜 "불을 붙이면 심지에만 불이 타올라요. 여기엔 무슨 뜻이 담겨 있는 걸까요?"

분별 "마음에 은혜가 타오르지 않는 한, 삶에 진정한 빛은 존재할 수 없다는 걸 알려주려는 뜻이지."

매튜 "촛불이 꺼지지 않으려면 심지와 유지를 비롯해 모든 게 다 타버려야 합니다. 왜일까요?"

분별 "우리 가운데 하나님의 은혜가 머물 가장 좋은 조건을 이어가기 위해서는 몸과 영혼을 비롯해 모든 게 본래의 목적대로 남김없이 쓰여야 한다는 사실을 보여주려는 거란다."

매튜 "펠리컨이 부리로 자기 가슴을 쪼아대는 까닭은 무엇일까요?"

분별 "자신의 피로 제 자식들을 먹이려는 게야. 이는 은혜가 넘치는 그리스도께서 스스로 피를 흘려 죽음에서 구해내실 만큼 어린 자녀들(그분의 백성들)을 깊이 사랑하셨음을 드러낸단다."

매튜 "수탉이 우는 소리를 들으면서 무얼 배워야 할까요?"

분별 "베드로가 죄를 짓고 또 회개했던 일을 기억하는 법을 배워야 해. 수탉의 울음은 그날이 가까워 오고 있음도 알려준단다. 그러니 닭 울음소리가 '꼬끼오' 하고 날 때마다 무시무시한 마지막 심판 날을 마음에 떠올려야겠지."

처음 이곳에 머물기로 했을 때 정한 기한인 한 달이 어느새 다 지나갔다. 순례자들은 집안 식솔들에게 이제 일어나 길을 떠나는 게 좋겠다는 뜻을 비쳤다. 조셉은 어머니에게 말했다.

"잊지 말고 해석자 님 댁에 전갈을 보내기로 해요. 남은 여정을 마칠 때까지 길을 안내해줄 담대 아저씨를 보내달라고요."

크리스티아나는 아들을 칭찬했다. "참 잘 생각했다, 아들아. 하마터면 잊을 뻔했구나."

그러곤 청원서를 한 장 써서 문지기 주의깊은을 찾아가 적절한 심부름꾼을 통해 선한 친구, 해석자 님에게 좀 전달해달라고 부탁했다. 편지를 받은 해석자는 순례자의 요청을 살펴보고 나서 심부름꾼에게 말했다. "가서 담대를 보내겠노라고 전하게."

크리스티아나 일행이 목적지를 향해 떠나려는 걸 알게 된 여관 식구들은 온 집안 사람들을 한데 불러 모았고, 이처럼 자신들에게 유익을 준 손님들을 보내주신 임금님께 감사를 드렸다. 그러곤 크리스티아나에게 말했다. "순례자들에게 몇 가지 물건을 보여주는 게 이 집의 관습인데, 여러분께도 구경시켜드리고 싶습니다. 어떠세요? 아마 길을 가면서 묵상하기 좋을 겁니다."

식구들은 크리스티아나와 아이들, 그리고 자비를 골방으로 데려가더니 옛날 옛적에 이브가 따 먹고 남편 아담에게도 권해 결국 이들 둘이 낙원에서 쫓겨나게 만들었던 그 과실을 보여주며 어찌 생각하느냐고 물었다. 여인은 대답했다.

"음식이거나 독이거나 둘 중 하나일 텐데, 어느 쪽인지 모르겠군요." 그이들은 열매의 실상을 낱낱이 알려주었다. 크리스티아나는 두 손을 번쩍 들어 보이며 놀라워했다. ^{창 3:6; 롬 7:24}

그댁 식구들은 이번에는 일행을 다른 데로 데려가서 야곱의 사다리를 보여주었다. ^{창 28:12} 때마침 천사 몇몇이 사다리를 오르고 있었다. 크리스티아나는 한 단 한 단 올라가는 천사들 모습을 보고 또 보았다. 다른 이들 역시 눈을 떼지 못했다. 다른 걸 보러 가기 위해 막 자리를 옮기려는데, 제임스가 제 엄마에게 말했다. "제발, 조금만 더 있다가 가자고 부탁해주세요. 너무 신기한 광경이어서 더 보고 싶어요."

그래서 결국 다들 도로 발길을 돌려 그 자리에 서서 더없이 아름다운 장면을 바라보며 제 눈을 즐겁게 했다.

이어서 황금 닻이 달린 곳으로 일행을 안내했다. 그리고 크리스티아나더러 그 닻을 끌어내리라고 했다. 그이들은 말했다. "이걸 지니고 있어야 합니다. 댁에게는 없어서는 안 될 물건이기 때문입니다.히 6:19 이걸 장막 안에 간직하고 있으면 사나운 풍랑을 만나도 견고하게 설 수 있을 겁니다."욜 3:16 닻을 받아든 순례자들은 무척 기뻐했다.

다음은 우리 조상 아브라함이 아들, 이삭을 제물로 바친 산꼭대기로 데려가서 지금까지 남아 있는 제단과 장작, 불과 칼을 보여주었다.창 22:9 하나하나 살펴보며 다들 손을 높이 들고 송축했다.

"오, 자기를 부인하고 주님을 지극히 사랑한 이, 아브라함이여!"

구경을 마무리할 때쯤, 분별은 일행을 식당으로 데려갔다. 근사한 버지널virginal(피아노처럼 건반을 쳐서 연주하는 옛 악기—옮긴이) 한 쌍이 거기에 놓여 있었다. 분별은 악기를 연주하며 여태 둘러본 것들을 아름다운 노래로 지어 불렀다.

이브의 과실을 보았으니,
삼가 조심하라.
더불어 야곱의 사다리도 보았으니,
천사들이 그 위를 오르더라.
닻을 받아 지녔으되
아직 넉넉지 않으리,

아브라함처럼, 아끼고 아끼는

더없이 귀중한 것을 제물로 삼기까지는.

그때 밖에서 인기척이 들렸다. 문지기가 문을 열었는데, 이런, 거기 담대 씨가 떡하니 서 있는 게 아닌가! 그이가 집 안으로 들어오자 순례자들은 기뻐서 어쩔 줄 몰랐다. 얼마 전에 늙은 거인 피칠갑, 잔혹을 해치우고 사자들의 아가리에서 구해주었던 기억이 새록새록 되살아났기 때문이다.

담대는 크리스티아나와 자비에게 말했다. "주인님께서 두 분에게 포도주 한 병과 바싹 말린 옥수수, 그리고 석류 두 개를 보내셨습니다. 아울러 아이들 몫으로 무화과와 건포도를 주셨습니다. 가는 길에 먹고 기운을 차리시라는 뜻입니다."

드디어 일행은 자리를 털고 일어났다. 분별과 경건이 한동안 동행하며 배웅하기로 했다. 대문 앞에서 크리스티아나는 문지기에게 최근에 이곳을 거쳐 간 이가 있는지 물었다. 그는 대답했다.

"얼마나 됐더라, 아무튼 나그네가 딱 하나 있기는 했는데, 그이 말로는 댁들이 가게 될 '왕의 대로King's highway'에서 강도가 날뛰는 엄청난 사건이 있었다고 하더군요. 도적들은 다 붙잡혀서 곧 사형 판결이 날 거라던데요?"

크리스티아나와 자비는 덜컥 겁이 났지만, 매튜는 씩씩한 목소리로 말했다. "엄마, 담대 아저씨가 함께 가면서 안내자 노릇을 해주실 텐데 걱정할 게 뭐 있겠어요?"

크리스티아나는 문지기에게 인사를 건넸다. "여기 온 뒤로 선생님이 베풀어주신 모든 친절한 일에 진심으로 감사드립니다. 제 아이들을 사랑으로 따듯하게 대해 주신 것도요. 그 자상한 보살핌에 어떻게 다 감사를 드려야 할지 모르겠습니다. 당신을 존경하는 마음을 눈곱만큼이라도 표현하고 싶어서 매우 적지만 이리 푼돈을 내어놓습니다. 부디 사양하지 마시고 받아주세요."

여인은 골드엔젤gold angel(옛 영국의 금화. 존 버니언이 활동했던 시기를 기준으로 이는 한 닢에 10실링의 가치를 지니는데 지금으로 치면 대략 2.5파운드에 해당하는 금액이다 ─옮긴이) 한 닢을 문지기의 손에 쥐여주었다. 그는 머리를 깊이 숙여 인사하며 대답했다. "그대의 의복이 항상 희며, 머리에 향 기름이 그치지 않기를 빕니다.전 9:8 자비 양도 목숨을 잃지 않고 잘 살아가며 결코 적지 않은 공을 쌓기를 바랍니다."신 33:6

그러곤 이어서 아이들에게도 인사했다. "젊은 날의 정욕을 피하며, 진중하고 슬기로운 이들과 더불어 경건한 삶을 살아가려 애써서,딤후 2:22 어머니의 마음을 기쁘게 해드리고 지각 있는 이들의 칭찬을 받도록 하거라."

일행은 문지기에게 감사의 마음을 전한 뒤에 마침내 순례여정을 다시 시작했다.

5

죽음의 그늘 골짜기에서 벌어지는 전투

The Pilgrim's Progress

꿈에서 보니, 순례자들은 걷고 또 걸어서 산등성이에 이르렀다. 그때 갑자기 경건이 뭔가 떠올랐는지 깜짝 놀란 목소리로 소리 쳤다.

"맙소사! 크리스티아나 님과 길벗들에게 주려던 게 있었는데, 깜빡했어요. 다시 가서 가져와야겠어요."

그러더니 두고 온 물건을 가지러 급히 달려갔다. 경건이 돌아 오길 기다리던 중, 크리스티아나는 귀를 쫑긋 세우고 어디선가 나는 소리에 집중했다. 오른편으로 길에서 조금 벗어난 수풀에 서 신기하고 감미로운 가락이 들려오는 것 같았다. 대략 이런 노래였다.

평생토록 거룩한 은혜를
숨김없이 내게 보이셨으니,
영원토록 주님의 집을
내 거처로 삼으리.

계속 귀를 기울였더니 이번에는 반대편에서 화답하는 소리가
들리는 듯했다.

어째서일까? 주 하나님은 선하시며
그의 인자하심은 영원하다.
그분의 진리는 언제나 굳세게 서며,
영원무궁토록 변함없이 이어진다.

크리스티아는 분별에게 저렇게 신비로운 노래를 부르는 이는
누구냐고 물었다. 아 2:11-12 그러자 분별이 설명했다.
"이 동네 새들이 부르는 노래입니다. 그런데 이렇게 지저귀는
건 아주 드문 일이죠. 꽃이 피고 햇살이 따스한 봄날에만 울어요.
그때는 이 가락을 종일 들을 수 있죠. 저도 종종 저 노래를 들으
러 여기에 옵니다. 이 새들을 잘 길들여 집 안에 둔 적도 많답니

다. 울적할 때면 얼마나 좋은 친구가 되어주는데요. 저들은 숲과 풀숲, 고적한 곳도 곧잘 매력적인 자리로 만들어주죠."

때마침 다시 돌아온 경건이 크리스티아나에게 말했다.

"여기 좀 보세요, 여러분들이 저희 집에서 본 물건들을 낱낱이 기록한 표를 가지고 왔어요. 잊었다 싶을 때 펼쳐보세요. 하나하나 기억을 되살려보면 깨달음과 위안을 얻을 수 있을 거예요."

이제 일행은 '겸손의 골짜기Valley of Humiliation'를 바라보며 산을 내려가기 시작했다. 심한 비탈인데다 길마저 미끄러웠지만 조심스럽게 발을 내딛어가며 무사히 내려왔다. 마침내 계곡에 들어서자 경건은 크리스티아나에게 말했다.

"남편 되시는 크리스천 님이 세 친구와 지나가다가 '아볼루온Apollyon'을 만나서 죽기 살기로 싸웠던 곳이 바로 여기입니다. 하긴 아주머니께서 그 소식을 못 들었을 리가 없겠지요. 하지만 두려워 말고 힘을 내세요. 여기 담대 아저씨가 여러분의 안내자이자 지휘자가 되어주는 한, 넉넉히 이기고도 남을 겁니다."

두 아가씨는 안내자의 손에 순례자들을 맡기고 돌아갔다. 담대가 앞서 걷기 시작하자 나머지 식구들이 그 뒤를 따랐다.

안내자가 입을 열었다. "지레 이 골짜기를 겁낼 필요는 없습니다. 스스로 곤경을 불러들이지만 않으면 조금도 해로울 일이 없기 때문입니다. 크리스천이 여기서 아볼루온을 만나 치열하게 싸웠던 건 엄연한 사실이지만, 그날의 결전은 산을 내려가면서 순례자가 자주 미끄러졌던 까닭에 벌어진 싸움이었습니다. 산비탈에서 미끄러졌던 이들은 여기서 결전을 벌일 수밖에 없거든요. 덕분에 이 협곡은 악명을 떨치게 됐죠.

이마저마한 데서 이러저러한 이들에게 이차저차한 일이 닥쳤다더라 하는 얘길 들으면, 갑남을녀들은 거기를 귀신이나 악령이 씐 자리쯤으로 여기기 십상이죠. 거기서 그런 일들을 겪은 게 죄다 제 행실 탓인데도 말입니다. 겸손의 골짜기 자체는 까마귀 같은 새들도 다 넘어 다니는 비옥한 땅에 지나지 않아요. 직접 부닥쳐보면, 크리스천이 이 골짜기에서 왜 그토록 가혹한 어려움을 겪어야 했는지 설명해줄 실마리를 이 근처에서 틀림없이 찾을 수 있을 겁니다."

그러자 제임스가 크리스티아나를 잡아당겼다. "와, 저기 서 있는 기둥 좀 보세요. 그 위에 뭐라고 적혀 있는 것 같아요. 어서 가서 살펴봐요!"

우르르 달려가 보니 정말 글이 쓰여 있었다.

"여기에 도달하기까지 크리스천이 숱하게 미끄러지고 한바탕 싸움을 치렀던 일들이 뒤따라 이 자리에 이르는 이들에게 경고가 되게 하라."

안내자는 말했다. "옳거니! 크리스천이 여기서 그토록 어려운 일을 겪었던 까닭을 설명해줄 만한 무언가를 이 부근에서 찾을 수 있으리라고 제가 말씀드렸죠?"

그러곤 크리스티아나를 돌아보며 말을 이었다.

"크리스천을 특별히 깎아내릴 일은 아닙니다. 비슷한 어려움을 겪고 곤란을 당한 이들이 수두룩하니까요. 산은 오르기보다 내려가기가 더 어렵다는 얘기가 있기는 하지만, 이만큼 가파른 비탈은 온 세상을 뒤져도 좀처럼 찾아보기 힘들 겁니다. 자, 이제 그 착한 양반 얘기는 접어둡시다. 지금은 더없이 편히 쉬고 있을 테니까요. 용감하게 싸워서 적을 물리치기도 했고요. 시험이 닥쳤을 때 그이보다 더 나쁜 처지에 빠지지 않게 해주시길 하늘에 계신 분께 부탁드립시다.

자, 어쨌든 우린 이 겸손의 골짜기까지 왔어요. 근방에서는 비할 데가 없을 만큼 기름진 땅이죠. 보다시피 거름기 많은 초원이 대부분을 차지합니다. 우리처럼 여름철에 여기 오는 이들, 특히 이곳에 대한 사전 지식이 없고 나름대로 풍광을 보며 즐거워할 줄 아는 나그네라면 마음껏 즐거움을 누릴 수 있을 겁니다. 계곡이 얼마나 푸르른지 보세요. 백합꽃은 또 얼마나 아름답게요.아 2:1 겸손의 골짜기에 좋은 땅을 구해서 공들여 가꾸는 이들을 저는 숱하게 알고 있답니다.약 4:6; 벧전 5:5 흙이 워낙 비옥해서 품을 많이 들이지 않아도 큰 소출을 내지요. 개중에는 여기에 아버지의 집으로 이어지는 길이 있었으면 하고 바라는 이들도 적지 않아요. 그럼 비탈길을 오르거나 산을 넘는 고생을 하지 않아도 괜찮을 테니까요. 하지만 길은 어차피 한 방향으로 흐르는 법, 가다

보면 언젠가 끝이 나죠."

　일행은 이야기를 나누며 계속 전진했다. 얼마나 갔을까, 한 목동이 아버지의 양을 치고 있었다. 옷은 몹시 남루했지만 아주 싱그럽고 준수하게 생긴 아이였다. 양치기 소년은 자리를 잡고 앉아 노래를 불렀다. 담대가 뒤를 돌아보며 말했다. "쉿, 잘 들어보세요." 다들 소년의 노래에 귀를 기울였다.

　바닥에 있으면, 떨어질 염려 없지.
　낮은 자리에 있는 이, 오만하지 않네.
　겸손한 이는 언제나 한결같이
　하나님으로 안내자를 삼는다네.

　지닌 것에 만족하리,
　적으면 적은 대로, 많으면 또 많은 대로.
　주님, 저와 같은 인간을 구원하셨으니,
　여전히 만족하렵니다, 오직 그것만으로.

　넉넉함은 곧 짐이라,
　꾸준히 순례의 길을 걷는 이에게는.
　대대손손 영원토록 으뜸이라,
　여기서 적게 지니고 훗날 은총을 기약함이.

목동의 노래

이윽고 안내자는 말했다. "목동의 노래가 들립니까? 장담하건대 비단과 벨벳으로 감싼 나리들보다 가슴에 '안심heart's-ease'이란 약초를 품고 지내는 저 아이가 훨씬 더 행복하게 살고 있을 겁니다. 자, 이제 하던 얘길 계속 해볼까요?

예전에 주님이 이 계곡에 별장을 한 채 가지고 계셨어요. 여기에 오는 걸 무척 좋아하셨거든요. 공기가 상쾌하다면서 초원을 거닐기를 즐기셨고요. 게다가 여기서는 누구나 시끄러운 소리나 분주하고 번잡한 인생사에서 벗어날 수 있거든요. 사실 어딜 가나 거슬리는 소리와 혼란스러운 일들이 그득하잖아요. 한적하고 고즈넉한 자리는 여기, 겸손의 골짜기뿐이죠. 다른 데서는 걸핏하면 훼방꾼이 튀어나오지만, 여기서는 조금도 방해받지 않고 깊이 묵상할 수 있답니다. 이 계곡에는 순례자의 삶을 사랑하는 이들 말고는 아무도 들어오지 않거든요. 크리스천이 여기서 아볼루온과 맞닥뜨려 치열한 싸움을 벌인 건 사실이지만, 그래도 지난날에는 뭇사람들이 이곳에서 천사를 만나고호 12:4-5, 진주를 찾았으며마 13:46, 생명의 말씀을 발견했다는 얘길 해둬야겠네요.잠 8:36

한참 전에 주님이 이곳에 별장을 지으셨고 근처를 산보하길 좋아하셨다고 말씀드렸죠? 뿐만 아니라 겸손의 골짜기, 그리고 여길 사랑해서 찾아오는 이들을 위해 예산을 챙겨두셨다는 사실도 아울러 알려드리고 싶군요. 길을 보수하고 순례에 나선 이들을 격려하라고 철마다 꼬박꼬박 비용을 대고 계신 거죠."

한창 이야기를 나누던 중에 새뮤얼이 불쑥 질문했다.

"담대 아저씨, 이 골짜기에서 아빠와 아볼루온이 한바탕 전투를 벌였다는 얘긴 들어서 알겠는데 이 넓디넓은 계곡 어디쯤에서 싸운 거예요?"

"네 아빠는 저기 저 앞, '깜빡벌Forgetful Green' 너머로 보이는 좁은 길목에서 아볼루온과 맞서 싸웠단다. 사실 저기는 이 골짜기를 통틀어 가장 위험한 곳이지. 순례자들이 스스로 얼마나 큰 은혜를 입었는지 그리고 그 사랑을 받기에 자신이 얼마나 형편없는 존재인지 까먹는 순간, 가차 없이 예리한 공격을 맞닥뜨리는 지점이거든. 네 아빠 말고도 숱한 순례자들이 곤경에 빠지는 곳이 바로 여기란다. 그곳에 대한 이야기는 거기에 도착하면 더 자세히 하자꾸나. 전투가 벌어졌던 곳이라는 안내판이나 그런 싸움이 있었음을 설명해주는 기념비 같은 게 틀림없이 남아 있을 거야."

자비도 대화에 끼어들었다. "이 골짜기는 지금껏 우리가 들렀던 여느 곳 못지않다는 생각이 듭니다. 제 마음에 쏙 들어요. 마차가 삐걱대는 소리도, 바퀴가 덜거덕거리는 소음도 없는 그런 동네를 좋아하거든요. 여기에선 누구든 아무런 방해도 받지 않고 자신은 어떤 사람이며, 어디에서 왔고, 무얼 하며 살아왔으며, 임금님이 자신을 부르신 뜻은 무엇일까 곰곰이 생각해볼 수 있을 거예요.

깊이 묵상하다 마음이 무너져서 결국 두 눈은 헤스본의 연못처럼 변해 눈물이 흘러넘치고 말겠죠.아 7:4 이 바카 골짜기valley of Baca를 제대로 지나는 이들은 눈물로 우물을 만들게 마련입니다. 하나님이 하늘에서 내려주시는 비가 여기에도 내려 못을 가득 채울 거예요. 임금님이 그분의 백성들에게 주시겠다던 포도원도 바로 이 계곡입니다. 여길 지나는 이들은 지난날 크리스천이 아볼루온을 만났을 때 그랬던 것처럼 노래를 부를 겁니다."시 84:5-7; 호 2:15

안내자 담대는 말했다. "백번 맞는 말씀이올시다. 여러 차례 이 골짜기를 지나다녔지만, 이보다 나은 데는 없는 듯합니다. 몇 차례 순례자들을 이끌고 이곳에 왔는데 그들 역시 같은 고백을 하더군요. 임금님은 '무릇 마음이 가난하고 심령에 통회하며 내 말을 듣고 떠는 자, 그 사람은 내가 돌보겠다'고 말씀하셨어요." 사 66:2

이제 일행은 앞에서 이야기한 싸움이 벌어졌던 바로 그 자리에 이르렀다. 안내자는 크리스티아나와 아이들, 그리고 자비에게 말했다.

"여기가 아까 말한 그곳입니다. 이 자리에 크리스천이 딱 서 있었고, 저쪽에서 아볼루온이 다가왔죠. 보세요, 여길 좀 보시라고요. 제가 말씀드렸죠? 크리스천이 흘린 피가 이 돌들 위에 아직까지도 남아 있군요. 이것 보세요. 아볼루온의 창이 부러지면서 튀어나온 부스러기들이 여기저기 널려 있네요. 한바탕 맞붙어 싸우면서 서로 유리한 자리를 차지하느라 땅을 짓이겨놓은 자국이며 빗맞아 쪼개지고 부서진 돌멩이들도 그대로예요. 크리스천은 참으로 당찬 대장부답게 싸웠어요. 얼마나 용감하던지 헤라클레스가 거기 있었더라면 딱 그런 모습이었을 거예요. 정말 그 전설의 용사가 나타난 줄 알았다니까요. 싸움에서 패한 아볼루온은 가까운 골짜기로 달아나 숨어버렸어요. '죽음의 그늘 골짜기Valley of the Shadow of Death'라고들 부르는 계곡인데 우리도 거길 지날 겁니다. 와, 저기도 기념비가 서 있어요. 여기서 벌어진 싸움과 크리스천의 승리를 새겨서 그 영예를 자자손손 대대로 기억하게 해뒀군요."

기념비는 앞쪽 길가에 서 있었으므로 다들 다가가 글귀를 읽었다. 거기엔 이렇게 적혀있었다.

이곳 가까이서 전투가 벌어졌으니,
더없이 기이하지만 한없이 정당한 싸움이라.
크리스천과 아볼루온이
서로 상대를 누르려 맞붙었노라.

그이가 대장부답게 용감히 싸워

악마를 이기고 멀리 쫓아버렸으니,

여기 이 기념비를 세워

그와 같은 사실을 밝히노라.

그곳을 떠난 일행은 곧 죽음의 그늘 골짜기 입구에 이르렀다. 다른 계곡보다 길이가 훨씬 길었는데, 이곳에 사악한 무언가가 기괴하기 짝이 없는 모습으로 출몰하는 걸 목격했다는 이가 한둘이 아니었다. 하지만 아직 대낮이었고, 담대의 안내까지 받는 터라 아낙들과 아이들은 한결 수월하게 골짜기를 지날 수 있었다.

계곡에 들어서자 누군가 죽어가며 내뱉는 신음 소리가 들리는 것만 같았다. 몹시 거친 신음이었다. 극심한 고통을 겪는 이가 토해내는 탄식도 들리는 듯했다. 소년들은 몸을 떨고 여인들은 하얗게 질렸지만, 안내자는 안심해도 괜찮다며 다독였다.

일행은 안쪽으로 조금 더 깊이 들어갔다. 그런데 갑자기 바닥이 움푹 꺼지는 것처럼 발아래로 땅이 요동치는 느낌이 들었다. 한쪽에선 바람 새는 소리가 흘러나왔다. 독사들이 내는 소리가 아닌가 싶었지만 아직 눈앞에 나타난 것은 아무것도 없었다. 견디다 못한 아이들이 물었다.

"이 음산한 곳에서 빠져나가려면 아직 멀었나요?"

안내인은 용기를 내라면서 주의를 주었다. "올무 같은 데 발이 걸릴 수도 있으니, 바닥을 잘 보고 걸으세요."

제임스는 헛구역질을 시작했다. 겁을 먹은 탓인 듯했다. 크리스티아나는 해석자의 집을 나설 때 받아 온 술 한 모금과 노련 선생이 미리 지어준 알약 세 알을 먹였다. 아이는 금세 기운을 차리기 시작했다. 일행은 다시 골짜기 중간쯤 되는 곳까지 들어 갔다. 그때 크리스티아나가 속삭였다.

"저 앞쪽에서 난생 처음 보는 무언가가 슬쩍 보였던 것 같아요."

그러자 조셉이 말했다. "엄마, 그게 뭘까요?"

크리스티아나는 대꾸했다. "흉측한 것들이었단다, 얘야. 아주 흉측했지."

아이는 다시 캐물었다. "어떻게 생겼기에 그러세요, 엄마?"

"어떻다고 설명할 수가 없구나." 크리스티아나가 답했다.

그러는 사이에 일행은 그쪽으로 점점 더 다가갔다. 여인은 중 얼거렸다. "이젠 아주 가까이에 있어."

그러자 담대가 나섰다. "견딜 수 없을 만큼 무서우면 저한테 바짝 달라붙어요."

마침내 악귀가 모습을 드러내자 안내자가 나가 맞섰다. 하지만 담대에게 다가오는가 싶더니 모두의 시야에서 감쪽같이 사라져 버렸다. 그제야 비로소 다들 얼마 전에 들었던 말씀을 떠올렸다. "마귀를 대적하라 그리하면 너희를 피하리라."^{약 4:7}

조금 기운을 차린 일행은 다시 출발했다. 얼마 지나지 않아 자 비가 슬쩍 뒤를 돌아보았다. 사자와 아주 흡사한 무언가가 아주

빠른 속도로 따라오는 듯했다. 놈은 힘 빠진 소리로 으르렁거렸지만, 한 번씩 크게 울어대면 계곡이 쩌렁쩌렁 울렸다. 놈이 포효할 때마다 다들 가슴에 통증을 느꼈다. 심장이 멀쩡한 건 안내자뿐이었다. 녀석이 쫓아오자 담대가 순례자들을 앞세우고 등 뒤를 지켰다. 마침내 사자가 무섭게 달려들자 담대도 전투태세를 갖췄다.벧전 5:8-9 하지만 이쪽이 맞서 싸우기로 작심했다는 걸 알아챈 사자는 뒤로 물러나 더 이상 다가오지 않았다.

일행은 계속 걸음을 바삐 옮겼다. 안내자가 다시 앞장서 걸었다. 얼마나 걸었을까, 길 전체가 움푹 파여 구덩이를 이룬 곳에 이르렀다. 건너갈 준비를 채 갖추기도 전에 짙은 안개와 어둠이 덮치는 바람에 한 치 앞도 볼 수 없게 되었다. 순례자들은 탄식했다.

"아, 이제 어쩌면 좋지?"

그러나 안내자는 담담하게 일렀다.

"두려워 마세요. 가만히 서서 어떤 결말이 기다리고 있는지 지켜봅시다."

길이 엉망인 탓에 일행은 숨죽이고 마냥 기다릴 수밖에 없었다. 시간이 지날수록 원수들이 급히 움직이며 내는 부산한 소리가 보다 또렷이 들렸다. 구덩이에서 피어오르는 불길과 연기도 더 선명하게 분간할 수 있었다. 크리스티아나는 자비에게 고백했다.

"가엾은 내 남편이 어떤 길을 지나갔는지 이제야 알겠어요. 이곳에 관한 얘기는 많이 들었지만 이렇게 와보기는 처음이네요. 불쌍한 양반, 오밤중에 홀로 여길 지나갔으니! 이 길을 다 지나도록 날은 새지 않았고 이 악귀들이 그이를 갈가리 찢어 죽이기라도 할 기세로 쉴 새 없이 덤벼들었답니다. 다들 말들은 많이 하지만, 직접 와보기 전까지는 죽음의 그늘 골짜기가 무얼 가리키는지 그 누구도 제대로 설명하지 못할 거예요. 그래서 마음의 고통은 자기만 알고, 마음의 기쁨도 남이 나누어 가지지 못한다고들 하나 봐요.잠 14:10 여길 간다는 건 참 겁나는 일이네요."

그러자 담대가 말했다. "이건 망망대해를 헤매거나 물속으로 깊이 들어가는 기분이군요. 바다 한복판에 있는 것 같기도 하고 높은 산에서 바닥으로 곤두박질치는 느낌이 들기도 하고요. 지금은 마치 대지가 빗장을 질러 영원히 앞길을 막는 듯합니다. 하지만 어둠 속을 걷는, 빛을 모르는 사람이라도 주님의 이름을 신뢰하며 하나님께 의지하라고 했습니다.사 50:10 아까도 말씀드렸지만, 제 경우는 이 골짜기를 자주 지나다녔고 지금보다 훨씬 어려운 일을 겪기도 했지만 이렇게 보시다시피 멀쩡히 살아 있습니다. 우쭐대려는 뜻은 아닙니다. 제 힘으로 목숨을 건진 게 아니니까요. 다만 우리는 넉넉히 구원받으리라고 믿어 의심치 않습니다. 자, 어둠을 밝혀주실 수 있는 분, 그리고 이 악귀들뿐만 아니라 지옥의 사탄까지 꾸짖을 수 있는 분께 빛을 달라고 기도합시다."

다들 울며 간구했다. 하나님은 빛과 구원을 베풀어주셨다. 이제 길에는 걸림돌이 될 만한 게 하나도 없었다. 이들의 발목을 붙잡았던 깊은 구덩이는 온데간데없었다. 하지만 아직 골짜기를 다 지난 건 아니었다. 순례자들은 꿋꿋이 걷고 또 걸었다. 그런데 이번엔 어디선가 지독한 악취가 풍겨왔다. 넌더리가 나게 고약한 냄새 탓에 이만저만 괴로운 게 아니었다. 자비는 크리스티아나에게 하소연했다. "성문이나 해석자 님의 댁, 그리고 어제 묵었던 집과는 달리 여기에는 상쾌한 느낌이 하나도 없네요."

그러자 소년들 가운데 누군가가 냉큼 말을 받았다.

"그래도 여기 머무는 게 아니라 그냥 지나가면 되니 그나마 다행이죠. 이런 길을 지나지 않고는 우리를 위해 준비된 집에 이를 수 없게 한 까닭을 알 것만 같아요. 그래야 그 집이 얼마나 살기 좋은지 실감할 수 있잖아요."

안내자는 칭찬을 아끼지 않았다. "참 좋은 말이다, 새뮤얼아. 그런 생각을 하다니, 영락없는 대장부로구나."

새뮤얼은 덧붙였다. "여기서 빠져나가면 빛과 반듯한 길을 그 어느 때보다 더욱 소중히 여기게 될 것 같아요."

담대는 말했다. "머잖아 여기서 빠져나가게 될 게다."

그렇게 얼마쯤 더 갔을 즈음, 조셉이 물었다. "끝을 볼 수 있는 데까지 가려면 아직 멀었나요?"

안내자는 서둘러 대꾸했다. "발밑을 조심하거라. 이제 곧 덫 천지를 지나게 될 테니!"

마침내 일행은 무수한 덫이 깔린 자리에 이르렀다. 다들 바닥을 살피며 계속 앞으로 나아갔다. 하지만 올무가 너무 많아 한 발 한 발 내딛기가 고생스럽기 짝이 없었다. 그렇게 덫 사이를 지나는데 문득 길 왼쪽으로 온몸이 뜯기고 찢긴 채 구덩이에 처박힌 사내가 보였다. 안내자는 설명했다.

"'부주의Heedless'라는 사람입니다. 이 길을 지나던 나그네죠. 저기 저렇게 쓰러져 있은 지 제법 오래됐어요. 붙들려서 변을 당할 때 '조심Take-Heed'이란 길벗과 함께였는데, 그 친구는 적들의 손아귀에서 다행히 빠져나왔죠. 얼마나 많은 이들이 이 근처에서 목숨을 빼앗기는지 여러분들은 아마 상상도 못 할 거예요. 하지만 사람들은 너무 어리석어서 가벼운 마음으로 순례에 나서고 안내자도 없이 이 길에 들어서는 무모한 짓을 한답니다. 가여운 크리스천! 그이가 여기서 빠져나간 건 정말이지 믿을 수 없는 사건이었어요. 하나님이 사랑하는 사람이었고 마음씨가 착했으니 망정이지, 그렇지 않았더라면 여길 벗어나는 건 어림도 없는 일이었을 거예요."

이제 일행은 이 길의 끄트머리에 이르렀다. 크리스천이 지나가다 동굴을 보았던 바로 그 자리였다. 바로 그 굴에서 누군가가 뛰어나왔다. '쇠망치Maul'라는 거인이었다. 궤변을 늘어놓아 젊은 순례자들을 망쳐놓기로 유명했다.

쇠망치는 담대의 이름을 부르더니 호통을 쳤다. "이런 짓을 하면 가만두지 않겠다고 몇 번이나 얘기했을 텐데?"

담대가 되받았다. "무슨 소릴 하는 거냐?"

거인은 되풀이했다. "무슨 소리냐고? 모를 리가 없을 텐데? 어찌됐든 이제 네놈을 단숨에 끝장내주마."

하지만 담대는 차분히 대꾸했다. "싸우기 전에, 왜 싸우는지 이유나 알자꾸나."

아낙들과 아이들은 어찌할 바를 모르고 덜덜 떨며 서 있었다. 쇠망치가 호령했다. "네놈은 우리 고장을 약탈했어. 고약하기 짝이 없는 도둑놈들을 데리고 와서 샅샅이 털어갔지."

담대는 꿋꿋했다. "이 양반아, 너무 두루뭉술하잖나. 좀 구체적으로 얘기해보시지!"

그러자 거인이 말했다. "네놈이 수를 써서 사람들을 채가고 있잖아! 여인들과 아이들을 끌어모아서 낯선 나라로 데려가는 통에 우리 주인님의 나라가 얼마나 기울었는지 알기나 해?"

담대는 맞받았다. "나로 말하자면 하늘에 계신 하나님의 일꾼으로, 죄인들을 설득해 뉘우치게 하는 일을 하고 있다네. 남자와 여자, 아이들까지 어둠에서 빛으로, 사탄의 권세에서 하나님께로 돌아서게 하는 데 온 힘을 기울이라는 명령을 받았지. 네놈이 시비를 거는 이유가 정말 그거라면, 자, 당장이라도 한판 겨뤄보자꾸나!"

말이 끝나기 무섭게 거인이 달려들었다. 담대도 뛰어나가 맞붙었다. 말씨름은 거기까지, 그때부터 치열한 육박전이 시작됐다. 담대가 검을 뽑자 거인은 철퇴를 쳐들었다. 거인의 첫 번째 일격에 담대는 무릎을 풀썩 꿇으며 주저앉았다. 지켜보던 여인들과 아이들은 울음을 터트렸다. 재빨리 다시 기운을 차린 담대는 있는 힘을 모두 끌어모아 거인에게 달려들더니 마침내 놈의 팔에 상처를 입혔다. 결투는 한 시간이 넘도록 끈질기게 이어졌다. 거인의 코에서 뜨거운 김이 뿜어져 나왔다. 마치 가마솥에서 김이 새는 모양 같았다.

이윽고 둘은 서로 떨어져 숨을 돌렸다. 이때도 담대는 쉬지 않고 주께 기도했다. 싸움이 벌어지는 내내 여인들과 아이들은 속절없이 탄식하며 울부짖을 따름이었다. 잠시 멈추고 호흡을 가다듬은 쇠망치와 안내자는 이내 다시 맞붙었다. 담대의 일격에 거인은 땅에 고꾸라졌다.

쇠망치는 다급하게 외쳤다. "잠깐! 비겁하게 쓰러진 맞수를 공격하는 것이냐?"

담대는 정정당당하게 상대가 일어날 때까지 기다렸다. 싸움이 다시 시작됐다. 거인은 철퇴를 휘둘렀다. 아슬아슬하게 빗나갔기에 망정이지 하마터면 안내자의 머리가 박살날 뻔했다.

위기를 직감한 담대는 정신을 바짝 차리고 놈의 다섯 번째 갈비뼈 아래를 깊이 찔렀다. 거인의 의식이 가물가물 흐려지기 시

쇠망치의 죽음

작했다. 더는 철퇴를 잡을 수조차 없었다.

　담대는 다시 한 번 칼을 휘둘러 거인의 머리를 단번에 잘라버렸다. 여인과 아이들은 기뻐서 어쩔 줄 몰랐다. 담대 역시 구원을 베풀어주신 하나님을 찬양했다.

　이 난리 통이 어느 정도 수습되자, 일행은 그 자리에 기둥을 세우고 위에 거인의 목을 매달아두었다. 그리고 지나는 이들이 보도록 기둥에 글을 써 붙였다.

　이 머리를 달고 살던 임자는
　순례자들을 못살게 굴던 자라.
　그들이 가는 길을 가로막고는
　보이는 족족, 악착같이 괴롭혔다.
　나, 담대가 떨치고 일어나
　순례자들을 앞장서 이끌 때까지는.
　순례자들의 원수와
　맞붙어 겨루기 전까지는.

6

가이오의 집에
함께 머물며

The Pilgrim's Progress

꿈에서 보니, 일행은 길에서 조금 벗어나 순례자들을 위해 쌓아
올린 둔덕으로 올라갔다. 크리스천이 '신실Faithful' 형제를 처음
보았던 바로 그곳이었다. 너나할 것 없이 거기에 자리를 잡고 편
히 쉬면서 허기와 갈증을 채웠다. 다들 몹시 위험한 원수의 손아
귀에서 무사히 빠져나왔다는 기쁨에 겨워했다.

앉아서 음식을 먹으며, 크리스티아나는 안내자에게 물었다.
"싸우다 다친 데는 없으세요?"

담대 "괜찮습니다. 몸에 상처가 조금 났지만, 해를 입었다는 생각은 조금도 없습니다. 당장은 주인님과 여러분을 얼마나 사랑하는지 보여주는 증거가 되고, 마침내는 은혜를 입어 받게 될 상급을 더하게 할 거니까요."

크리스티아나 "그래도 거인이 철퇴를 들고 달려오는 걸 봤을 때는 무서웠을 것 같은데, 어떠셨어요?"

담대 "제 힘을 믿는 게 아니라 놈과는 비할 바 없이 더 강한 분께 의지해야 마땅하니까요."

크리스티아나 "그런데 놈의 첫 일격을 맞고 바닥에 쓰러졌었잖아요. 그때는 무슨 생각이 들던가요?"

담대 "주인님도 처음엔 무릎을 꿇는듯했지만 최후의 승자는 바로 그분이셨다는 생각을 했어요."고후 4:10-11; 롬 8:37

매튜 "누구나 저 좋은 대로 믿게 마련이라지만, 하나님은 우리들에게 기가 막히게 잘해주셨어요. 이 골짜기를 빠져나오게 해주신 것도 그렇고, 저 원수의 손아귀에서 건져주신 것도 그렇고요. 그렇게 큰 사랑의 증거를 보여주셨으니, 저로서는 더 이상 그분을 의심할 이유가 전혀 없다고 생각해요."

일행은 자리를 털고 일어나 다시 걷기 시작했다. 얼마쯤 가다 보니, 저 앞에 커다란 참나무 한 그루가 서 있었다. 가까이 다가 가자 그 아래 나이 많은 어른이 곤히 잠들어 있는 게 보였다. 지팡이에 허리띠하며, 차림새만 봐도 딱 순례자였다. 안내자 담대는 다가가 그의 몸을 흔들었다. 노인은 눈을 번쩍 뜨더니 큰 소리로 외쳤다.

"무슨 일이요? 댁들은 뉘고? 여기서 뭘 하고 있소?"

담대는 차분하게 노인을 달랬다.

"자, 너무 흥분하지 마세요, 어르신. 여기 있는 누구도 해코지할 뜻은 없으니까요."

하지만 노인은 벌떡 일어나더니 몸을 사리며 일행의 정체를 알아내려 안간힘을 썼다. 안내자가 먼저 나섰다.

"저는 담대라고 합니다. 이 순례자들을 안내해서 새 예루살렘 성으로 가고 있습니다."

그제야 노인의 말투가 누그러졌다.

"이 늙은이를 용서해주시오. 얼마 전에 '작은믿음Little-Faith'한 테서 돈을 털어간 패거리인 줄 알고 겁이 났었다오. 이제 가만히 보니, 다들 나쁜 사람들 같지는 않구려."

담대 "우리가 정말 강도들이랑 한패였더라면 어찌할 심산이었습니까?"

노인 "까짓것 죽기 살기로 싸워야지, 별 수 있겠소? 그럼 댁들이 강도라 해도 날 굴복시키진 못했을 걸세. 크리스천은 스스로 항복하지 않는 한, 절대로 짓눌리지 않는 법이거든."

담대 "옳은 말씀이십니다, 어르신. 진리를 말씀하시는 걸 보니 반듯한 분이시라는 걸 알겠습니다."

노인 "나도 그대들이 참된 순례자라는 걸 알겠구려. 다른 이들은 흔히 우리가 금방 굴복한다고 생각하니 말이오."

담대 "이렇게 만나 뵙게 되어 얼마나 기쁜지 모르겠습니다. 어르신의 성함과 고향을 말씀해주시면 잊지 않고 기억하겠습니다."

노인 "이름은 밝히기는 좀 그렇고, 떠나온 곳은 '미련동Town of Stupidity'이란 마을이라오. 멸망시에서 그리 멀지 않지."

담대 "아, 그 동네 분이셨군요. 그럼 얼추 어림잡을 수 있을 듯합니다. '정직Honest' 영감님이시죠, 그렇지 않습니까?"

노인은 얼굴을 붉히며 대답했다.

노인 "속속들이 정직하다는 게 아니라 그냥 이름이 그럴 뿐이올시다. 성품도 남들이 부르는 대로 이름값을 할 수 있으면 얼마나 좋겠소. 그나저나 담대 님은 어떻게 출신만 듣고도 내가 아무개일 거라고 짐작할 수 있었던 게요?"

담대 "예전에 주인님이 어르신에 대해 이야기를 하는 걸 들은 적이 있습니다. 그분은 세상에서 벌어지는 일들을 다 알고 계시거든요. 하지만 과연 그런 동네에서도 순례에 나서는 이가 있을까, 저로서는 의구심이 들 때가 많았습니다. 미련동의 상황은 멸망시보다 훨씬 엉망이지 않습니까?"

노인 "맞소. 우린 태양에서 더 멀리 떨어진 데 살고 있지. 그래서 한층 차갑고 무감각하다오. 하지만 빙산에 갇힌 이라도 의의 태양이 그 위에 높이 떠오르면 얼어붙은 마음이 스르르 녹아 내리는 걸 느낄 겁니다. 내게도 그런 일이 일어났다오."

담대 "그럴 수 있죠. 전 그렇게 믿습니다, 정직 어르신. 그게 사실 이라는 걸 저도 분명 아니까요."

노인은 순례자 한 사람 한 사람에게 사랑이 가득 담긴 거룩한 입맞춤으로 인사하고 나서 이들의 이름은 무엇이며 순례길에 들어선 뒤로 그간 어떻게 지내왔는지 물었다.

크리스티아나는 대답했다. "어쩌면 제 이름은 들어보셨을 겁니다. 선한 크리스천이 제 남편이거든요. 여기 네 아이는 저희 아들들이고요."

크리스티아나가 누군지 듣고 노인이 어떤 반응을 보였는지, 상상할 수 있겠는가? 이 어른은 자리에서 펄쩍펄쩍 뛰고 함박웃음을 지으며 오만가지 소원을 다 담아 축복하며 말했다.

"댁의 남편이 누구고 어떤 여행을 했으며, 당시에 어떤 전쟁을 치러냈는지에 대한 얘기는 귀에 못이 박히도록 들었지. 위로가 되기를 바라는 마음에서 드리는 말씀이오만, 바깥양반의 사연은 이 일대에 두루 퍼져 모르는 이가 없을 정도라오. 어떤 상황에서도 한결같이 보여준 그 믿음, 용기, 인내, 성실함으로 이름을 날리게 된 거지."

그리고 아이들을 돌아보며 이름을 물었다. 대답을 듣고 나서는 매튜에게 말했다. "부디, 세리 마태처럼 되거라. 악한 마태가 아니라 선한 마태 말이다."마 10:3

새뮤얼에게도 축복의 말을 건넸다. "믿음과 기도의 선지자, 사무엘처럼 되거라."시 99:6

조셉에게는 이렇게 말했다. "보디발의 집에 살았던 요셉, 유혹을 피해 달아날 만큼 순결했던 그 청년처럼 자라거라."창 39장

제임스에게도 덕담을 아끼지 않았다. "정의로웠던 주님의 아우, 야고보처럼 되거라."행 1:13

일행은 노인에게 자비의 사연에 대해서도 들려주었다. 고향과 혈육을 떠나 크리스티아나 가족과 동행하게 된 이야기를 다 듣고 난 정직 노인은 자비에게도 덕담을 아끼지 않았다. "자비라는 그대의 이름 그대로, 편안한 낯빛으로 자비의 샘을 바라보게 될 곳에 이르기까지, 도중에 어떤 어려움을 겪든지 자비를 잃지 않고 꿋꿋이 지켜나가시게나."

노인의 말이 이어지는 내내, 담대는 몹시 흡족해서 온 얼굴에 미소를 머금은 채 길벗들을 지켜보았다.

이제 다 같이 어울려 길을 걸었다. 걸음을 옮기며 담대는 노인에게 물었다. "혹시 '불안Master Fearing'이란 분을 아세요? 어르신의

고향에서 순례에 나선 양반인데요."

정직은 한 치의 망설임도 없이 대답했다. "그럼, 잘 알다마다. 온갖 문제의 뿌리를 속에 품은 이였소. 지금껏 만난 순례자들 가운데 말썽 많기로는 단연 으뜸으로 꼽을 만한 친구였네."

담대 "됨됨이를 콕 집어 말씀하시는 걸 보니, 정말 그 양반을 잘 아시나 봅니다."

정직 "두말하면 잔소리지! 난 그에게 나름 좋은 동반자였다오. 꽤 오랫동안 동행했으니까. 죽고 나면 어떻게 될지 처음 생각하기 시작했을 때부터 곁에 있었지."

담대 "저는 우리 주인님 댁에서 새 예루살렘 성문까지 그분을 안내했었습니다."

정직 "그럼 댁도 그이가 얼마나 문제투성이인지 아시겠구려."

담대 "그럼요. 하지만 전 그럭저럭 잘 견뎌낼 수 있었어요. 이 일을 하다 보면 그런 분들도 이끌어야 하는 경우가 왕왕 생기거든요."

정직 "그랬구려. 그 양반 얘기 좀 들어봅시다. 댁이 이끄는 대로 잘 따라옵디까?"

담대 "뭐랄까, 가려고 하는 데 미치지 못할까 늘 걱정이 많았어요. 누가 무슨 말을 하든, 눈곱만큼이라도 적대적인 기색이 보이면 매사에 겁을 냈죠. 듣자 하니, 낙담 못가에서는 한 달이 넘도록 아우성을 쳤다더군요. 순례자들이 여럿 앞질러가는 걸 지켜보기만 하면서요. 도와주겠다고 나서는 이들도 있었지만 과감하게 도전해볼 엄두를 내지 못하더래요. 그렇다고 다시 돌아가지도 않고요. 새 예루살렘 성에 가지 못할 바에는 차라리 죽어버리겠다고 말은 하는데, 그러면서도 어렵고 힘든 일이 생길 때마다 실망해 주저앉고 누가 길바닥에 검불 한 가닥만 던져놔도 어김없이 걸려 자빠지더라니, 이거야 원.

그런데 아까 말씀드린 대로 그토록 오랫동안 낙담 못가에서 발만 동동 구르던 양반이 어찌 된 영문인지 모르겠지만, 어느 화창한 날 아침에 드디어 모험에 나섰다네요. 드디어 못을 건넌 거죠. 하지만 그러고 나서도 도무지 믿어지지 않는 눈치더래요. 제 생각에는, 마음속에 따로 낙담 웅덩이를 하나 더 가진 게 아닐까 싶어요. 어딜 가든 따라다니는 좌절의 구덩이를요. 아니면 어떻게 그런 짓을 하겠어요?

어쨌든 우여곡절 끝에 불안 씨는 그 문에 도착했답니다. 무슨 말인지 아시죠? 이 길 들머리에 서 있는 그 문 말예요. 그런데 막상 성문에 이르고도 감히 문을 두드리지 못하고 한참을 서 있기만 하더래요. 문이 열리면 화들짝 놀라 뒤로 물러서서 다른 이들에게 길을 내주면서요. 자기는 그만한 자격이 없다고 하더랍니다. 남들보다 먼저 문간에 도착했지만 많은 이들이 불안 씨보다 먼저 문 안으로 들어갔대요. 그 가엾은 양반은 오들오들 떨면서 또 잔뜩 오그라들었겠죠. 장담하건대 누구라도 그 꼴을 봤더라면 측은히 여길 수밖에 없었을 겁니다. 그런데도 되돌아갈 뜻은 조금도 비치지 않았대요. 마침내 그이가 문에 걸려 있는 망치를 집어 들고 문을 가볍게 한두 번 두드리더랍니다.

문은 활짝 열렸지만, 불안 씨는 이번에도 뒤로 물러서고 말았대요. 문을 열어준 이가 그분에게 다가서서 묻더래요. '떨고 있는 그대여, 무얼 원하시오?' 그 음성을 듣자마자 그이는 땅에 풀썩 주저앉아버렸죠. 말을 건 이는 혹시 불안 씨가 정신을 잃은 게 아닌가 싶어서 다시 불렀대요. '안심하고 일어나시오. 그대를 위해 문을 열어놓았소. 어서 들어갑시다, 은혜를 입은 이여.' 그 말을 듣고서야 불안 씨는 일어서서 덜덜 떨며 안으로 들어갔다는군요. 너무도 부끄러워서 낯을 들지 못했대요.

어찌 됐든 거기서 융숭한 대접을 받았습니다. 어떤 대접인지 어르신도 잘 아시죠? 그리고 나서 계속 순례길을 가라는 말을 들었대요. 어떤 길로 가야 하는지도 들었고요. 그 뒤로 계속 걸어서 우리 집까지 온 거죠. 하지만 그이는 성문에서 했던 행동을 똑같이 되풀이했어요. 제 주인이신 해석자 님 문을 차마 두드리지 못했던 겁니다. 누굴 부를 엄두를 내지 못하고 오래도록 차디찬 문간에 앉아만 있었죠. 물론 돌아갈 마음도 없이요. 그렇게 몇 밤을 지새웠습니다. 길고도 추운 밤들이었죠.

그런데 사실 불안 씨는 품속에 제 주인님께 가는 편지 한 장을 품고 있었어요. 그이에게는 꼭 필요한 서신이었죠. 집에 맞아들여서 편히 쉬게 해주고, 겁이 많으니 굳세고 용맹한 안내자를 붙여주십사 부탁하는 내용이었으니까요. 그런데도 겁이 나서 문을 두드리지 못하고 서 있었던 거예요. 딱한 양반 같으니라고, 굶어 죽을 지경이 다 되도록 앉았다 일어났다 서성이기만 했으니! 얼마나 낙심천만이었던지 이곳을 찾은 다른 이들이 문을 두드리고 안으로 들어가는 걸 보면서도 겁이 나서 선뜻 노크할 마음을 먹지 못했답니다.

그런데 어쩌다 제가 무심코 창밖을 내다본 날이었을 거예요. 웬 남자가 문간에서 앉았다 일어섰다 하면서 어쩔 줄 몰라 하는 게 눈에 들어오더군요. 나가서 누구시냐고 물었어요. 하지만 그 불쌍한 양반은 말이 없고 눈에 눈물만 그렁그렁한 거예요. 짚이는 데가 있더군요. 그래서 안에 기별하고 주인님께도 사정을 말씀드렸어요. 그랬더니 다시 나가서 그양반을 안으로 청해 들이라고 하시더군요. 솔직히 말씀드리자면, 그것도 쉽지는 않았어요. 아무튼, 드디어 안으로 모시고 들어왔죠. 주인님 얘길 좀 하자면, 그야말로 그분을 지극

정성으로 극진히 대접했어요. 식탁엔 훌륭한 요리 몇 가지가 올랐는데, 손수 그걸 덜어서 그이의 접시에 담아주기까지 하셨다니까요. 불안 씨는 품에서 편지를 꺼내 보이더군요. 주인님은 그걸 꼼꼼히 읽어보시고는 원하는 대로 다 들어주라고 명령하셨어요. 제법 오래 머물렀는데, 거기서 용기를 좀 얻는 것 같았어요. 한결 편안해보이더군요.

우리 주인님으로 말할 것 같으면, 마음이 참 따뜻한 분이라는 걸 아셔야 합니다. 특히 두려워 떠는 이들에게는 더더구나 그러시죠. 그러기에 그 양반을 그토록 극진하게 대접하시며 기운을 북돋아주셨던 겁니다. 불안 씨가 집 안팎을 다 둘러보고 새 예루살렘 성으로 갈 채비를 마쳤을 즈음, 주님은 예전에 크리스천에게 그러셨던 것처럼 술 한 병과 가볍게 요기할 만한 음식을 챙겨주셨어요. 그리고 그분과 함께 저도 길을 떠나게 된 거랍니다. 당연히 제가 앞장을 섰죠. 통 말이 없더군요. 한숨만 푹푹 내쉬고요.

그러다 세 길손이 매달려 있는 자리에 이르자, 자기도 결국 저 꼴이 되는 게 아닌지 모르겠다고 하더라고요. 딱 한 번, 십자가랑 무덤을 봤을 때는 썩 기뻐하는 것 같았어요. 잠시 더 머물면서 찬찬히 보고 싶다고 할 정도였으니까요. 그 뒤로 한동안은 조금 신이 나는 듯 했어요. 곤고재를 넘을 무렵엔 머뭇거림도 없어지고 사자들을 보고도 크게 겁내는 기색이 없었죠. 알다시피, 불안 씨가 힘들어하던 문제는 눈에 보이는 그런 일들이 아니라 자신이 과연 마지막 순간에 받아들여지느냐 하는 것이었으니까요.

내켜하지 않는 그 양반을 끌다시피 뷰티풀 저택으로 데려갔습니다. 안에 들어가서는 그 댁 아가씨들도 소개해드리고요. 하지만 몹시 부끄러워하면서 깊이 사귀려 들지 않더군요. 그저 혼자 있고만 싶어 했어요. 그래도 유익한 대화는 늘 좋아해서 자주 병풍 뒤에 몸을 숨긴 채 귀를 기울이더라고요. 옛 물건들에도 좀 관심이 많은 게 아니어서 마음에 두고 깊이 생각해보는 것 같더군요. 나중에 고백하기로는 여태 지나온 두 집에 머무를 때가 정말 좋았대요. 그런데 저도 이유는 모르겠지만 문간, 구체적으로는 해석자 님 댁 대문 앞에서는 감히 들여보내달라고 부탁할 엄두가 나지 않더랍니다.

우리는 뷰티풀 저택을 나와서 비탈을 타고 겸손의 골짜기로 들어갔습니다. 어찌나 잘 내려가던지 그런 양반은 난생처음이었어요. 어디까지 낮아지느냐에 크게 신경 쓰지 않는 걸 보니, 결국 행복해지겠구나 싶더라고요. 그래요, 골짜기와 불안 님 사이에는 어떤 공명 같은 게 있다는 생각마저 들었어요. 그이와 함께한 순례여정을 통틀어 그 계곡에서만큼 즐거워보였던 적은 단 한 번도 없었거든요. 바닥에 드러눕는가 하면, 땅을 끌어안기도 하고, 골짜기에서 자라는 꽃들에 입을 맞추기도 했어요.애 3:27-29 매일 아침마다 일찌감치 일어나 계곡을 따라 여기저기 돌아다니기도 했어요.

하지만 죽음의 그늘 골짜기 입구에 도착하자 상황이 싹 달라지더군요. 이러다 저 양반을 잃는 게 아닌지 걱정스러울 지경이었다니까요. 돌아가려는 뜻을 보여서가 아니에요. 그건 불안 씨가 늘 질색하던 일이었으니까요. 이유는 이분이 숨이 넘어갈 만큼 무서워했기 때문이었어요. "도깨비들이 날 붙들어갈 거야! 도깨비들이 날 잡아가겠지!"라고 고래고래 소리를 지르는 데 저로서도 어떻게 다잡아볼 도리가 없더라고요. 어찌나 소리를 지르며 울어대던지 정말 도깨비들이 듣기라도 했더라면 신나게 달려와 덮치고 말았을 거예요.

그런데 문득, 참 희한하다 싶었어요. 지나가는 내내 계곡이 너무나 조용했어요. 여태 단 한 번도 그런 적이 없었거든요. 가만히 생각해보니까, 이번에는 우리 주인님이 놈들을 단단히 잡도리해두신 것 같았어요. 골짜기를 다 통과할 때까지 불안 씨를 건드리지 말라고 명하셨음에 틀림없더라고요.

다음에 벌어진 일들까지 시시콜콜 이야기하면 너무 지루하실 것 같아서 한두 마디만 더 할게요. 그렇게 '허망시장 Vanity Fair'까지 갔는데, 그이가 거기 있는 모든 이들과 맞서 대판 싸울 심산인 줄 알았어요. 그곳 사람들의 어리석음을 얼마나 맹렬하게 꾸짖던지 이러다간 둘 다 흠씬 두들겨 맞겠구

담대와 불안 씨

나 싶어서 정말로 무서웠어요. '마법의 땅Enchanted Ground'에서도 그 양반은 정신을 잃지 않았어요. 하지만 다리가 없는 강에 이르러서는 다시 힘들어 하더군요. 이제 물에 빠져 영원히 헤어나지 못할 테고, 꼭 한 번 뵙고 싶어서 이렇게 먼 길을 왔는데 주님의 그 따뜻한 얼굴을 다시는 뵐 수 없을 거라고 장탄식을 늘어놓더라고요.

그런데 거기서도 놀라운 일이 벌어진 걸 알게 됐어요. 이번엔 강물이 매우 낮아져 있었답니다. 그렇게까지 낮아진 강물은 평생 처음 봤어요. 그래서 결국 강을 건널 수 있었습니다. 기껏해야 신발 정도가 젖었을 따름이었어요. 그이가 성문을 향해 올라갈 때쯤, 그 양반과 헤어졌어요. 저 위에서 환대를 받길 바란다고 복을 빌어주었습니다. 그이는 부디 그랬으면 좋겠다고, 그러길 바란다고 하더군요. 그렇게 작별하고 나서는 더는 불안 씨를 보지 못했습니다."

정직 "결국은 잘 된 셈이네. 그렇지 않소?"

담대 "그렇죠, 그렇고말고요. 거기엔 의심의 여지가 없어요. 선택받을 만한 심령을 가진 이였으니까요. 항상 낮은 자세를 가지고 살았어요. 그게 스스로에게는 짐이 되었고 다른 이들에게는 골칫거리가 되었죠.시88장 무엇보다도 죄를 싫어하는 성향이었어요. 누군가에게 옳지 않은 일을 할까 걱정스러워서 정당한 일마저 자제하는 쪽이었죠. 아무도 불쾌하게 하고 싶

지 않아서요."롬 14:21; 고전 8:13

정직 "그렇게 착한 이가 어째서 세상을 사는 내내 어둠 속에서
지내야 하는 건지 참 모를 일일세."

담대 "두 가지 이유가 있지 않겠습니까? 하나는 지혜로우신 하나
님이 그리 되게 하신 게죠. 어떤 이들을 피리를 불고, 또 어
떤 이들은 눈물을 흘리게 말입니다.마 11:16 불안 님은 베이스
를 연주하는 분이었습니다. 그래서 그이를 비롯한 몇몇은 다
른 선율에 비해 상대적으로 구슬픈 소리를 냈던 거죠. 물론
베이스를 모든 음악의 바탕이라고 말하는 이들도 있기는 하
지만요.

개인적으로 괴롭고 무거운 마음에서 비롯하지 않은 고백
에는 그다지 마음이 가지 않는 편입니다. 음악가들이 조율할
때 가장 먼저 건드리는 줄은 보통 베이스입니다. 하나님도
인간을 위해 영혼을 조율할 때 그 줄을 먼저 조절하시죠. 불
안 씨에게 부족한 점 하나가 있다면, 죽는 날까지 다른 음악
은 연주하지 못했다는 것뿐입니다.

(실례를 무릅쓰고 이렇게 비유를 들어 말씀드리는 건 젊은 독자들의
지각이 깊어지길 바라서입니다. 요한계시록에서도 구원받은 이들을 보
좌 앞에서 나팔을 불고, 거문고를 타고, 노래를 부르는 음악가 무리에
빗대어 이야기하기 때문입니다.계 5:8; 14:2-3)

정직 "댁의 얘기를 들으니, 불안 씨는 대단히 열정적인 사람인

모양이구려. 곤고재도, 사자들도, 허망시장 따위는 전혀 겁내지 않고 두려워한 것이라곤 죄와 죽음, 지옥뿐이었으니까. 그마저도 새 예루살렘 성에 들어갈 수 있을지 의구심을 품은 탓이었다니 말이오."

담대 "옳으신 말씀입니다. 바로 그게 그이를 괴롭혔던 것들이죠. 어르신이 꿰뚫어 보셨듯이, 영적인 약점이 아니라 실질적인 순례자 생활과 연관되는 정신적인 허점에서 비롯되는 경우가 많았죠. 잠언에서 말하는 '횃불을 던지는 미친 사람'이 앞길을 막았던 셈입니다.(잠 26:18 ─ 옮긴이) 감히 말하지만, 그이를 짓누르던 짐들은 지금껏 그 누구도 쉽게 털어낼 수 없는 것들이었습니다."

잠자코 듣고 있던 크리스티아나는 말했다. "불안 님의 이야기는 제게도 유익했습니다. 나랑 비슷한 이는 어디에도 없을 줄 알았어요. 그런데 알면 알수록 제가 그분과 비슷한 구석이 많다는 생각이 들었어요. 다른 점은 두 가지뿐인 것 같아요. 그이의 경우에는 어려움이 너무 커서 밖으로 튀어나왔고 저는 속에만 간직해두었죠. 불안 씨의 짐은 그분을 지나치게 심하게 짓눌러 환대를 베풀어줄 집의 문을 노크할 수조차 없게 했지만, 제 괴로움은 그 문을 더 크게 두들겨대게 만들었어요."

자비도 속내를 털어놓았다. "제 마음을 말씀드리자면, 불안 님이 가졌던 문제가 제 안에도 도사리고 있었노라고 고백해야 할 것 같아요. 웅덩이에 빠져 낙원에 들어가지 못할까 두려웠거든요. 무얼 잃는다 해도 그만큼 두렵지는 않을 거예요. 속으로 생각했죠. '거기 살 수만 있으면 얼마나 행복할까. 세상 모든 걸 다 놓친다 해도 아깝지 않을 텐데….'"

"구원을 이루는 무언가를 품기에 제 자신은 아직도 한참 멀었다고 생각하게 만드는 단 한 가지를 꼽으라면 단연 두려움이었어요. 그렇게 착한 아저씨도 이런 저와 다르지 않았다면, 저 역시 그분처럼 구원을 받을 수 있지 않을까요?" 매튜도 거들었다.

그러자 옆에 있던 제임스도 말을 보탰다. "두려움이 없으면 은혜도 없죠. 지옥에 대한 두려움이 있는 곳에 늘 은혜가 따르는 건 아니겠지만, 하나님을 향한 두려움이 전혀 없다면 거기엔 은혜도 없다고 확신해요."

이들의 이야기를 다 듣고 있던 담대는 제임스를 바라보며 답했다. "참 좋은 지적이구나, 제임스. 핵심을 제대로 짚었어. 하나님을 두려워하는 게 지혜의 시작이니까 말이다. 그런데 아직 시작도 하지 못했다면, 당연히 중간도 끝도 없게 마련이지. 자, 불안 씨에 대한 이야기는 이쯤에서 마무리 짓기로 하자꾸나. 작별인사는 이렇게 전하면 어떨까?"

그래요, 불안 님, 그대는 두려워했어요.

그대의 하나님을. 그리고 혹시라도 당신이 무심결에
무슨 짓을 저지르진 않을까 무서워했죠.
여기 사는 동안 그분을 저버리게 만들 일을.
깊은 수렁과 웅덩이를 두려워했던가요?
이를 두려워하지 않을 이가 어디 있으랴!
당신의 지혜를 갖지 못한 연유로
스스로를 망치고 있을 뿐!

꿈에서 보니, 순례자 일행은 끊임없이 이야기를 주고받으며 길
을 걷고 있었다. 담대가 불안 씨의 내력을 다 들려주고 나서 이
번에는 정직이 다른 이의 사연을 풀어내기 시작했다. 주인공의
이름은 '아집Self-will'이었다. 노인은 단언했다. "스스로 순례자인
척 하지만, 그 친구는 절대로 이 길 들머리에 있는 문을 지나지
않았을 걸세."

담대 "그이와 그런 얘길 나눠보셨어요?"
정직 "그럼, 한두 번 물어본 게 아니야! 하지만 이름 그대로, 완고
하기 짝이 없었다네. 인간이니, 논리니, 본보기니 하는 것 따
위에는 아예 신경도 쓰지 않았지. 제 마음에 내키는 일이면
무엇이든 가리지 않고 행동으로 옮겼네. 무엇으로도 그 고집
을 꺾을 수 없었어."

담대 "저런, 그 양반은 어떤 원칙에 따라 살고 있는 걸까요? 어르신은 알고 계시죠?"

정직 "순례자들처럼 덕을 좇을 뿐만 아니라, 동시에 악도 추구해야 한다는 믿음을 지녔다오. 둘 다 행하면 어김없이 구원을 받는다고 말합디다."

담대 "정말이요? 더없이 훌륭한 이들조차 순례자의 선행만이 아니라 악한 무리의 악행에도 발을 담글 수 있다는 뜻이라면 딱히 꾸짖을 얘기도 아니잖습니까? 어떤 악도 철저하게 피할 수 있다고 누가 장담하겠어요. 매사에 조심하고 노력해야 할 뿐이죠. 하지만 이번에는 그런 의미가 아닌 것 같은 느낌이 드는군요. 제 판단이 맞다면, 어르신의 말씀인즉슨 그이는 악행도 별 문제가 없다는 입장을 보인다는 거죠?"

정직 "그렇지, 바로 그런 뜻일세. 그자는 그렇게 믿었고 또 그렇게 행동했다네."

담대 "아니, 도대체 무슨 근거로 그런 터무니없는 소릴 한답니까?"

정직 "성경말씀이 제 주장을 확실히 뒷받침하노라고 큰소리를 칩디다."

담대 "어르신, 조금 더 자세히 말씀해주시겠어요?"

정직 "그럽시다. 예를 들면 다윗은 남의 아내와 부정한 관계를 맺었는데도 하나님의 사랑을 받았으니 그런 짓을 해도 괜찮은 게 아니겠냐는 논리지. 솔로몬은 많은 여인들을 거느렸

으니 자기도 그럴 수 있는 게 아니냐고 하더군. 사라나 이집
트의 경건한 산파들도 거짓말을 했고 라합은 거짓말 덕에
목숨까지 건졌으니 헛말 좀 하기로서니 그게 무슨 큰일이
나 되겠느냐고도 하고. 제자들은 주님의 분부를 따라 주인
이 뻔히 있는 당나귀를 끌어왔으니 자기도 그럴 수 있다고
합디다. 야곱도 간교한 속임수와 위장으로 아버지의 유산을
물려받았으니 제가 그런 짓을 한들 문제될 게 뭐 있겠느냐
는 논리지."

담대 "정말 야비한 수작이군요. 그런 생각을 품고 사는 게 분명
한가요?"

정직 "성경까지 끌어다 대며 대답하는 소릴 내 두 귀로 똑똑히
들었소이다."

담대 "세상 어디서도 인정받지 못할 궤변입니다!"

정직 "내 말뜻을 정확하게 헤아릴 필요가 있네. 누구나 그럴 수 있
다는 게 아닐세. 만일 그런 일을 했던 성경 속 인물들만큼 덕을
쌓았다면 그이들과 똑같은 짓을 해도 괜찮다는 얘기였다오."

담대 "하지만 그보다 더 그릇된 결론이 어디 있겠습니까? 선한
이들이 과거에 연약하여 죄를 지은 적이 있으니 자기는 당당
하게 그와 똑같은 짓을 하겠다는 얘기 아닙니까? 돌풍에 밀
리거나 돌부리에 걸려 비틀대다 진창에 빠진 어린아이를 보
면서 자기도 거기 뛰어들어 돼지처럼 뒹굴어도 되겠다며 쾌

재를 부르는 꼴이고요. 정욕의 권세에 그렇게까지 눈이 먼 인간이 있으리라고 누가 생각이나 하겠어요? 그런 이들은 '부딪치는 돌과 걸려 넘어지게 하는 바위'이며 '그들이 말씀을 순종하지 아니하므로 넘어지나니 이는 그들을 이렇게 정하신 것'이라고 한 성경말씀이 참으로 옳습니다.[벤전 2:8] 스스로 악한 짓을 저지르는 이들도 경건한 이들의 덕성을 가질 수 있다는 생각 역시 다른 주장들만큼이나 허무맹랑한 착각입니다.

　하나님의 백성들이 저지르는 죄에 마치 개가 제 배설물을 핥아먹듯 몰두하는 게 그이들과 똑같은 덕성을 가졌다는 증표가 될 수는 없죠.[호 4:8] 또 이런 소릴 하고 다니는 자들이 하나님을 향한 믿음이나 사랑을 드러낼 수 있으리라고는 생각도 못 하겠어요. 어르신은 분명 이런 헛소리를 매섭게 반박하셨을 텐데, 그이는 뭐라고 하던가요?"

정직 "참 기가 막혀서, '말 따로 행동 따로'보다는 말하는 대로 행동하는 게 더 정직한 게 아니냐고 되묻습디다."

담대 "사악한 대꾸로군요. 정욕을 제어하는 굴레를 늦춰선 안 된다고 생각하면서도 힘에 부쳐 풀어주는 것도 나쁘지만, 거칠 것 없이 죄를 지어가면서 그것을 눈감아주십사 애원하는 건 훨씬 더 못된 짓이죠. 전자는 보는 이들을 의도치 않게 실족하게 만들지만, 후자는 의도적으로 함정에 끌어들이는 셈이니까요."

정직 "입 밖으로 내지 않을 뿐, 이런 생각을 품은 이들이 숱하게
많다네. 그러니 순례자의 길을 가는 게 그토록 존중을 받지
못하는 걸세."

담대 "정말 맞는 말씀입니다. 참으로 애석한 일이에요. 하지만 낙
원의 임금님을 두려워하는 이들이라면 모든 걸 뒤로 하고 길
을 떠나게 마련이죠."

크리스티아나 "세상에 별별 희한한 주장들이 다 있죠. 죽을 때 회개
하면 되니까 너무 서두를 필요 없다는 얘기도 들어봤어요."

담대 "어리석기 짝이 없는 소리죠. 일주일에 30킬로미터씩 평생
달려가야 하는 이가 마지막 날, 마지막 순간까지 출발을 미
루고 또 미루는 꼴입니다."

정직 "백번 맞는 말씀! 스스로 순례자라고 믿는 이들 가운데 대
다수가 그렇게 산다네. 보다시피 난 늙은일세. 오랜 세월 이
길을 걸으면서 별의별 일을 다 지켜봤다오. 온 세상을 눈앞
에서 쥐락펴락할 듯 설치다가 채 며칠을 넘기지 못하고 광야
에서 목숨을 잃어 끝내 약속의 땅을 보지 못하는 이들도 목
격했고, 처음에는 아무 보장도 없이 길을 떠나 단 하루도 살
수 없을 것 같던 이들이 나중에는 정말 훌륭한 순례자가
되는 경우도 보았소. 서둘러 가다가 부리나케 되돌아오는 이
들도 만났지.

처음에는 순례자의 삶을 침이 마르게 칭송하지만 얼마 후에는 헐뜯기에 혈안이 되는 이들도 있었다오. 처음에는 하늘나라가 분명히 존재한다고 적극적으로 이야기하면서 거길 바라보고 출발하지만 거지반 가다가 다시 돌아와서는 천국 따위는 없노라고 말을 바꾸는 이들이 있다는 소문도 들었소. 훼방꾼을 만나는 경우에는 이만저만 대처하겠노라고 허풍을 떨다가 누가 조금 을러대기라도 하면 믿음도, 순례길도 다 내팽개치고 달아나는 부류도 있답디다."

이런 이야기들을 나누며 걸어가고 있는데, 맞은편에서 웬 남자가 허겁지겁 달려오더니 다급하게 말했다. "신사 분들, 그리고 연약한 여성 여러분, 목숨을 부지하시려거든 어서들 돌아서시오! 저 앞에 강도떼가 기다리고 있소!"

담대가 나서서 당당하게 대꾸했다. "작은 믿음을 습격했던 세 불한당을 이르는 모양이구려. 맞설 준비가 돼 있으니 걱정 마시오."

일행은 계속 앞으로 나아갔다. 모퉁이를 돌 때마다 혹시 악당들이 나타날까 구석구석을 살폈다. 하지만 담대의 명성을 들었든지, 아니면 다른 사냥감을 찾았든지, 강도들은 순례자들 앞에 모습을 보이지 않았다.

크리스티아나는 몹시 지친 나머지 어서 여관을 찾아 아이들과 함께 한숨 돌리고 싶어 하는 눈치였다. 낌새를 알아챈 노인은 말했다.

"조금 더 가면 쉴만한 데가 있소이다. 주님의 훌륭한 제자, 가이오가 사는 집이죠."롬 16:23

그래서 모두들 그리 가기로 했다. 정직 노인이 그이를 입이 마르도록 칭찬했기 때문이었다. 집에 도착하자 기척도 내지 않고 안으로 불쑥 들어갔다. 여관에서는 문을 두드리지 않는 그 지역의 풍습이었다. 마당에서 기별하자 곧바로 주인이 달려 나왔다. 순례자들은 이곳에서 하룻밤 묵어가길 청했다.

가이오는 냉큼 대답했다.

"진실한 분들이라면, 당연히 그럴 수 있소이다. 내 집은 순례자들을 위한 쉼터라오"

여관 주인이 순례자들을 아끼는 인물이라는 말에 크리스티아나와 자비, 그리고 소년들은 뛸 듯이 기뻐했다. 방을 내어달라고 부탁하자, 주인은 아낙들과 소년들이 쓸 방과 담대와 정직 노인이 묵을 객실을 하나씩 보여주었다.

담대는 주인에게 물었다. "혹시 저녁식사도 할 수 있을까요? 여기 이 순례자들은 온 종일 걸어서 몹시 지쳐 있답니다."

가이오는 난처한 표정이었다. "시간이 너무 늦은 터라 밖에서 먹을거리를 구해오기는 어렵다오. 하지만 여러분만 괜찮다면, 집에 있는 재료들로 기꺼이 음식을 준비해보겠소이다."

담대는 반색을 했다. "괜찮고말고요. 댁에 있는 것들로 준비해 주셔도 아무 상관없습니다. 그동안 수차례 묵어봐서 이 댁에는 적당한 음식이 떨어지는 법이 없다는 걸 잘 압니다."

그러자 주인은 아래층으로 내려가 '진미Taste-that-which-is-good'라 는 요리사에게 여러 순례자들을 대접할 밥상을 차리라고 지시했 다. 저녁준비가 끝나자 다시 올라와 말했다.

"여러분들을 친구로 환영합니다. 우리 집에 모실 수 있게 되어 서 얼마나 기쁜지 모르겠소. 저녁밥을 짓는 동안 유익한 이야기 를 나누며 즐거운 시간을 보내볼까요?"

다들 한목소리로 그러자고 했다. 가이오가 먼저 입을 열었다. "여기 나이 지긋한 아주머니는 어느 댁의 안부인이신지? 이쪽 젊은 아가씨는 또 어느 집안의 따님이시고?"

담대가 나서서 일행을 소개했다. "이분은 옛 순례자 크리스천 님의 부인입니다. 이쪽은 자제들이고요. 여기 이 아가씨는 크리 스티아나 님과 알고 지내던 분인데 부인의 이야기를 듣고 함께 순례에 나서게 됐답니다. 어린 친구들은 아버지를 꼭 빼어 닮아 서 온 마음으로 그 뒤를 따르고 싶어 합니다. 길을 가다가 지난 날 순례자가 누웠던 자리나 발자국이라도 보게 되면 기쁨에 겨 워 거기 누워보거나 발을 디뎌보려 안달을 한답니다."

가이오는 말했다. "그러니까, 이분이 바로 크리스천의 아내 되 시는 분이고, 이 친구들이 그이의 아들들이라는 말씀이구려. 난

댁의 남편, 크리스천의 아버지는 물론이고 아버지의 아버지까지 다 알고 있다오. 그 문중에서 훌륭한 인물들이 많이 나왔지. 선대 어른들은 처음엔 안디옥에서 살았다오.행 11:26 바깥양반한테 들어 이미 잘 알겠지만, 그 댁 조상들은 참으로 훌륭한 분들이었소. 다른 건 다 제쳐두고라도 순례자들이 따르는 주님과 그분의 길, 그분을 사랑하는 이들을 향해 커다란 덕성과 용기를 보여주었소.

바깥양반의 친척들 가운데 여럿이 진리를 지키기 위해 온갖 시련을 겪었다는 얘길 들었소. 남편 분 가계의 첫 조상 가운데 한 분인 스데반은 돌에 맞아 돌아가셨다오.행 7:59-60 같은 대의 야고보란 분은 칼날에 목숨을 잃었지.행 12:2 굳이 바울이나 베드로까지 이야기하지 않아도, 사자 굴에 던져졌던 '이그나티우스Ignatius', 산채로 뼈에서 살을 도려내는 형벌을 받았던 '로마누스Romanus', 화형을 받아 순교했던 '폴리캅Polycarp' 같은 양반들이 다 그 가문의 옛 어른들이었소. 바구니에 갇힌 채 뜨거운 햇볕 아래 매달렸다가 말벌의 먹이가 된 이가 있는가 하면, 자루에 담겨 바다에 던져지는 바람에 목숨을 잃은 이도 있소.

이루 헤아릴 수 없이 많은 그 문중의 어른들이 순례자의 삶을 사랑해서 다치고 죽어갔소이다. 댁의 남편이 이렇게 착한 네 아들들을 남긴 걸 보니 더없이 기쁘구려. 부디 아버지의 명성을 지키고, 아버지의 발자취를 따라서, 아버지와 같은 결실을 맺기 바랄 따름이오."

담대 "정말로 믿음직스러운 친구들입니다, 어르신. 진심에서 우러나 아버지의 길을 택한 듯 보입니다."

가이오 "내 보기에도 그렇소. 이제 크리스천의 가문은 온 땅에 두루 퍼져서 온 세상에 헤아릴 수 없을 만큼 많아질 성 싶소. 아비의 명성과 조상들의 가문이 세상에서 잊히지 않도록, 크리스티아나 님이 나서서 아이들의 색싯감을 두루 물색해보는 게 좋겠소."

정직 "크리스천의 가문이 몰락하고 사라지는 건 진정 서글픈 노릇이지."

가이오 "몰락하는 일은 없겠지만, 사라질 순 있을 걸세. 부디 크리스티아나 님이 내 당부를 받아들이길 바라오. 그게 가문을 지키는 길이니까."

여관 주인은 크리스티아나를 돌아보며 말했다. "댁과 댁의 친구 자비 양을 이렇게 한자리에서 보게 되어 참 기쁘오. 멋진 동반자들이로구려. 감히 자비 양과 더 가까운 관계가 되라고 권하고 싶소이다. 아가씨가 마다하지 않는다면, 맏아들 매튜와 맺어주시오. 그게 대를 잇는 길이 될게요."

결국 이들은 짝이 지어지고 세월이 흘러 혼인까지 했지만 그 얘기는 나중에 자세히 하기로 하자.

가이오는 말을 이었다. "여인들을 둘러싸고 나무라는 소리가 많으니 그걸 거두는 얘기를 좀 하려 하오. 죽음과 저주가 여인으로 말미암아 세상에 들어왔다고들 하지만,장3장 생명과 건강도 바로 그 여인을 통해 오는 게 아니겠소?갈4:4 하나님은 아들을 세상에 보내시면서 여인에게서 나게 하셨소. 이브 이후로 세상에 태어났던 여인들이 얼마나 첫 어머니를 혐오스럽게 여겼는지 설명하기 위해, 구약성경에 등장하는 여성들은 혹시라도 이이가, 또는 저이가 복을 입어 세상을 구할 구세주의 어머니가 될까 하여 자식을 간절히 소망했다오. 다시 말하지만, 구세주가 오셨을 때는 여인들이 남자나 천사들보다 먼저 기뻐했지.눅1:42-46 성경을 다 살펴도 남자들이 그리스도께 동전 한 푼 바쳤단 구절을 본 적이 없소.

하지만 아낙들은 그분을 따르고, 가진 걸 아낌없이 드렸지.눅8:2-3 눈물로 주님의 발을 씻은 이도 여인이었고눅7:37-50 그분을 묻을 때 기름 부어 그 몸을 닦은 이도 여인이었소.요11:2; 12:3 십자가에 달릴 때 통곡했던 이도,눅23:27 십자가에서 무덤까지 쫓아간 이도,마27:55-56; 눅23:55 무덤에 모실 때 그 곁을 지킨 것도 죄다 여인들이었소.마27:61 부활하신 날 아침, 주님을 처음 본 이도,눅24:1 죽음을 이기고 살아나셨다는 소식을 제자들에게 처음 알린 이도 여인들이었지.눅24:22-23 그러므로 여인들은 엄청난 사랑을 입었고, 이런 일들을 통해 우리와 더불어 생명의 은혜를 함께 나누어 가졌다오."

그때, 요리사가 밥 준비가 거의 다 됐다고 알려왔다. 누군가 나와서 식탁보를 펴고 접시와 소금, 빵 따위를 가지런히 올려놓았다.

매튜는 반색을 하며 말했다. "식탁보가 깔리고 상이 차릴 준비가 된 걸 보니 그 어느 때보다 입맛이 도네요."

가이오가 말을 보탰다. "살면서 배우는 온갖 교리들이 위대한 임금님의 나라에서 그분의 식탁에 앉으리라는 더 큰 소망을 불러일으키게 하려무나. 주님의 집에 이르렀을 때 그분이 베풀어주실 잔칫상에 비하자면 세상의 모든 설교와 책, 예식들은 그저 밥상 위에 접시를 늘어놓고 소금을 올리는 데 지나지 않는단다."

드디어 음식이 나왔다. 우선 들어 올린 뒷다리 살과 흔든 가슴살이 나왔다. 하나님께 기도하고 찬양한 뒤에 식사를 시작하라는 뜻이었다. 다윗은 뒷다리 살을 들어 하나님께 제 마음을 드렸고, 하프를 연주할 때마다 악기를 기대곤 하는 제 가슴의 의미를 담아 가슴살을 흔들어 바쳤었다. 레 7:32-34; 10:14-15; 시 25:1; 히 13:15 두 요리 모두 신선하고 맛이 좋아서 다들 양껏 배불리 먹었다.

이어서 포도주 한 병이 나왔다. 피처럼 붉은 빛깔이었다. 신 32:14; 삿 9:13; 요 15:5

가이오는 말했다. "마음껏들 마시세요. 이건 포도에서 갓 짜낸 원액이어서 하나님과 인간의 마음을 기쁘게 해준다오." 다들 잔을 들었고 더없이 흥겨워했다.

다음은 잘게 부순 빵가루에 우유를 부은 음식이었다. 가이오가 아이들에게 권했다. "어서 먹어라. 쑥쑥 자라게 될 테니."벧전 2:1-2

곧이어 버터와 꿀이 담긴 접시가 올라왔다. 주인장의 설명이 이어졌다.

"넉넉히 잡수시게. 이건 판단과 이해를 맑고 깊게 해준다오. 주님이 어릴 적에 잡수시던 음식들이지. '그가 악을 버리며 선을 택할 줄 알 때가 되면 엉긴 젖과 꿀을 먹을 것이라'는 성경말씀 그대로라오."사 7:15

잇달아 사과 접시들이 들어왔다. 정말 달고 맛있는 사과였다. 매튜가 물었다. "이걸 먹어도 될까요? 뱀이 첫 어머니를 꾈 때 썼던 과일이잖아요."

가이오는 노래로 대답했다.

사과는 놈들이 인간을 꾈는 데 써먹었던 과일이나,
영혼을 더럽힌 건 사과가 아니라 죄로구나.
금지된 사과는 먹으면 피를 더럽힐지라도,
베푸신 사과를 먹으면 이롭기만 하다오.
포도주를 마시라, 그대 교회여, 그분의 비둘기여
또한 사과를 먹으라, 사랑에 주린 이들이여.

매튜는 말했다. "얼마 전에 과일을 먹고 아팠던 적이 있어서 꺼려집니다.”

가이오가 다독였다. “금지된 과일은 병을 일으키지. 하지만 주님이 베푸신 과일은 아무리 먹어도 탈이 없단다.”

이야기를 나누고 있는 사이에 다른 음식이 나왔다. 이번에는 호두였다.아 6:11 상에 앉았던 이들 가운데 누군가가 서로 속삭였다.

“호두는 무른 이빨을 상하게 하지 않나요? 특히 어린아이들의 치아를 망가뜨린다더군요.”

이를 들은 가이오는 다시 노래하듯 설명했다.

호두는 견고한 말씀들, 사기꾼이라 부르지 않으리.

아무나 먹지 못하게 알맹이를 지키는 껍질을 가졌으니.

껍질을 깨라, 속살을 먹을 수 있으리라.

여기 그대들을 위해 가져왔으니 깨트려 드시게나.

다들 즐거워하며 접시를 비웠다. 갖은 화제를 넘나들며 밥상머리 수다는 오래도록 이어졌다.

이번에는 정직 노인이 나섰다. “선한 주인양반, 우리가 호두를 깨는 사이에, 괜찮으시면 수수께끼 하나 풀어보시겠소? 이게 무슨 소린지 한번 맞춰보시구려. ‘정신 나갔다고 손가락질을 받을지라도, 더 버릴수록 더 얻는 이들이 있다.’”

가이오가 무어라 말할지 다들 귀를 쫑긋 세우고 기다렸다. 주인장은 잠시 가만히 앉아 생각하더니 선뜻 답을 내놓았다.

"가진 걸 가난한 이들에게 베푸는 이는, 도로 열 배는 더 받게 될 것이다."

조셉은 혀를 내둘렀다. "이런 말씀 어떨지 모르겠지만, 이렇게 뚝딱 풀어내실 줄 생각도 못했습니다."

가이오는 말했다. "아, 난 퍽 오랫동안 이런 식의 훈련을 받아왔거든. 경험만큼 좋은 선생은 없단다. 온유해지는 비결은 주님한테 배웠고 그러면 더 많이 얻게 된다는 사실은 경험으로 알았지. '흩어 구제하여도 더욱 부하게 되는 일이 있나니 과도히 아껴도 가난하게 될 뿐이고 스스로 부한 체하여도 아무것도 없는 자가 있고 스스로 가난한 체하여도 재물이 많은 자가 있다'고 하더구나." 잠 11:24; 13:7

이야기를 듣던 새뮤얼이 엄마 귀에 대고 속삭였다. "엄마, 여긴 참 훌륭한 분의 댁인 것 같아요. 여기서 푹 쉬다 가면 어떨까요? 그리고 떠나기 전에 형이 자비 누나랑 결혼했으면 좋겠어요."

얼결에 아이의 말을 주워들은 주인장 가이오가 말했다. "얘야, 거 정말 좋은 생각이구나!"

그렇게 일행은 한 달을 더 머물렀고 자비는 매튜의 아내가 되었다. 거기서 지내는 동안, 자비는 늘 하던 대로, 가난한 이들에게 나눠줄 외투와 옷가지를 지었다. 이런 일이 널리 알려지면서 순례자들 사이에 칭찬이 자자했다.

그건 그렇고, 다시 우리 얘기로 돌아가자면, 저녁식사가 끝나자 아이들은 어서 잠자리에 들고 싶어 했다. 긴 여행에 몹시 지쳤기 때문이다. 주인장은 일꾼을 불러 침실로 안내하게 했다. 하지만 자비가 나서 말했다. "제가 아이들 잠자리를 봐줄게요."

자비가 자리를 펴주자 아이들은 이내 곯아떨어졌다. 나머지 식구들은 그 자리에 앉아 밤을 지새웠다. 가이오와 너무도 죽이 잘 맞아서 아무도 헤어질 생각을 하지 못했던 것이다. 주님이 어떤 분이고, 자신은 누구며, 여정은 어땠는지 한참이나 이야기를 나누고 나서야, 아까 수수께끼를 냈던 정직 노인이 꾸벅거리며 졸기 시작했다. 담대는 말을 걸었다.

"이런, 어르신이 이제 나른해지시는 모양입니다. 자, 눈을 부비고 일어나세요. 수수께끼를 하나 내드릴 테니 풀어보시죠."

정직 노인은 대꾸했다. "어디 한번 들어나 봅시다."

그러자 담대는 문제를 꺼내들었다. "이게 무슨 뜻일까요? '죽이려는 이는 먼저 짓눌려야 하고, 나가서 살고자 하는 이는 우선 안에서 죽어야 한다.'"

정직 노인은 얼굴을 찌푸리며 말했다. "까다롭구려. 풀기가 어렵겠어. 그대로 살기는 더 어렵고. 하지만 주인양반, 괜찮으시면 숙제를 넘기고 싶구려. 풀어주시면 내 귀 기울여 듣겠소."

가이오는 손사래를 쳤다. "아니 될 일이오. 이건 그대에게 낸 문제니까. 그리고 선생이라면 답을 하고도 남을 텐데, 왜 이러시오."

그러자 정직 노인은 답을 내놓았다.

"죄를 누르고자 하는 이는 우선 은혜에 사로잡혀야 하고, 스스로 죽지 않고서는 살았음을 드러낼 도리가 없다."

가이오는 무릎을 쳤다. "옳거니! 훌륭한 교리와 경험이 이를 가르치지. 은혜가 나타나 그 영광으로 영혼을 압도하기 전까지는 죄에 맞설 마음이 생기지 않을 게요. 게다가 죄가 영혼을 옭아매는 사탄의 오랏줄이라면 그걸 늦추지 않고서야 어떻게 저항하겠소? 둘째로, 이성이나 은혜를 아는 이라면 아무도 제 부패에 종처럼 매인 이를 은총의 살아 있는 기념비로 여기지 않을 테지.

방금 떠오른 이야기가 있는데 들어보시겠소? 순례에 나선 두 사람이 있었소. 하나는 젊어서, 다른 이는 나이가 들어서 길을 나섰지. 젊은이는 심하게 타락한 자신과 치열한 씨름을 벌여야 했던 반면, 노인의 경우는 기력이 쇠퇴하면서 자연스럽게 싸움할 마음도 가라앉아 약해졌소. 하지만 젊은이는 노인만큼이나 가볍게 걸음을 내딛었고 시종일관 가볍게 걸었소. 자, 둘 다 비슷해 보이지만 그 가운데 누가 은혜를 더 빛나게 드러냈다고 생각하시오?"

정직이 답했다. "두말할 것도 없이 젊은이 아니겠소? 가장 큰 반발에 맞선다는 건 그만큼 강하다는 사실을 더없이 잘 보여주니 말이오. 더구나 그 절반에도 못 미치는 어려움과 싸우는 늙은이들과 보조를 맞추다니, 나이 든 세대는 절대로 그리 못할 게요.

가이오와 이야기를 나누는 담대와 정직

게다가 가만히 보면 노인네들이 그릇된 판단, 그러니까 생체적으로 노쇠한 결과를 타락을 우아하게 정복한 승리쯤으로 여기고 스스로 으쓱대며 자아도취에 빠지기 시작하는 경우가 왕왕 있습니다.

사실 젊은 친구들에게 조언해줄 수 있기로는 점잖은 노인들이 단연 으뜸이지. 사물의 공허함을 누구보다 잘 보았을 테니 말이오. 하지만 늙은이와 젊은이가 함께 길을 나선다면, 노인네의 부패한 정도가 제아무리 약할지라도 내면에서 일어나는 은혜의 역사를 잘 찾아내는 데는 어린 쪽이 훨씬 유리한 법이오."

그렇게 다들 한자리에 앉아 해가 뜰 때까지 이야기를 나누었다.

식구들이 다 일어나자, 크리스티아나는 아들 제임스를 시켜 성경을 한 장 읽게 했다. 아이는 이사야서 53장을 읽었다. 낭독이 끝나자, 정직 노인은 물었다.

"구세주를 일컬어 '마른 땅에서 나온 뿌리' 같고 그 안에 '보기에 흠모할 만한 아름다운 것이 없다'고 한 까닭은 무얼까?"

담대가 선뜻 답했다. "첫째 대목에 관해 답변을 드리자면, 그리스도가 신앙의 정수와 정신을 거의 다 잃어버린 유대교회에서 나온 까닭입니다. 둘째 대목에 관해 답하자면, 믿지 않는 이들 입에서 나온 말이기 때문입니다. 왕자님의 마음까지 들여다볼 눈이 없었기에 볼품없는 겉모습만 가지고 판단한 거죠. 진귀한 보석이 너저분한 껍데기에 싸여 있는 걸 몰라보는 이들이나 매한

가지에요. 캐낸 물건의 정체를 꿰뚫어보지 못하고 여느 돌덩이처럼 휙 내던져버리고 맙니다."

가이오가 나서서 이야기를 마무리 지었다. "담대 님께서 무기를 잘 쓴다던데, 기왕 여기까지 왔으니, 특별히 불편하지 않으면 기운을 좀 차리고 나서 다 같이 들판으로 나가보면 어떻겠소? 함께 해낼 선한 일이 없는지 살펴볼까 하오만. 1.5킬로미터쯤 떨어진 곳에 '살선괴殺善怪, Slay-good'이라는 거인이 사는데, 이 부근을 지나는 왕의 대로에 출몰해서 이만저만 행패를 부리는 게 아니라고 합디다. 놈이 어디 사는지는 얼추 짚이는 데가 있소. 그자는 도적 중의 도적으로 그들의 우두머리이라오. 이번 기회에 이 동네에서 놈들을 완전히 쓸어버리면 좋겠소."

다들 흔쾌히 나섰다. 담대는 칼과 투구, 방패를 챙겼고 다른 이들은 창과 몽둥이를 들었다. 적이 나타난다는 곳에 이르렀을 때, 놈은 마침 '심약Master Feeble-mind'의 멱살을 쥐고 흔들던 참이었다. 졸개들이 길을 가던 그이를 붙잡아 거인에게 데려왔던 것이다. 타고난 식인종인 살선괴는 뼈를 추려낼 심산으로 그에 앞서 나그네의 몸을 샅샅이 뒤지고 있었다.

그러다 담대와 동료들이 저마다 무기를 들고 동굴 앞에 버티고 선 걸 발견하고는 이들을 향해 원하는 게 무어냐고 소리를 질렀다.

담대가 앞으로 나섰다. "목을 내놓아라. 네놈이 왕의 대로에서 잡아다가 죽인 숱한 순례자들의 빚을 갚으러 왔다. 당장 굴 밖으로 나오지 못할까!"

거인은 주섬주섬 무기를 챙기더니 밖으로 나왔다. 곧바로 전투가 벌어졌다. 한 시간 넘게 맞붙어 싸우던 두 맞수는 잠시 물러나 숨을 골랐다.

"뭘 어쩌자고 감히 내 땅에 들어온 게냐?" 살선괴가 다그쳤다.

담대는 지지 않고 응수했다. "순례자들의 피 값을 받으러 왔다 하지 않았느냐!"

그걸 신호로 둘은 다시 맞붙었다. 거인의 공격에 담대가 뒤로 물러섰다. 하지만 곧바로 반격했다. 마음을 단단히 다잡고는 엄청난 힘으로 놈의 머리와 옆구리를 강타했다. 살선괴는 무기를 놓치고 비틀거렸다. 담대는 기회를 놓치지 않고 놈을 후려쳐 단숨에 숨통을 끊어버렸다. 일행은 원수의 목을 잘라들고 여관으로 돌아왔다. 뿐만 아니라 순례자 심약을 데려와 묵게 했다. 용사들은 숙소로 향하는 길에 살선괴의 머리를 조리돌린 후에 다른 원수들을 해치웠을 때와 마찬가지로 높이 매달아서 이후로 같은 짓을 하려드는 자들에게 본보기로 삼았다.

일행은 심약에게 어쩌다 놈의 수중에 넘어가게 된 건지 물었다.

가엾은 사내는 대답했다. "보다시피, 제가 많이 아픕니다. 날이면 날마다 죽음이 문을 두드리는 형편이라 그냥 집에 있다가는 이대로 죽겠다는 생각이 들더군요. 그래서 순례자의 길에 들어섰습니다. 그래서 아버지와 제가 태어난 '불확실Uncertain'이란 마을을 떠나 여기까지 오게 됐죠. 전 온몸에 힘이라곤 한 터럭도 남지 않은 사람이올시다. 정신도 마찬가지고요. 하지만 그럴 수만 있다면, 기어서라도 평생 순례자의 길을 가고 싶습니다. 이 길 들머리에 있는 문에 이르렀을 때, 거기 계시던 주님은 아무 조건 없이 저를 받아주셨어요. 비실거리는 제 꼴을 들어 앞을 막지도 않으셨고, 허약한 정신 상태를 탓하지도 않으셨죠. 그저 여행에 필요한 걸 다 챙겨주시며 끝까지 소망을 가지길 주문하셨을 따름예요.

해석자 님 댁에 가서도 넘치도록 후한 대접을 받았습니다. 곤고재를 넘기엔 제가 힘에 부치리라 보시고는 그 댁 일꾼 등에 업혀 넘게 하셨어요. 사실 다른 순례자들로부터도 많은 위로를 받았습니다. 물론 기꺼이 저와 같이 가고 싶어 하는 이는 아무도 없었어요. 그러자면 어쩔 수 없이 가는 길 내내 저처럼 가만가만, 천천히 걸어야 했거든요. 그래도 다들 제게 다가와서 기운을 북돋아 주었어요. 마음이 약한 사람을 격려하는 게 주님의 뜻이라고 살전 5:14 일러주고 부지런히 앞질러 가곤 했죠.

그런데 '습격로Assault-lane'라는 곳에 들어섰다가 이 거인과 딱 마주친 거죠. 다짜고짜 한판 붙게 채비를 하라더군요. 맙소사! 저 같은 약골이 무슨 준비를 하겠어요. 당장 강심제 한 알이 더 간절한 판인데요. 놈이 다가오더니 제 멱살을 잡더이다. 그래도 날

죽일 순 없을 거라 자신했어요. 거인이 절 제 소굴로 끌고 갔을 때만 해도 그랬죠. 제가 원해서 간 게 아니니 반드시 다시 살아 나오리라고 믿었습니다.

순례길에 억지로 붙들려간다 하더라도 주님을 향한 마음을 온전히 간직하는 한, 그분의 섭리에 따라 온갖 고난에도 결코 원수의 손에 목숨을 잃지 않는 법이란 소릴 들은 적이 있거든요. 다털릴 것처럼 보였고 실제로 다 털리기도 했지만, 보다시피 이렇게 살아남았습니다. 이렇게 인도하신 내 임금님과 그 도구가 되어주신 여러분께 참 고맙다는 말씀을 드립니다.

습격이 이번으로 끝나진 않을 겁니다. 하지만 제 결심은 굳건합니다. 한 마디로 뛸 수 있으면 뛰고, 그러지 못하면 걷고, 걷지 못하면 기기라도 하자는 거죠. 무엇보다 날 사랑해주신 분께 감사합니다. 마음은 이미 정했고 이제 갈 길만이 남았습니다. 이렇게 허약하기 짝이 없을 지라도, 제 정신은 다리 없는 강 건너편에 이미 가있답니다."

정직 노인이 캐물었다. "혹시 오래 전에 불안이란 순례자와 알고 지내지 않았소?"

심약 "그럼요, 알고말고요. 멸망시에서 북쪽으로 얼마 떨어지지 않은 미련동 출신이죠. 제가 나고 자란 데서는 꽤 멀지만 그래도 서로 잘 아는 사이입니다. 실은 아버지의 형제, 다시 말해 제 삼촌이에요. 저와는 기질이 참 비슷해요. 키만 조금 작을 뿐, 생김새까지 무척 흡사하죠."

정직 "그이를 알고 있으리라 짐작했소. 둘 다 낯빛이 하얗고, 눈매도 서로 닮았고, 말투도 몹시 비슷해서 두 분이 친척임은 금방 알아볼 수 있었소."

심약 "저희를 아는 이들은 대부분 그리 말합니다. 어디 그뿐이겠습니까? 그분 내면에서 느껴지는 성품들은 대부분 제 속에서도 찾을 수 있습니다."

가이오가 곁에서 거들었다. "자, 기운을 내시게. 우리 집에, 그리고 내게 참 잘 오셨네. 무엇이든 내키는 대로 편안히 청하시게. 집안일을 돕는 이들에게 무얼 시키든 흔쾌히 돌봐줄 걸세."

그러자 심약이 대답했다. "제가 이렇게 생각지도 못했던 호의를 입습니다. 짙은 먹구름을 헤치고 햇볕이 내리쬐는 듯하네요. 거인 살선괴가 절 붙들고 한 걸음도 더 못 가게 막았던 게 이런 사랑을 입게 해주려는 것이었을까요? 주머니를 다 털어간 뒤에 가이오 님께 의지하게 하려는 뜻은 아니었을까요? 그래요, 아무래도 그런 듯합니다."

심약과 가이오가 이야기를 나누던 참에 누군가 달려와서 문을 두드리며 2.5킬로미터쯤 떨어진 데서 '부정Not-right'이라는 순례자가 길을 가다 벼락을 맞아 다 죽게 되었다고 알려주었다.

심약은 기함을 하며 다급히 말했다. "어이쿠! 그분이 돌아가셨나요? 여기에 이르기 며칠 전에 저를 따라잡아서 죽 함께 왔던 양반입니다. 거인 살선괴가 절 붙들었을 때도 함께 있었는데 그분은 걸음아 나 살려라 도망쳤죠. 그런데 그이는 달아났지만 결국 죽었고, 전 붙들렸지만 끝내 산 셈이 됐습니다."

그러곤 노래하듯 덧붙였다.

당장 죽을 수밖에 없겠구나 싶던 이가
번번이 그 곤경에서 구원을 받는구나.
죽음의 낯을 한 거룩한 섭리가
더러 비루한 이에게 생명을 선사한다.
나는 잡혔고 그는 도망쳐 달아났으되
패가 갈려 그에겐 죽음이, 내게는 생명이 돌아갔으니.

매튜가 자비와 결혼했을 즈음 가이오도 딸 '뵈뵈Phebe'를 매튜의 동생, 제임스와 맺어주었다. 일행은 그 뒤로 열흘 정도 그 집에 더 머물렀다. 여느 순례자들과 다름없는 일을 하면서 평온한 한때를 보냈다.

마침내 헤어질 때가 되자 가이오는 잔치를 베풀었고, 다들 마음껏 먹고 마시며 즐거워했다. 이제 정말 떠나야 할 시간이 됐으므로, 담대는 숙박비를 치르겠다고 했다. 하지만 주인장은 그 집에서는 대접 받은 비용을 순례자가 직접 치르지 않는 게 관례라며 사양했다. 선한 사마리아인이 순례자들에게 들어간 돈이 얼마가 되든지 돌아오는 대로 반드시 치르겠다고 가이오에게 단단히 약속했으므로 한 해 동안 달아두었다가 그에게서 한 번에 받는다는 것이다.눅 10:34-35

그 얘기를 듣고 담대는 말했다. "사랑이 넘치는 주인장께서는 형제들에게, 그리고 나그네들에게 참으로 신실하게 대해주셨습니다. 그이들은 교회 앞에서 어른의 자비로운 행동을 증언할 것입니다. 거룩한 방식을 좇아 여비까지 훗날로 미루시니 모든 일이 잘 풀리리라 믿습니다."요삼 1:5-6

가이오는 어른, 아이 가리지 않고 모두와 작별인사를 나누었다. 특히 심약에게 간곡한 당부의 말을 전하고 길을 가다 마실 음료도 챙겨주었다.

그런데 막상 문을 나서려 하자, 심약은 망설이는 기색을 내비쳤다. 이를 눈치 챈 담대가 다독이며 분위기를 다잡았다. "자, 심약 님, 함께 갑시다. 내가 안내자가 되어드리리다. 다른 이들처럼 심약 님을 편안히 모시겠습니다."

하지만 심약은 여전히 머뭇거렸다. "아, 실은 저와 어울리는 동행을 구합니다. 댁들은 다들 활기가 넘치고 강건하지만, 보다시피 전 연약합니다. 그러니 뒤에 처져 천천히 가는 쪽을 택하렵니다. 그러지 않으면 갖가지 건강 문제로 스스로와 여러분들께 모두 짐이 되고 말 겁니다. 이미 말씀드렸지만 전 약골에다 정신도 허약합니다. 남들은 끄떡없는 일에도 마음을 다치고 심지가 약해질 게 분명합니다. 남들처럼 웃음 짓지도 못할 테고요, 화려한 차림새를 하지도 못할 테고요, 쓸데없는 질문을 받는 걸 즐기지도 못할 겁니다.

그래요, 얼마나 허약한지 남들은 거리낌 없이 하는 행동들에도 상처를 받겠죠. 아직 진리를 다 알지도 못합니다. 무식하기 이를 데 없는 그리스도인이에요. 가끔씩 누군가 주님 안에서 기뻐한다는 얘길 들으면, 저는 그럴 수 없다는 사실 때문에 괴로워요. 강한 이들 틈에 사는 약한 인간, 또는 건강한 이들 사이에 낀 병든 인간, 멸시받는 등불 같아서 어찌할 바를 모르는 인간이 있다면, 그게 바로 저일 거예요. '고통을 당해 보지 않은 너희가 불행한 내 처지를 비웃고 있다. 너희는 넘어지려는 사람을 떠민다.'"욥 12:5

담대는 심약을 달랬다. "하지만 형제님, 난 마음이 무른 이들을 위로하고 허약한 이들을 뒷받침하라는 명령을 받은 몸입니다. 심약 님은 반드시 우리와 동행해야 합니다. 오래 기다리며 돕겠습니다. 말이든 행동이든, 그대를 위해서라면 우리 자신을 내세우지 않겠습니다. 형제님을 앞에 두고 회의적인 논쟁을 벌이지도 않겠습니다. 무슨 수를 써서라도 함께 가렵니다."살전 5:14; 롬 14; 고전8:9-13; 9:22

이렇게 내내 가이오의 집 문간에 둘러서서 한창 입씨름을 벌이고 있는 터에, '주저Master Ready-to-halt'라는 이가 목발을 짚고 다가왔다. 그이도 순례여행을 하는 중이었다.

심약이 말을 걸었다. "이보시오, 어떻게 여기까지 오셨습니까? 그렇지 않아도 제게 어울리는 길벗이 없다고 아쉬워하던 참인데, 당신은 제 마음에 쏙 드는군요. 주저 님 어서 오세요, 정말 반갑습니다. 주저 님과 제가 서로 도우면 어떨까 싶습니다만."

주저는 반색을 하며 말했다. "기쁜 마음으로 동행이 되겠습니다. 다행히 여기서 이렇게 만났으니 따로 걷는 것보다 한결 낫겠지요. 제가 목발 하나를 빌려드리죠."

심약은 손사래를 쳤다. "아닙니다, 마음은 감사하지만 절뚝이기 전까지는 목발에 의지하지 않겠습니다. 혹시 개를 쫓아내거나 할 일이 생기면 도움이 될 것 같기는 하군요."

그러자 주저가 말했다. "저나 목발이 필요하면 말씀만 하세요. 우리 둘 다 심약 님이 시키는 대로 따를 테니까요."

그렇게 해서 다시 순례가 시작됐다. 담대와 정직 노인이 앞서고, 크리스티아나와 아이들이 뒤따랐다. 심약은 뒤처졌고 주저가 목발을 짚고 그 옆에서 나란히 걸었다. 얼마쯤 가다 정직 노인이 입을 열었다. "자, 이제 순례길에 들어섰으니 먼저 순례여행을 했던 이들에 얽힌 유익한 이야기나 좀 들려주시구려."

담대 "기꺼이 말씀드리지요. 예전에 크리스천이 겸손의 골짜기에서 아볼루온을 만나 어떻게 싸웠으며 죽음의 그늘 골짜기를 지나기 위해 얼마나 생고생을 했는지는 다 들으셨겠죠? 신실 님이 방탕 마담과 '첫 사람 아담Adam the First', '불만Discontent', '수치심Shame'을 만났던 얘기도 분명히 아실 테고요. 이 넷은 길을 가노라면 얼마든지 만날 수 있는 거짓말쟁이 악당들이죠."

정직 "그래, 그 얘기는 다 들었소. 착한 신실 씨에게 더없이 큰 어려움을 안긴 자는 바로 수치심이었지. 도무지 지칠 줄 모르는 놈이라니까."

담대 "옳습니다. 신실 님 말마따나 세상 사람들 가운데 그만큼 부적절한 이름을 가진 자도 없을 겁니다."

정직 "그런데, 크리스천과 신실이 '허풍선Talkative'을 만난 데가 어디였더라? 그자도 주의 깊게 살펴야 할 자였는데…."

담대 "자신감만 넘치는 멍청이인데도 많은 이들이 여전히 그 뒤를 따르는군요."

정직 "그자가 신실을 속여 넘기려 들었던가?"

담대 "예, 그랬었죠. 하지만 크리스천이 곧바로 놈의 본색을 알아채게 해주었어요."

그렇게 걷고 또 걸어 '전도자Evangelist'가 크리스천과 신실을 만나 장차 허망시장에서 어떤 일을 겪게 될지 알려주었던 곳에 이르렀다. 일행의 안내자가 설명했다. "크리스천과 신실은 여기서 전도자를 만났는데, 그이가 앞으로 허망시장에 들어가게 되면 상당한 곤욕을 치르게 되리라고 알려주었답니다."

정직 "그랬구려! 그때 전도자가 읽어준 말씀은 무척 어려운 구절이었어."

담대 "정말 어려웠지요. 하지만 그 말씀들로 두 순례자의 기운을 북돋아주었어요. 하지만 그이들을 두고 뭐라 이야기해야 좋을지 모르겠네요. 마치 한 쌍의 사자 같았어요. 부싯돌처럼 단단하고 단호한 얼굴로 나섰지요. 법정에 섰을 때 두 순례자가 얼마나 의연했는지 생각나지 않으세요?"

정직 "기억하고말고! 신실은 용감하게 고난을 감내했지."

담대 "그렇습니다. 그만큼 멋진 용사는 다시 볼 수 없을 겁니다. 항간에 떠도는 이야기로는, '소망Hopeful'을 비롯해 숱한 이들이 신실의 죽음을 보고 회심했다더군요."

정직 "옳은 말씀이오. 어서 계속해보시오. 댁은 그런 일들을 잘 아시는구려."

담대 "일단, 크리스천이 허영시장을 지난 뒤에 만난 '두마음By-ends'은 참으로 교활한 인간이었습니다."

정직 "두마음이라고? 도대체 어떤 자였기에 그리 말씀하시는 게요?"

담대 "더없이 간사한 친구였어요. 위선자도 그런 위선자가 없을 겁니다. 세상이 흘러가는 대로 사는 걸 신앙이라고 여겼죠. 얼마나 약삭빠르던지 신앙 때문에 손해를 본다거나 고난을 당하는 일은 생각조차 할 수 없는 위인이었어요. 상황이 달라질 때마다 신앙의 유형도 바뀌곤 했죠. 그자의 마누라도 남편 못지않았어요. 두마음은 입장 뒤집기를 밥 먹듯 하고 그런 짓을 합리화하기도 했습니다. 듣기로는 그렇게 두 마음을 품은 그자의 끝이 과히 좋지 못했다더군요. 그이의 자식들이 진심으로 하나님을 두려워하더라고 칭찬하는 소리도 생전 들어본 적이 없고요."

어느새 허망시장이 열리는 허망읍이 멀리 보이는 곳에 다다랐다. 읍내가 점점 가까워지자 일행은 어떻게 그 동네를 지나야할지 서로 생각을 주고받았다. 이래야 한다느니, 저래야 한다느니 의견이 분분했다. 결국 보다 못해 담대가 나섰다.

"여러분도 알다시피, 저는 자주 순례자들을 이끌고 이 마을을 지나다녔습니다. 제가 '나손Mnason'이란 분을 알고 있는데 아마, 그 댁에서 묵을 수 있을 겁니다.행 21:16 주인장은 사이프러스 출신으로 주님의 오랜 제자입니다. 다른 뜻이 없으면 그리로 가십시다."

정직 노인이 반가이 대답했다. "좋습니다."

크리스티아나도 맞장구를 쳤다. "네, 좋아요."

"좋지요." 심약도 거들었다.

그렇게 다들 의견이 모아졌다. 독자들도 짐작하겠지만, 일행이 동구 밖에 도착했을 때는 이미 어둠이 깔린 시간이었다. 하지만 담대는 나손 어른의 집으로 가는 길을 훤히 알고 있어서 일행은 곧 그 댁 대문 앞에 이르렀다. 담대가 주인을 불렀다. 주인장은 담대의 말투를 잘 아는 터라, 목소리를 듣자마자 문을 활짝 열고 길손들을 맞아들였다. 나손은 물었다. "다들 오늘 얼마나 먼 길을 걸으신 게요?"

너나없이 입을 모아 대답했다. "친구 가이오 님 댁에서 오는 길입니다."

나손은 말했다. "상당히 먼 길을 오셨구려. 얼마나들 피곤하시오, 그래. 어서 앉아 쉬시오."

다들 자리를 잡고 앉자, 안내자는 인사했다. "그간 평안하셨습니까, 어르신? 제 친구들도 어른을 만나 무척 기뻐하고 있습니다."

나손도 얼른 화답했다. "이 늙은이도 여러분을 환영하오. 뭐든 필요한 게 있으면 그저 말씀만 하시오. 우리가 힘닿는 데까지 챙겨드리리다."

정직은 말했다. "한동안 깃들 곳과 좋은 벗이 꼭 필요했는데, 이제 둘 다 얻은 듯합니다."

"머물 데라면 보시다시피 이렇게 준비되어 있습니다. 하지만 멋진 친구는 좀 겪어봐야 분명해질 성 싶군요." 나손이 웃으며 대꾸했다.

정직 노인은 고개를 끄덕이며 부탁했다. "그렇겠네요. 그럼 순례자들이 묵을 곳으로 안내해주시겠어요?"

"그러시죠." 나손은 망설임 없이 대답했다.

순례자들을 하나하나 방으로 데려다주고 나서, 다 같이 저녁을 먹고 잠자리에 들기 전까지 함께 쉴 근사한 식당으로 안내했다. 다들 한자리씩 차지하고 앉았다. 고단한 여정의 피로가 조금 풀리자 이들의 얼굴에 생기가 돌았다. 정직 노인은 주인장에게 마을에 선량한 이들이 얼마나 있는지 물었다.

나손 "있지요. 있기는 있는데, 불량한 무리에 비하면 소수에 지나지 않습니다."

정직 "몇 분 만나볼 수 있을까요? 순례중인 이들에게는 선량한 분들을 만나 뵙는 게 마치 망망대해를 항해하다 달과 별을 만나는 듯 반가운 일이니까요."

그러자 나손은 발을 쿵쿵 굴렀다. 그 소리를 듣고 나손의 딸 '그레이스Grace'가 들어오자 주인장은 심부름을 시켰다.

"얘야, 어서 '통회Contrite'님이랑 '성인Holy-man'님, '성도사랑Love-saints'님, '참말만Dare-not-lie'님, '회개Penitent'님께 가서 우리

집에 손님 몇 분이 오셨는데 오늘 저녁에 여러분들을 꼭 만나보고 싶어 하신다고 전하거라."

그레이스가 전갈을 가지고 나간 지 얼마 지나지 않아, 초대받은 이들이 하나둘 찾아왔다. 서로 인사를 나누고 모두 식탁에 둘러앉자, 나손이 일어나 말했다. "이웃 여러분, 보시다시피 여러 손님들이 제 집에 오셨습니다. 모두 순례자들이죠. 아주 먼 데서부터 여기에 이르렀는데 지금 시온산으로 가시는 길이랍니다."

그러곤 크리스티아나를 가리켜 보이며 물었다. "그런데 이 분이 누군지 아십니까? 크리스티아나, 그 유명한 순례자 크리스천의 부인입니다. 형제 신실 님과 함께 우리 마을에 왔다가 혹독한 어려움을 겪었던 그분 말입니다."

다들 깜짝 놀라 자리에서 벌떡 일어나며 말했다.

"그레이스가 부르러 왔을 때만 해도 크리스티아나 님을 보게 될 줄은 정말 몰랐습니다. 매우 놀랐습니다만, 정말이지 반갑고 한편으로는 마음이 아주 편해지는군요."

손님들은 앞다투어 이들의 안부를 물었고, 마주 앉은 젊은이들이 크리스천의 아들들인지 궁금해했다. 크리스티아나가 그렇다고 하자 한목소리로 그들을 축복했다. "그대들이 사랑하고 섬기는 임금님이 너희를 아버지처럼 만들어주시고 그이가 편안히 살고 있는 곳으로 데려가실 게다."

모두 다시 자리를 잡고 앉자, 이번에는 정직 노인이 통회를 비롯한 그곳 식구들에게 요즘 마을의 형편이 어떠한지 물었다.

통회 "짐작하시겠지만, 장이 설 때면 몹시 바쁘죠. 정신이 없는 상황에서는 마음과 생각을 지키기가 너무 힘들답니다. 이런데 살면서 우리 같은 일을 하는 이라면 누구에게나 날마다, 아니 매순간 정신을 집중하도록 주의를 주는 물건이 하나씩 필요하답니다."

정직 "이웃들이 요즘은 좀 잠잠합니까?"

통회 "예전보다는 많이 부드러워졌지요. 크리스천과 신실이 우리 동네에서 어떤 대접을 받았는지 아시지요? 제 말씀은, 많이 늦기는 했지만 그때보다는 훨씬 온화해졌다는 뜻입니다. 신실 님의 피가 지금까지도 주민들에게 큰 부담이 되어서 그런 게 아닌가 싶습니다. 신실 님을 화형에 처한 뒤로는 더 이상 아무에게도 불에 태워 죽이는 형벌을 내리지 않았으니까요. 그때만 하더라도 겁이 나서 감히 뭇사람들 앞에 나서지 못했지만 지금은 자유롭게 나다닙니다. '신앙을 고백하는 이'라는 말이 이전에는 혐오스러운 딱지처럼 여겨졌는데, 읍내 일부에서이기는 하지만(여긴 무척 큰 마을이거든요) 이제는 신앙을 존중해야 할 가치로 여기기도 합니다."

이번에는 통회가 순례자들에게 물었다. "그런데 순례길에는 별고 없었습니까? 그 나라가 여러분께는 어떤 영향을 주었나요?"

정직 "길을 가는 이에게 일어남직한 일들이 우리에게도 있었다오. 때로는 말끔한 길이었지만 더러는 악취가 진동하는 길이었소. 오르막이 있는가 하면 내리막도 있었고. 아무튼 확신을 가질 만한 건 거의 없었소. 항상 순풍이 부는 것도 아니고 길에서 만나는 이들이 모두 친구는 아니었지. 이미 여러 차례 큰 어려움을 겪었지만 앞날이 어찌 될지는 전혀 모르오. 그렇지만 동시에 '선한 이들은 고난을 당하게 마련'이란 옛말이 대부분 사실이라는 걸 깨달았다오."

통회 "어려운 일을 겪었다고 하셨는데, 구체적으로 어떤 곤경을 만나셨어요?"

정직 "아, 그거라면 안내자인 담대 님께 물어보시구려. 누구보다 잘 설명해줄 테니."

담대 "이미 서너 차례 혹독하게 시달렸습니다. 우선, 크리스티아나와 아이들이 악당 둘에게 곤욕을 치렀어요. 목숨을 앗아갈 것처럼 겁박했거든요. 피칠갑, 쇠망치, 살선괴 같은 거인들에게도 어려움을 당했어요. 마지막 놈에게는 해를 입었다기보다 해를 입힌 격이지만요.

조금 더 자세히 설명드리자면, 순례자와 온 교회를 보살피는 가이오 님 댁에 한동안 머물렀을 즈음, 제각기 무기를 챙겨 들고 순례자들을 괴롭히는 원수들을 찾아보기로 했습니다. 소문난 악당이 가까이에 있다는 얘길 들었기 때문이었죠. 가이오 님은 놈이 출몰하는 곳을 저보다 훨씬 잘 알고 계셨어요. 그분 댁이 놈의 소굴에서 멀지 않았으니까요. 여기저기 뒤진 끝에 마침내 거인이 사는 동굴 입구를 찾아냈어요. 얼마나 기쁘던지! 우린 용기를 내서 놈의 소굴로 다가갔죠.

가까이 가보니, 맙소사, 여기 있는 이 가엾은 심약 님을 가볍게 한 손으로 틀어쥐고는 제 본거지로 질질 끌어가고 있지 뭡니까! 막 숨을 끊어놓으려던 참이더라고요. 하지만 우릴 보더니 새로운 먹잇감이 생겼다 싶었는지 저 양반을 굴에 던져놓고는 밖으로 뛰쳐나오더군요. 저희는 망설일 틈 없이 맹렬하게 달려들었어요. 놈도 격렬하게 맞섰고요. 하지만 결국 살선괴는 땅에 고꾸라지고 말았죠. 우린 그자의 머리를 잘라서 길가에 높이 달아놓았답니다. 그놈처럼 사악한 짓을 하려는 자들에게 두고두고 본보기가 되라고요. 여태 드린 말씀이 다 사실이라는 걸 사자의 입에서 구원받은 어린양 같은 이분이 확인해주실 겁니다."

그러자 심약이 말을 보탰다. "제가 받은 고통도, 위로도 다 사실입니다. 살선괴가 뼈를 발라내겠다며 으르렁거리는 순간마다 얼마나 괴로웠는지 모릅니다. 그러다 여기 계신 담대 님과 친구분들이 무기를 들고 저를 구하러 오는 걸 보고는 정말 큰 위로를 받았습니다."

이번엔 성자가 말했다. "순례를 이어가는 이들이 반드시 지녀야 할 두 가지가 있습니다. 용기와 흠 없는 삶이죠. 용기가 없으면 꿋꿋이 바른 길을 갈 수 없습니다. 그리고 삶이 느슨하게 풀어지면 순례자란 이름에 먹칠을 하게 되고요."

성도사랑은 말했다. "여러분들께는 쓸데없는 소리겠지만, 사실 이 길을 가는 이들 가운데는 순례여행과 순례자에 대해 이방인보다 더 아는 게 없음을 스스로 드러내는 이들도 적지 않습니다."

참말만도 거들었다. "참말입니다. 순례자에 걸맞은 입성도, 순례자다운 용기도 없는 자들입니다. 똑바로 가지도 않고 이리저리 비척거립니다. 한 발은 안으로, 다른 발은 밖으로 굽은 까닭이죠. 몸에 착 달라붙는 바지는 뒤가 다 터졌습니다. 이쪽은 너덜거리고 저기는 찢어져 주님의 낯을 깎아먹고 있습니다."

회개는 말했다. "이런 것들은 진짜배기 순례자들을 괴롭히게 마련입니다. 길에서 이런 오점과 잡티를 깨끗이 닦아내기 전에는 순례자들이 은혜를 입기도 어렵고 뜻하는 대로 순조롭게 여정을 이어가기도 힘들 겁니다."

밥상이 차려질 때까지, 이들은 이야기를 나누며 시간을 보냈다. 밥을 먹은 뒤에는 저마다 방으로 돌아가 고단한 몸을 뉘고 편안히 쉬었다.

일행은 저잣거리에 있는 나손의 집에 오래도록 머물렀다. 그 사이에 주인장은 딸 그레이스를 크리스천의 아들 새뮤얼과, '마사Martha'를 조셉과 맺어주었다.

앞서 말했지만 그 댁에 머무는 기간은 제법 길었다. 읍내 형편이 예전과는 퍽 달랐기 때문이다. 순례자들은 마을의 선량한 주민들과 점점 가까워졌으며 힘닿는 대로 그이들을 섬겼다. 자비는 여느 때와 마찬가지로 가난한 이들을 돌보는 데 많은 공을 들였다. 덕분에 적잖은 이들이 주린 배를 채우고 헐벗은 몸을 가릴 수 있었고, 이를 통해 순례자들의 영예를 한껏 드높였다. 그레이스와 뵈뵈, 마사 이야기를 하자면, 하나같이 천성이 착했으며 그 지역에서 선한 일들을 수없이 감당했다. 다들 아이를 낳고 잘 기른 덕분에 이전에 이야기한 것처럼 크리스천의 이름이 세상에 오래 이어질 수 있게 되었다.

그런데 일행이 그 고장에 머무는 동안, 숲에서 괴수가 나와 동네 사람들의 목숨을 수없이 앗아가는 일이 벌어졌다. 게다가 아이들을 잡아가서는 제 짝의 젖을 빨아 먹게 가르쳤다. 마을의 어떤 사내도 감히 이 괴물에 맞설 엄두를 내지 못하고 놈이 나오는 기척이 들리기라도 하면 냅다 달아나기 바빴다.

세상 어느 야수와도 닮지 않는 괴물이었다. 몸은 용과 비슷한데, 머리가 일곱이고 뿔이 열 개였다. 특히 어린 아이들에게 치명적인 해를 입혔는데, 한 여인이 그 뒤를 봐주는 까닭이었다.계

173 놈은 사람들에게 여러 조건들을 내걸었는데, 영혼보다 목숨을 더 아끼는 이들은 차마 거부하지 못하고 이를 받아들였고 결국 그 수하에 들어가고 말았다.

담대는 순례자들을 만나러 나손의 집으로 찾아온 손님들과 언약을 맺었다. 죄다 집어삼킬 듯이 매섭게 달려드는 독뱀의 손아귀와 아가리에서 마을 사람들을 구할 수만 있다면 괴물에 맞서 싸우기로 한 것이다.

담대와 통회, 성인과 참말만, 그리고 회개는 저마다 단단히 무장을 하고 괴물을 만나러 갔다. 괴수의 반응은 사나웠다. 걷잡을 수 없이 사납게 날뛰더니 나중에는 이들을 아주 우습게 보는 눈치였다. 하지만 이 사나이들은 끄떡하지 않고 무기를 휘두르며 맹렬한 공격을 퍼붓자, 놈은 뒷걸음질을 치며 퇴각했고 용사들도 나손의 집으로 되돌아왔다.

여기서 알아두어야 할 게 있다. 괴물이 소굴에서 뛰쳐나와 주민들의 아이들을 노리는 시기가 따로 있다는 사실이다. 그래서 이 용맹스러운 용사들은 기회를 놓치지 않고 계속 지켜보고 있다가 끊임없이 놈을 공격했다. 거듭되는 습격에 놈은 결정적인 타격을 입고 다리까지 절게 되었다. 예전처럼 주민들의 아들딸을 해치지도 못하게 되었다. 나중에는 이 괴수가 치명적인 부상을 입고 숨이 끊어졌다는 얘기까지 나돌았다.

이를 두고 담대와 순례자들을 칭찬하는 소리가 온 마을에 끊이지 않았다. 세상 풍조를 따르길 원하는 이들마저 이 용맹스러운 순례자들을 존경하고 존중하는 마음을 품게 되었다. 덕분에 이들은 이곳에서 별다른 해를 입지 않았다. 사실 두더지만큼도 앞을 볼 줄 모르고 짐승보다 이해력이 떨어지는 밑바닥 인생들도 있었다. 그자들은 순례자들을 조금도 존경하지 않았으며 그 용기와 모험에 아예 관심조차 두지 않았다.

7

환희산맥을 넘어
마주한 절망거인

The Pilgrim's Progress

❈

시간은 흐르고 흘러, 순례자들이 떠나야 할 때가 됐다. 다들 다시
여정을 시작할 채비를 마쳤다. 친구들을 불러서 함께 섬기는 왕
자님께 보호하심을 구하는 기도도 드렸다. 이번에도 저마다 약
한 이와 강한 이, 여인과 사내들에게 각각 소용될 것들을 가져다
가 이들의 봇짐에 챙겨주었다.행 28:10 이윽고 일행은 길을 나섰다.
얼마쯤 같이 걷던 순례자와 친구들은 왕의 왕께서 지켜주시길
비는 인사를 서로 나누고 헤어졌다.

순례자 일행은 여행을 계속했다. 이번에도 역시 담대가 앞장을
섰다. 여인들과 아이들의 체력이 약해질 대로 약해진 터라, 무리

가 가지 않을 정도로만 걸을 수 있었다. 그 덕에 자연히 심약과 주저의 처지를 가엾게 여기는 마음이 한결 깊어졌다.

마을 떠나 친구들과 헤어진 지 얼마 지나지 않아, 일행은 신실이 최후를 맞았던 곳에 이르렀다. 모두 걸음을 멈추고 서서 그이로 하여금 그토록 훌륭하게 십자가를 지게 해주신 분께 감사기도를 드렸다. 신실이 대장부답게 고난을 감내한 덕에 큰 혜택을 입었음을 실감했기 때문이다.

거기서부터 한참을 더 걸었다. 크리스천과 신실이 어떠했는지, 그리고 신실이 죽은 뒤에 어떻게 소망이 순례길에 합류했는지에 관한 이야기가 끊이지 않고 이어졌다.

일행은 '돈Lucre'이라는 야트막한 언덕에 도착했다. '데마Demas'를 순례길에서 벗어나게 한 은광銀鑛이 위치한 곳이었다. 두마음이 거기서 쓰러져 죽었다고 생각하는 이들도 적지 않았다. 순례자들은 그 일을 곱씹었다.

돈언덕 기슭, 소돔 시내와 썩은 내 진동하는 호수가 한눈에 보이는 자리에 이르렀다. 그리고 이곳에 우뚝 선 해묵은 기념물을 바라보면서 지난날 크리스천이 그랬듯 몹시 의아스러워했다. 어떻게 그처럼 지식이 풍부하고 지혜가 무르익었던 이들이 돈에 눈이 멀어 여기서 뒤를 돌아볼 수 있단 말인가? 다시 곰곰이 헤아려보니, 인간의 본성이란 남들이 입은 피해에서 깨달음을 얻지 못하는 법이며, 찾아 헤매는 대상이 인간의 어리석은 눈에 매력적으로 보인다면 더더구나 올바르게 판단할 수 없겠구나 싶었다.

일행은 다시 걷고 걸어서, '환희산맥the Delectable Mountains' 한편으로 길게 흐르는 강에 이르렀다. 강가 양쪽에는 아름다운 나무들이 자라고 있었다. 나뭇잎에는 마음으로 먹으면 지겨움증이 가라앉는 효능이 있었다. 강을 끼고 펼쳐진 초원은 사시장철 푸르러서 얼마든지 누워 편안히 쉴 수 있었다.시 23:2

이곳 초장에는 양떼 우리가 여럿 있고 사방에 울타리가 쳐져 있었다. 어린양들, 다시 말해 순례여행을 이어가는 도중에 낳은 아기를 먹이고 돌보기 위해 지어진 집 한 채가 보였다. 거기엔 측은히 여기는 마음이 차고 넘치는 이가 있어 어린양들을 두 팔 가득 품고 안아주며 아이 엄마들까지 따뜻이 보살폈다.히 5:2; 사 40:11 크리스티아나는 네 며느리에게 갓난아기들이 이곳 강가에 깃들여 살면서, 적절한 도움을 받고, 풍족하게 먹으며, 다가올 날에 아무 부족함 없이 자라도록 그이의 보살핌에 맡기라고 권했다.

"이분은 누구 하나라도 엇나가거나 길을 잃으면 도로 찾아오고, 어디가 부러지고 상하면 싸매주며, 아픈 데가 있으면 다시 건강하게 해줄 게다.렘 23:4; 겔 34:11-16 여기서라면 조금도 부족하지 않게 먹고, 마시고, 입을 수 있을 테고. 도둑이나 강도를 만날 위험도 없겠지. 목숨을 걸고 지켜서 맡은 아이들 가운데 단 한 명도 잃어버리지 않을 테니까. 어디 그뿐이겠니? 잘 보살피고, 훈계하고, 바른 길을 걷도록 가르치니, 너희도 생각해보면 알겠지만 이건 이만저만 큰 은혜가 아니란다. 또 너희도 보다시피 여기엔 잔잔한 물과, 상쾌한 초원, 앙증맞은 꽃들, 갖가지 나무들과 거기 열리는 온갖 열매들이 있지 않니. 그건 예전에 매튜가 바알세불의 집 담벼락 너머에서 따 먹었던 과일과는 완전히 달라서, 아픈 이에게는 건강을 찾아주고 멀쩡한 이는 더욱 씩씩하게 해 준단다."

아기 엄마들은 선뜻 아이들을 그이의 손에 맡겼다. 그렇게 하는 게 어떻겠냐는 권유를 받은 것도 있지만, 무엇보다 임금님이 책임지고 맡아 기르며 갓난이와 고아들을 후하게 대접한다는 점이 마음에 쏙 들었기 때문이다.

순례자들은 계속 전진해서 '곁길초원By-Path Meadow'에 이르렀다. 지난날 크리스천이 길벗 소망과 함께 울타리를 넘어 들어갔다가 '절망거인Giant Despair'에게 붙들려 '의심의 성Doubting Castle'에 갇혔던 바로 그곳이었다. 일행은 이곳에 잠시 앉아서 어찌해야 할지 상의했다. 간단히 말해, 이제 제법 힘을 기른 데다 담대 같은 안내자까지 두었으니 거인을 공략해서 그 성을 쳐부수고 혹시라도 그 안에 갇힌 순례자가 있으면 풀어주고 가는 게 좋지 않겠냐고 의논했다. 이리 하자는 이가 있는 한편, 저리 하자는 이도 있었다. 거룩하지 않은 땅에 들어가는 게 합당한 일인지 의심스러워하는 이가 있는가 하면, 선한 목적을 위해서라면 그럴 수도 있다는 쪽도 있었다. 이때 담대가 말했다.

"선한 목표를 위해서라면 무엇이든 할 수 있다는 생각이 항상 옳은 건 아니지만, 저는 죄에 맞서고, 악을 눌러 이기며, 믿음으로 선한 싸움을 싸우라는 명령을 받은 몸이올시다. 그렇다면 이 절망거인을 버려두고 도대체 누구와 맞붙어 선한 싸움을 벌이겠습니까? 저는 놈의 숨을 끊어놓고 의심의 성을 허물어버릴 작정입니다."

그러곤 일행을 돌아보며 물었다. "자, 누가 저와 같이 가겠습니까?"

정직 노인이 나섰다. "내가 함께 가리다."

이미 다 커서 튼튼한 사나이가 된 크리스천의 네 아들 매튜, 새뮤얼, 조셉과 제임스도 따라나섰다.요일 2:13-14 "저희도 가겠어요."

용사들은 여인들을 길에 남겨두고 떠나면서 심약과 목발을 짚은 주저에게 돌아올 때까지 이들을 잘 지켜달라고 당부했다. 절망거인의 소굴이 가까이 있기는 했지만, 바른길에서 벗어나지만 않으면 어린아이라도 너끈히 길을 안내할 수 있었기 때문이다.사 11:6

담대와 정직 노인, 그리고 네 젊은이는 절망거인을 찾아 의심의 성으로 올라갔다. 마침내 성에 도착한 용사들은 대문을 요란하게 두들겼다. 늙은 거인이 문간에 나타났고 이어서 그자의 마누라 '의혹Diffidence'도 따라 나왔다. 거인이 소리쳤다.

"도대체 어떤 놈이고 뭘 하는 자이기에 겁도 없이 절망거인에게 이토록 무엄하게 구느냐?"

담대는 받아쳤다. "나로 말하자면 새 예루살렘 성 임금님을 섬기는 여러 안내자들 중 하나로, 순례자들을 목적지까지 데려가는 중이다. 네놈의 목을 치고 의심의 성을 무너뜨리러 왔으니, 어서 성문을 열고 나와 싸울 준비를 하거라!"

절망거인은 제 몸집이 워낙 크고 힘이 세니 어떤 인간도 간단히 눌러 이기리라 확신했다. 그래서 속으로 생각했다. '천사들의 공격도 막아낸 적이 있는 몸인데, 감히 담대 따위에게 겁을 먹는 건 말이 안 되지!' 그래서 주섬주섬 무장을 갖추고 밖으로 나왔다. 머리엔 쇠 투구를 쓰고, 불 가슴가리개를 찼으며, 발에는 쇠로 만든 신발을 신었고, 손에는 커다란 몽둥이를 들고 있었다. 여섯 용사는 놈을 사방에서 둘러싸고 몰아붙였다. 거인의 아내, 의혹이 도우러 나서자 정직 노인이 그녀를 단매로 거꾸러트렸다. 다들 목숨을 걸고 치열하게 싸웠다.

마침내 절망거인이 바닥에 쓰러졌다. 하지만 죽지 않고 사납게 몸부림치며 버티고 또 버텼다. 흔히 하는 말마따나 쇠심줄처럼 질긴 놈이었지만, 죽음의 칼날을 끝까지 피할 수는 없었다. 담대는 쉴 새 없이 공격을 퍼부어 놈의 목을 잘라버렸다.

용사들은 의심의 성을 허물기 시작했다. 절망거인을 해치웠으

의기소침 씨와 그의 딸 겁보 양

니 쉬우리라 생각했지만, 성을 깨끗이 무너뜨리는 데 일주일이나 걸렸다. 그리고 철거 과정에서 거의 굶어죽게 된 '의기소침Master Despondency'씨와 그이의 딸, '겁보Much-afraid'를 구해냈다. 둘은 목숨을 건졌지만, 성 안마당에는 시체들이 여기저기 흩어져 있었고 지하 감옥에는 죽은 이들의 뼈다귀가 그득했다. 그 꼴을 직접 보았더라면 여러분도 기겁했을 것이다.

담대를 비롯한 여섯 용사는 이렇게 큰 공을 세우고 의기소침과 겁보 부녀를 호위해 돌아왔다. 폭군 절망거인에게 붙들려 의심의 성에서 옥살이를 하는 신세이기는 했지만 둘 다 정직한 이들이었기 때문이다. 아울러 거인의 머리도 가져왔다(몸은 돌무더기 아래에 묻어버렸다). 갔던 길을 거슬러 돌아와 순례자들과 다시 만난 용사들은 무용담을 들려주었다. 심약과 주저는 절망거인의 머리를 확인하고 뛸 듯이 기뻐하며 즐거워했다. 크리스티아나는 마음이 즐거울 때마다 비올viol(바이올린의 원형이 되는 옛 악기—옮긴이)을 켜곤 했고 며느리 자비는 류트lute(기타처럼 손으로 퉁겨 연주하는 옛 현악기—옮긴이)를 연주할 수 있었다. 두 여인은 너무도 즐거운 나머지 한 곡 연주하고 싶은 마음이 생겼다. 흥에 겨운 주저는 의기소침의 딸 겁보의 손을 잡고 길을 오르내리며 덩실덩실 춤을 추었다. 손에 목발을 쥐지 않고는 몸을 놀리기 어려운 처지였음에도, 분명히 말하지만 춤사위만큼은 더할 나위 없이 정말 근사했다. 겁보의 춤 솜씨도 빠지지 않아서 리듬을 따라 썩

춤을 잘 췄다.

하지만 거의 굶어 죽기 직전에 구조된 의기소침은 음악 따위 엔 별 관심이 없었고 춤보다는 당장 빈속을 채우는 게 더 급한 일이었다. 크리스티아나는 병에서 술을 조금 따라 의기소침 씨 에게 건네 허기만 조금 가시게 한 뒤 부랴부랴 먹을거리를 준비 했다. 얼마쯤 시간이 지나자 노인도 기운을 차렸고 얼굴엔 생기 가 돌기 시작했다.

꿈에 보니, 모든 일이 마무리되자 담대는 왕의 대로 한쪽, 그러 니까 오래전 크리스천이 순례자들에게 이곳에 발을 들이지 말라 고 경고하는 표지를 만들어놓은 자리 바로 옆에 높은 기둥을 세 우고 절망거인의 머리를 매달았다. 그리고 대리석 돌판에 이런 글을 새겨 기대놓았다.

여기 그자의 머리가 있노라.
지난날, 그 이름만으로도 순례자들을 겁에 질리게 했던 자.
놈의 성은 허물어지고 아내 의혹도 쓰러졌네.
용감한 담대가 그 숨을 거둬버렸다네.
의기소침과 그의 딸 겁보 역시 용사 담대가 구해냈으니,
혹시라도 의심하는 자가 있거든, 눈을 들어 이를 보라.
한 점 의구심마저 사라지리라.
의심에 사로잡힌 저는 자들이 춤을 출 때,

이 머리 또한 두려움에서 구원받았음을 알려주네.

의심의 성에 맞서 용감하게 도전하고 절망거인을 베어버린 순례자들은 계속 전진해서 환희산맥 기슭에 닿았다. 크리스천과 소망이 그곳의 이모저모를 살피며 힘을 얻었던 동네였다. 일행은 양치기들과도 만났다. 목자들은 지난날 크리스천에게 그랬던 것처럼 순례자들을 반갑게 맞아 환희산맥 꼭대기로 이끌었다.

길손들이 줄지어 뒤따르는 걸 본 양치기들은 안내자에게 물었다(그이들 사이에는 이미 안면이 있는 듯 보였다). "담대 님, 이번에는 큰 무리를 이끌고 오셨네요. 어디서 이분들을 다 만나셨습니까?"

담대는 대답했다. "앞줄은 크리스티아나 님 일행이오. 여기는 그분의 네 아드님과 며느리들이죠. 북두칠성이 북극을 축 삼아 돌아가듯이, 나침반 바늘을 좇아 움직이듯이, 죄에서 은혜로 돌아서지 않았다면, 여기에 이렇게 이를 수도 없었으리. 다음은 여기 정직 어르신, 순례의 길을 걷고 있지요. 그리고 주저 님, 감히 그 진심을 보장할 수 있는 양반이라오. 주저 님도 매한가지라, 결단코 뒤에 처지고 싶어 하지 않았답니다. 점잖은 양반, 의기소침 님이 뒤를 따르고, 이어서 겁보 양, 그분의 따님이지요. 여기서는 우리를 환영해주실까요? 솔직히 말해주시게, 아니면 더 가야 할까요?"

그러자 목자들은 말했다. "참으로 만족스러운 일행이군요. 환영합니다. 어서 오십시오. 우리는 그대들이 약하든지 강하든지 가리지 않을 겁니다. 지극히 보잘것없는 이들을 어떻게 대하는지 우리 임금님께서 낱낱이 지켜보고 계시기 때문이죠. 그러므로 여러분이 병약하다 해서 대접하길 꺼리는 일은 절대로 없습니다."마 25:40

목자들은 한 사람 한 사람 이름을 불러가며 일행을 대궐 안으로 이끌었다. "들어오세요, 심약 님. 어서 들어오세요, 주저 님. 들어오세요, 의기소침 님. 안으로 들어오세요, 겁보 양."

그러곤 안내자를 돌아보며 설명했다. "이렇게 이름을 따로 부르는 까닭은 도중에 포기해버릴 공산이 누구보다 큰 분들이기 때문입니다. 하지만 담대 님을 비롯한 다른 순례자들은 강건하시니 늘 하시던 대로 자유롭게 움직이시면 됩니다."

그러자 담대는 말했다. "여러분의 얼굴 가득 은혜가 빛나는 걸 보았습니다. 이 병든 이들을 옆구리나 어깨로 밀어내지 않고 도리어 임금님의 대궐로 가는 여정을 꽃길로 만들어주시니, 여러분들이 진정 내 주님의 목자들임을 알겠습니다."겔 34:21

그리하여 약하고 상한 이들이 먼저 안으로 들어가고 담대와 나머지 일행이 그 뒤를 따랐다. 다들 자리를 잡자, 목자들이 비교적 연약한 순례자들에게 물었다. "무얼 잡수고 싶으십니까? 여기서는 욕심을 주체하지 못하는 이들에게는 경계가 되고 허약한 이들에게는 보양이 되도록 어떤 음식이든 다 마련해드리거든요."

목자들은 소화가 잘 되는 음식들로 한 상 떡 벌어지게 차려냈다. 하나같이 입에 달고 영양이 풍부한 음식이었다. 푸짐하게 먹고 상을 물린 일행은 저마다 적절한 방을 차지하고 푹 쉬었다.

날이 밝았다. 산은 우뚝우뚝 높고 날씨는 쾌청했다. 순례자들을 보내기 전에 진귀한 것들을 보여주는 게 목자들 사이의 관습이었으므로, 기운을 차리고 채비를 마친 손님들을 데리고 들판으로 나갔다. 목자들은 예전에 크리스천에게 보여주었던 것들부터 먼저 보여주었다.

그러고 나서 새로운 곳으로 이끌었다. 우선 '경이산Mount Marvel'으로 그들을 안내했다. 두루 산을 둘러보는데 저 멀리서 웬 사내가 무언가를 주저리주저리 중얼거리며 비탈을 구르는 모습이 눈에 띄었다. 저건 무얼 의미하느냐고 묻자, 목자는 대답했다.

"저이는 《천로역정》첫 번째 이야기에 나오는 '큰은혜Great-Grace'의 아들인데, 바른길에서 넘어지고 굴러 떨어지더라도, 다시 말해 어떤 어려움을 만나더라도 어떻게 신념을 가지고 믿음을 지켜야 할지 순례자들에게 보여주기 위해 저러고 있는 겁니다."막 11:23-24

담대는 고개를 끄덕이며 말했다. "나도 저이를 압니다. 뭇사람들 가운데 단연 뛰어난 양반이죠."

목자들은 다른 데로 일행을 데려갔다. '정결산Mount Innocence'이라는 곳이었다. 거기엔 눈처럼 흰옷을 입은 사람이 있었는데 '편견Prejudice'과 '악의Ill-will'라는 두 남자가 쉴 새 없이 그이에게 티끌을 끼얹고 있었다. 그런데 이게 웬일인가? 아무리 더러운 걸

집어던져도 금방 떨어져 나가고 그이의 옷은 지저분한 물건 근처에도 가지 않은 듯 도로 티 한 점 없이 깨끗해지곤 했다.

순례자들은 입을 모아 물었다. "이건 무슨 뜻이죠?"

목자들은 설명했다. "'독실Godlyman'이라는 분입니다. 흰옷은 순결한 삶을 보여주죠. 더러운 티끌을 끼얹는 자들은 저이의 선한 행실을 증오하는 부류들입니다. 하지만 여러분들이 보다시피, 오물은 한 점도 옷에 달라붙지 않아요. 세상에서 순결하게 사는 이들은 다 저럴 겁니다. 저런 이들을 더럽히려고 발버둥 치는 이들은 누구든 헛심만 쓰는 꼴이 되겠죠. 얼마 지나지 않아 하나님이 그 결백함을 빛처럼, 의로움을 대낮처럼 밝히실 테니까요."

이번에는 목자들이 순례자들을 '자선산Mount of Charity'으로 데려가서 앞에다 옷감을 산더미처럼 쌓아두고 한 자락씩 싹둑 잘라서 가난한 이들에게 외투와 바지저고리를 지어 입히는 이를 보여주었다. 수없이 옷을 지어주는데도 옷감은 조금도 줄어들지 않았다.

순례자들은 다시 물었다. "이건 무얼 이야기하는 건가요?"

목자들은 대답했다. "가난한 이들을 위해 수고를 아끼지 않는 이들에게는 무엇이든 모자람이 없음을 여러분에게 알려드리는 겁니다. 목마른 이에게 물을 먹이는 이는 스스로 목을 적시는 셈입니다. 남편 없이 아이를 키우는 여인이 선지자에게 대접한 떡 한 덩어리는 그 댁 뒤주에 쌀이 떨어지지 않게 만드는 마중물이 되었습니다."

양치기들은 일행을 다시 다른 곳으로 데려가 '멍청이Fool'와 '얼간이Want-wit'를 보여주었다. 둘은 에티오피아인의 검은 피부를 희게 만들 셈으로 열심히 닦아냈지만 그럴수록 오히려 더 까매질 따름이었다. 순례자들은 여기에는 무슨 뜻이 담겨 있는지 묻자 목자들이 설명했다.

"악한 인간이 좋은 평판을 얻으려고 별의별 수를 다 써봐야 결국 선하게 되기는커녕 도리어 더 가증스러워질 뿐임을 알려주는 겁니다. 바리새인들이 딱 그랬었죠. 위선자들은 누구나 다 마찬가지입니다."

그러자 매튜의 아내, 자비가 시어머니에게 속삭였다. "어머니, 괜찮으시다면 저 언덕에 있다는 구덩이를 좀 보고 싶어요. 지옥으로 가는 지름길이라고들 하는 그 구멍 말예요."

크리스티아나는 며느리의 뜻을 목자들에게 전했다. 그러자 이들은 일행을 산허리에 있는 문으로 안내했다. 그러곤 빗장을 풀더니 자비더러 무슨 소리가 나는지 잘 들어보라고 했다. 귀를 기울이자 안에서 이런 소리가 들렸다.

"아버지랍시고 자식을 평화와 생명의 길에서 돌아서게 만들다니, 천벌을 받을 게다!"

"오, 영혼을 잃어버렸으니 목숨을 부지한들 무슨 소용이람. 차라리 갈기갈기 찢겨 죽는 게 나을 뻔했어!"

"절제하며 살았더라면 이런 데 오지 않았을 텐데! 다시 태어날 수 있다면 얼마나 좋을까?"

순간 새댁의 발아래로 마치 땅이 으르렁거리고 흔들리며 무섭게 겁을 주는 것만 같았다. 자비는 얼굴이 하얗게 질려 뒷걸음치며 소리쳤다.

"참으로 큰 복을 받았구나, 여기서 구원받은 이들은 말야!"

이런 광경을 모두 보여주고 나서 목자들은 순례자들을 다시 대궐로 이끌었다. 그러고는 가지고 있는 걸 죄다 쏟아부을 듯이 극진하게 대접했다. 한편 젊은 새댁인 자비는 눈에 든 무언가를 손에 넣고 싶어 안달이 났음에도 차마 부끄러워 입 밖에 내지 못하고 있었다. 편치 않은 기색을 눈치 챈 크리스티아나가 며느리에게 어디가 불편하냐고 물었다.

자비는 이내 속내를 털어놓았다. "식당에 걸려 있는 거울에서 도무지 눈을 뗄 수가 없어요. 그걸 갖지 못하면 태중의 아기를 잃어버릴 것만 같은 기분이에요."

시어머니는 자비를 다독였다. "내가 네 소원을 목자들에게 한번 말해보마. 아마 마다하지는 않을 게다."

하지만 며느리는 여전히 망설였다. "제가 뭘 탐내는지 이분들이 아는 게 낯뜨거운 걸요."

크리스티아나는 다시 말했다. "아가, 그럴 것 없다. 그런 물건을 갖고 싶어 하는 건 미덕이 되면 됐지 절대 부끄러워할 일이 아니란다."

자비는 적이 마음이 놓이는 눈치였다. "그럼, 어머니만 괜찮으시면 목자들에게 혹시 제게 거울을 팔 수 있냐고 한번 물어봐주세요."

더없이 진귀한 거울이었다. 한쪽으로는 앞에 선 이의 생김새를 정확하게 비춰 보이지만, 뒤집어 반대편을 보면 순례자의 임금이신 왕자님과 아주 비슷한 얼굴과 모습이 나타났다. 거울을 들여다봤더니 머리에 가시관을 쓰신 분이 보이더라는 이야기를 한두 번 들은 게 아니다. 두 손과 발의 못 자국과 옆구리에 상처도 보았다고 했다. 거울에는 진정 대단한 무언가가 있어서, 마음만 먹으면 살아 계신 형상이든 돌아가신 상태든, 이 땅에 계신 장면이든 하늘에 계신 광경이든, 수치를 당하는 형국이든 높임을 받는 상황이든, 고난을 받으러 오시는 장면이든 다스리러 오시는 모습이든 다 볼 수 있었다.약 1:23; 고전 13:12; 고후 3:18

크리스티아나는 따로 목자들을 만나러 갔다. 그이들의 이름은 '지식Knowledge', '경험Experience', '경계Watchful', 그리고 '성실Sincere'이었다. 여인은 그들을 붙들고 간곡히 부탁했다.

"제 며느리 가운데 한 아이가 지금 아기를 가졌는데 이 댁에서 본 물건 하나를 몹시 갖고 싶은 듯합니다. 얼마나 그 심정이 간절한지 여러분들이 거절하면 유산이라도 할 것 같은 모양입니다."

경험이 대답했다. "며느님을 어서 부르세요, 어서요. 우리가 도울 수 있는 일이라면 뭐든지 다 해드릴 수 있습니다."

크리스티아나는 며느리를 불러놓고 말했다. "아가, 네가 갖고 싶은 게 뭐라고 했지?"

자비는 얼굴을 붉히며 조심스럽게 말했다. "식당에 걸린 저 근사한 거울이요."

그러자 성실이 냉큼 달려가서 거울을 떼어다가 밝게 웃는 얼굴로 새댁 품에 안겨주었다. 자비는 머리를 조아리며 연신 고맙다고 인사했다.

"이렇게 선뜻 베풀어주시니 제가 얼마나 큰 사랑을 받았는지 알겠습니다."

목자들은 다른 며느리들에게도 그들이 원하는 물건들을 내어주었으며, 남편들에게는 담대를 도와 절망거인을 해치우고 의심의 성을 허물어버린 일을 크게 칭찬했다. 또 크리스티아나와 네 며느리들의 목에 목걸이를 걸어주었으며 귀에 귀고리를 달아주고 이마도 보석으로 꾸며주었다.

순례자들이 길을 떠나야겠다는 뜻을 전하자 목자들은 평안히 가기를 빌어주었다. 하지만 지난날 크리스천과 길벗에게처럼 이리저리 조심할 점들을 일러주지는 않았다. 이번에는 만사를 두루 꿰고 있는 담대가 길잡이를 맡아 자신들보다 더 맞춤하게, 다시 말해 위험이 코앞에 닥칠 때마다 적절히 그들을 보호하리라 믿은 까닭이었다. 크리스천과 그의 동행은 목자들의 주의를 받고도 막상 그 상황이 닥쳤을 때 까맣게 잊어버리고 말았다. 그러므로 일행 가운데 누군가가 다른 이들을 조심시키는 편이 한결 낫다고 본 것이다.

마침내 일행은 노래를 부르며 걷기 시작했다.

보라, 순례자들이 걱정 없이 쉼을 누리도록
더없이 맞춤하게 마련된 쉼터.
그리고 거리낌 없이 맞아준 그이들을,
다른 삶을 목표요 고향으로 삼은 우리들을.
아울러 선물로 베풀어준 진귀한 물건들을,
비록 순례자일지라도 즐거운 삶을 누리도록,
또한 그런 보물을 선사하여
어디를 가든 순례자임을 드러내도록.

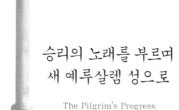

8

승리의 노래를 부르며
새 예루살렘 성으로

The Pilgrim's Progress

목자들과 헤어진 순례자들은 얼마 지나지 않아, 예전에 크리스천이 '배교Apostasy' 마을 '변절Turn-Away' 문중 사람을 만났던 곳에 가까워졌다. 그러자 안내자 담대가 일행의 마음을 다잡았다.

"여기가 바로 크리스천이 변절 가문에 속한 이를 만났던 자리입니다. 등에 '신앙고백을 뒤집은 끔찍한 배교자'라는 낙인이 찍혀 있는 그 양반 말입니다. 여러분께 그이의 이야기를 해드려야겠군요. 무엇보다 남의 조언 따위에는 눈곱만큼도 아랑곳하지 않는 사람이라 일단 타락한 뒤에는 무슨 말로 설득해도 붙들 수가 없었답니다. 십자가와 무덤에서도 그랬대요. 누군가가 거길 잘 보라고 타일렀지만 이를 갈고 발을 굴러대면서 자기는 죽었다 깨나도 반드시 고향으로 돌아가야겠노라고 했다는군요.

맨 처음에 지났던 문으로 돌아가는 길에서는 전도자 님도 만났답니다. 그분이 옷깃을 붙들고 다시 돌아가라고 타일렀지만, 변절 씨는 단호하게 거절했어요. 입에 담지 못할 험담을 퍼부으며 손을 뿌리치고는 길가 울타리를 넘어 달아나버렸죠."

순례자들은 계속 걸어서 예전에 작은 믿음이 강도를 만났던 바로 그곳에 도착했다. 거기엔 한 사내가 칼을 꺼내든 채 버티고 있었다. 얼굴은 온통 피범벅이었다. 담대는 물었다. "그대는 누구시오?"

사내는 대꾸했다.

"'진리용사Master Valiant-for-the-Truth'라고 합니다. 새 예루살렘 성으로 가는 순례자올시다. 길을 가고 있는데, 세 사내가 저를 협박하면서 세 가지 방안을 제시하더군요. 자기들이랑 한패가 되든지, 왔던 데로 돌아가든지, 아니면 그 자리에서 죽든지 어느 하나를 선택하라는 거죠.잠1:11-14

첫 번째 방안에 대해 대답해줬습니다. 내가 진실한 인간으로 살아온 세월이 몇 해인데 이제 와 새삼 도적놈들과 한데 어울리겠느냐고요. 그랬더니 두 번째 제안은 어찌 생각하느냐고 묻더라고요. 이번에도 곧바로 대꾸했어요. 내 고향이 아무 불편함 없이 살 만한 곳이었다면 이렇게 저버리고 떠나오지도 않았을 거라고 해줬죠. 내게는 하나도 맞는 게 없고 해로울 뿐이어서 거길 등지고 이렇게 순례길에 들어섰노라고요.

놈들은 세 번째 제안에 대해서도 답을 내놓으라고 했어요. 그래서 내 목숨은 네놈들에게 가볍게 던져줄 만큼 싸구려가 아니라고 쏘아붙였죠. 내게 이래라저래라 할 자격이 없으며 계속 참견하려 들면 혼쭐을 내주겠다고 따끔하게 일러줬어요.

그러자 그놈들, 그러니까 '폭력광Wild-head', '몰지각Inconsiderate', '독단Pragmatic'이 한꺼번에 칼을 꺼내 들고 덤벼들었고 저도 물러서지 않았어요. 그렇게 삼 대 일로 무려 세 시간 넘게 싸웠어요. 그러고는 보시다시피 제게 이렇게 만용의 흔적을 남긴 대신, 치명상을 입고 달아났어요. 조금 전까지 여기 있었는데 지금은 다 사라져버렸어요. 여러분들이 부르는 노랫소리와 말들이 달려오는 소리를 듣고 줄행랑을 친 게 아닌가 싶습니다."

담대는 혀를 찼다. "혼자 셋을 상대하다니 정말 힘들었겠구려."

진리용사는 당당했다. "사실 쉽지는 않았습니다. 하지만 진리의 편에 선 이에게 숫자의 많고 적음이 무슨 문제가 되겠습니까? '군대가 나를 대적하여 진 칠지라도 내 마음이 두렵지 아니하며 전쟁이 일어나 나를 치려할지라도 나는 여전히 태연하리로다'라는 시편 말씀도 있지 않습니까?시 27:3 굳이 그 말씀이 아니더라도 혼자서 군대를 상대해 싸웠다는 기록은 곳곳에서 볼 수 있습니다. 삼손만 하더라도 당나귀 턱뼈를 가지고 숱한 적들을 쓰러트렸지 않습니까?"

안내자가 다시 물었다. "소리라도 지르지 그러셨소? 그럼 누구라도 달려와 도왔을지 모르잖소?"

진리용사는 말했다. "그렇지 않아도 제 임금님께 부르짖었습니다. 언제나 귀 기울여 들으시고 실질적인 도움을 주시니까요. 제게는 그걸로 충분했습니다."

담대는 진리용사에게 손을 내밀며 말했다. "정말 대단한 분이로구려. 댁의 칼을 좀 봐도 될까요?"

용사는 칼을 보여주었다. 칼을 받아든 담대는 한참을 살펴보더니 짧게 한마디 했다.

"음, 이건 진짜 예루살렘 검이로군."

진리용사 "그렇습니다. 검을 쓸 줄 아는 이가 이걸 잡고 제대로 휘두르면 천사와도 겨뤄볼 수 있을 겁니다. 사용법을 아는 이라면 서슴없이 이 칼을 집어 들 겁니다. 아무리 써도 날이 무뎌지는 법이 없거든요. 살과 뼈, 마음과 영혼, 그 무엇이라도 벨 수 있죠."히 4:12

담대 "하지만 그렇게 오래 싸웠으니 진이 다 빠졌을 텐데…."

진리용사 "손바닥과 칼이 엉겨 붙어 마치 팔에서 칼이 돋아나온 꼴이 됐으니까요. 피가 손가락 사이로 철철 흘러내렸습니다. 그래도 남은 용기를 탈탈 털어서 힘껏 싸웠죠."

담대 "정말 잘 하셨소. 피투성이가 되도록 죄에 맞서 처절한 전
　　투를 벌이다니! 이제 함께 갑시다. 자, 이리 나오세요. 우리는
　　그대의 길동무들이라오."

　　순례자들은 진리용사를 데려다 상처를 닦아낸 다음, 기운을 차
리도록 저마다 가진 음식을 나눠 먹인 뒤에 나란히 길을 나섰다.
　　함께 길을 가는 동안 담대는 진리용사에게 이것저것 끊임없이
질문을 던졌다. 마음에 맞는 동행이 생긴 게 즐겁고(그이는 체험으
로 굳게 선 이들을 무척 좋아했다) 일행 가운데 약하고 무기력한 이들
도 끼어 있는 까닭이었다. 우선 고향이 어디인지부터 물었다.

진리용사　"'흑암골Dark-land' 출신입니다. 거기서 태어났고 부모님
　　은 아직 그곳에 삽니다."
담대 "흑암골이라고요? 멸망의 도시랑 어깨를 맞대고 있는 그 바
　　닷가 마을 말이오?"
진리용사 "그렇습니다. 사실은 그래서 이렇게 순례여행에 나서게
　　됐습니다. 하루는 '순참말Tell-true'이란 분이 우리 동네에 들
　　러서 크리스천 님의 무용담을 들려주었어요. 그러니까 어떻
　　게 아내와 자식들까지 남겨두고 멸망의 도시를 빠져나와 순
　　례길에 들어서게 되었는지 이야기했어요.
　　갑자기 튀어나와 길을 가로막는 뱀을 어떻게 해치웠는지,

어떤 과정을 거쳐서 뜻한 데까지 이르렀는지 확실하게 설명해준 거죠. 아울러 주님이 마련해두신 쉼터 곳곳에서, 그리고 무엇보다 마침내 새 예루살렘 성에 들어갔을 때 어떤 환영을 받았는지도 일러주었어요. 빛나는 예복을 입은 한 무리의 나팔수들이 트럼펫을 불어 반겨주었다고 하더군요. 시내의 종이란 종을 다 울려서 기쁨으로 맞으며 금빛 찬란한 옷을 입혀주었다고도 했어요.

그밖에도 많은 이야기를 해주셨지만 일일이 다 옮기진 않겠어요. 한마디로, 순참말 씨가 소개하는 크리스천의 사연과 여행기가 얼마나 흥미진진하던지 그 뒤를 따르고 싶은 마음을 주체할 수가 없을 지경이었어요. 아버지, 어머니가 뜯어말리는 소리는 귀에 들어오지도 않았죠. 그렇게 해서 집을 떠나 여기까지 오게 된 겁니다."

담대 "그럼 이 길 들머리에 있는 문을 지나셨겠구려?"

진리용사 "예, 그랬지요. 순례 이야기를 처음 들려준 양반이 그 문을 통해 이 길에 들어서지 않으면 다 소용없다고 했거든요."

안내자는 크리스티아나를 돌아보며 말했다. "바깥분의 순례여행과 그 여정을 통해 그가 얻은 것에 관한 소문이 이렇게 사방팔방 퍼졌답니다."

진리용사 "아니, 그럼 이분이 크리스천 님의 부인이란 말입니까?"

담대 "그렇다오. 그리고 여기 네 젊은이는 그이의 아드님들이지."

진리용사 "이런, 다 같이 순례길에 들어선 게로군요."

담대 "맞소. 온 가족이 따라나선 셈이지요."

진리용사 "제 마음이 다 뿌듯합니다. 함께 가려 하지 않던 식구들
이 뒤늦게 자기를 따라 새 예루살렘 성문에 들어서는 걸 보
면 그 착한 양반이 얼마나 기뻐할까요?"

담대 "두말하면 잔소리지. 아마 큰 위로가 될 게요. 아내와 자녀
들을 하늘나라에서 만나는 기쁨은 스스로 하늘나라에 들어
가는 환희에 버금가는 즐거움일 테니까."

진리용사 "마침 말씀을 꺼내셨으니 어떻게 생각하는지 한 번 들려
주세요. 개중에는 하늘나라에서 서로 알아볼 수 있을지 못내
궁금해하는 이들이 적지 않으니까요."

담대 "거기 들어간 이들은 스스로 그걸 의식할 수 있을까? 은혜
를 입은 걸 알고 기뻐할까? 자신이 어디에 있고 어떤 축복을
누리는지 안다면, 다른 이들이 저마다 은총을 받아 행복해하
는 걸 모를 이유가 있을까? 이렇게 헤아려봅시다. 친척이란
자신 다음으로 가까운 이들인데 설령 천국에서는 혈연관계
가 없어진다 해도, 그들을 볼 수 없는 쪽보다는 만나는 편이
더 기쁘리라고 보는 게 한층 그럴듯하지 않겠소?"

진리용사 "그렇군요. 이를 어찌 생각하시는지 알 듯합니다. 순례의

길에 들어서는 문제와 관련해 제게 더 물으실 건 없습니까?"

담대 "아직 궁금한 점이 있소이다. 순례자가 되겠다고 했을 때, 아버지와 어머니는 반가워하십디까?"

진리용사 "천만에요. 오만가지 방법을 다 동원해서 집을 떠나지 말라고 설득하셨지요."

담대 "이런! 그래, 뭐라고들 하십디까?"

진리용사 "게으름뱅이나 그렇게 사는 법이라면서 게으르고 나태한 삶에 끌리는 게 아니라면 순례자의 자질이 조금도 없는 거라 하시더군요."

담대 "다른 말씀은 없으시고?"

진리용사 "없으시긴요. 안전에 관한 얘기도 꺼내셨어요. 순례자가 가는 길은 세상에서 가장 위험한 길이라고요."

담대 "이 길 어느 대목이 그렇게 위험하다고 하십디까?"

진리용사 "이곳저곳, 아무튼 많이 지적하셨어요."

담대 "몇 가지만 꼽아보구려."

진리용사 "크리스천이 숨 막혀 죽을 뻔했던 낙담 못 애길 하시더군요. 바알세붑의 성에 가면 궁수가 기다리다가 넓은 문을 입구로 잘못 알고 두드리는 이들에게 화살을 날릴 거라고도 했어요. 으스스한 숲으로 뒤덮인 곤고재와 사자들, 세 거인, 피칠갑, 쇠망치, 살선괴 얘기도 빼놓지 않으셨죠. 한술 더 떠서, 겸손의 골짜기에서는 괴수가 출몰해 크리스천도 거의 목숨을 잃을 뻔했다고 했어요.

어디 그뿐인가요? 죽음의 그늘 골짜기를 지나갈 텐데, 거기는 도깨비 천지인 데다가 빛이라곤 한 점도 들어오지 않으며 길에는 온통 올가미와 구덩이, 덫과 함정이 깔렸다고 겁을 주시더군요. 아 참, 의심의 성과 절망거인, 그리고 거기 붙들려 비참하게 사라져간 수많은 순례자들 이야기도 했어요. 또 마법의 땅을 지나야 하는데 그게 얼마나 위태로운 일인지 아느냐고 물으셨죠. 만에 하나 그 모든 역경을 다 통과하더라도 새 예루살렘 성으로 가는 길을 가로막고 있는 강에 맞닥뜨릴 거라고 했어요. 다리 하나 없는 그 강을 어찌 건널 셈이냐고요."

담대 "그 말씀뿐입디까?"

진리용사 "그럴 리가요. 순례길엔 사기꾼, 그러니까 가만히 기다리고 있다가 선한 이들을 꼬드겨 바른길에서 벗어나게 만드는 거짓말쟁이들이 지천에 널렸다고 했어요."

담대 "그 어른들이 그걸 어떻게 설명합디까?"

진리용사 "'세속현자Worldly-Wiseman'라는 자가 속임수를 쓸 틈을 노리며 기다린다고 했어요. 이어서 '허울Formalist'이었고 일행인 '위선Hypocrisy'이 길목을 지킨다고도 했죠. 두마음, 허풍선, 데마 같은 자들이 꼬여 절 낚으려 들 테고 '아첨쟁이Flatterer'는 그물로 옭아매려 덤벼들 거라더군요. '무지Ignorance'란 풋내기

랑 새 예루살렘 성문까지는 가겠지만, 그 젊은 친구는 산기
슭이 곁길로 빠져 지옥으로 갈 거라고 했습니다."

담대 "그만하면 그대를 주저앉히고도 남겠소. 부모님도 그쯤하
고 마셨겠죠?"

진리용사 "전혀 아니올시다. 아니고말고요. 많은 이들이 틈날 때
마다 수없이 이야기했던 그 길에 무언가 영광스러운 게 있을
까 싶어 옛길을 따라 제법 멀리 갔다 돌아와서는 헛말을 믿
고 집을 떠나 길을 나서다니 참으로 어리석은 짓이었노라고
한탄하는 바람에, 온 나라에 말거리가 된 이들이 허다하다고
도 하셨습니다. '옹고집Obstinate'이니, '유순한 Pliable'이니, 불신
이니, 소심이니, 변절이니, '무신론 노인old Atheist'이니 하는 이
름까지 들먹였어요. 그밖에도 몇몇을 더 꼽으면서 다들 제법
멀리까지 가서 무언가를 찾으려 했지만, 누구 하나 터럭만큼
이라도 덕을 본 이가 없었다고 했어요."

담대 "그대의 용기를 꺾기 위해 하신 말씀이 더 있었소?"

진리용사 "그럼요. 불안 님 이야기도 했어요. 순례자로 나섰지만,
너무나도 외로운 나머지 단 한 시간도 편안한 적이 없었다고
요. 의기소침 님이 굶어 죽다시피 했다는 말씀도 하셨고요.
아, 그렇지, 깜박 잊고 있었네. 크리스천 님도 물고 늘어졌어
요. 영원한 면류관을 향한 모험으로 온 세상을 떠들썩하게
했던 그분도 '죽음의 강Black River'에 빠졌으며 발이 닿지 않아

죽기 직전까지 갔었다고 하더군요.

담대 "그런데도 애초에 품은 뜻이 꺾이지 않더란 말씀이오?"

진리용사 "그럼요. 무슨 말을 들어도 아무 흔들림이 없었어요."

담대 "어떻게 그럴 수가 있었소?"

진리용사 "순참말 님이 들려준 이야기를 한결같이 믿었으니까요.
　　　　믿음이 그 모든 걸 넘어서게 해주었습니다."

담대 "결국 댁이 이겼구려. 믿음의 승리인 셈이군."

진리용사 "옳은 말씀입니다. 그래서 마침내 집을 나와 길을 떠났
　　　　고, 앞길을 막는 온갖 것들과 싸웠으며, 믿음으로 여기까지
　　　　오게 됐답니다."

참 용기를 아는 이,

이리로 오게 하라.

여기에 서는 이마다 한결같으리니,

바람은 몰아치고 날은 요동치나,

어떠한 걸림돌도

꺾지 못하리,

순례자가 되기로

처음 곧추세운 그 심지.

누구든 암울한 얘기로

그이를 옭아매려는 자는

스스로 난처해질 따름이라.
그이의 힘은 더 세질 뿐.
사자도 겁내지 않으며,
거인과도 맞서 싸우니,
끝내 손에 넣게 될 터,
순례자가 되는 권리.

그이의 기를 꺾지 못하네.
도깨비든 악한 영들이든.
그이는 알고 있다네,
생명을 물려받게 될 것을, 마침내는.
망상은 사라지고
누가 뭐라 하든 두려워하지 않네.
순례자가 되려고
밤낮으로 애쓸 뿐일세.

순례자들은 드디어 마법의 땅에 들어섰다. 공기부터 뭔가 다르게 느껴졌는데 사람을 나른하게 만드는 것만 같았다. 군데군데 마법의 나무가 자라는 데를 빼고는 온통 찔레와 가시덤불뿐인 곳이었다. 혹시라도 거기 주저앉거나 잠이 들면 이 세상에서 다시 일어서거나 깨어날 수 있을지 모르겠다고 다들 말할 정도로 무서운 동네였다. 일행은 숲으로 들어갔다. 안내자 담대가 앞장을 서고 혹시라도 악령이나, 용이나, 거인이나, 도적이 뒤를 덮쳐 나쁜 짓을 할까 싶어 진리용사가 뒤를 지키기로 했다. 위험한 곳임을 잘 알기에 저마다 손에 칼을 빼 들고 한 걸음 한 걸음 천천히 발을 내디뎠다. 한편으로는 힘닿는 데까지 서로서로 기운을 북돋웠다. 담대는 심약더러 자기 뒤를 바짝 따라오라고 했다. 진리용사는 주저를 맡아 눈을 떼지 않고 지켜보았다.

마법의 땅에 들어선 지 얼마 지나지 않아 이루 말할 수 없을 만큼 짙은 안개와 어둠이 일행을 덮쳤다. 한동안은 지척을 분간하기조차 어려울 지경이었다. 눈으로 볼 수 없는 까닭에 목소리로 상대의 존재를 확인하며 걸어야 했다. 건장한 남자들마저 힘들게 길을 헤쳐 나가는 판이니, 심신이 연약한 여인들과 아이들은 얼마나 고단했을지 짐작이 가고도 남을 것이다. 하지만 그처럼 어려운 형편에서도 앞에서 끌고 뒤에서 미는 이들이 건네는 격려 덕분에 다들 별 탈 없이 꾸준히 전진할 수 있었다.

마법의 땅을 지나는 길은 온통 먼지와 진창 범벅이라 누구라도 쉬이 녹초가 되기 마련이었다. 게다가 이 동네에는 들어가 지친 몸을 뉘고 기운을 차릴 여관이나 음식점 하나 없었다. 이곳에서 들리는 거라곤 끙끙대고, 헉헉거리고, 탄식하는 소리뿐이었다. 이쪽에선 덤불에 걸려 나뒹구는가 하면 저쪽에선 진흙탕에 빠져 허우적거렸다. 진창에 신발을 빠트려 잃어버린 아이들도 있었다. "아악, 빠졌다!"라는 비명이 들리기 무섭게 "거기 어디요?"라고 외치는 소리가 나고, 이어서 "덤불에 단단히 걸려서 도저히 못 빠져나가겠어!"라는 또 다른 아우성이 뒤따랐다.

마침내 일행은 어느 정자에 이르렀다. 땡볕을 가릴 지붕이 있고, 푸르른 풀과 나무로 예쁘장하게 가꿔놓은 데다, 벤치와 팔걸이의자가 놓여있어서 더없이 포근하고 원기를 회복하기에 알맞아보였다. 한편에는 안락의자까지 있어서 피곤한 몸을 기대기에 이보다 더 좋은 것은 없을 것만 같았다. 험한 길을 걷느라 지칠대로 지친 순례자들에겐 이곳이 너무도 매력적일 법했다. 누구라도 고개를 끄덕일 만큼 당연한 일이었지만 일행 가운데 거기들어가 쉬고 싶은 기색을 보이는 이는 아무도 없었다. 금방 그이유를 알 수 있었다. 다들 안내자의 충고를 놓치지 않고 늘 주의를 기울인 덕분이었다. 담대는 위험이 닥칠 때마다 빠짐없이알려주고 그 속성을 설명해주었으므로, 곤경이 닥쳐온다 싶은순간마다 너나없이 정신을 번쩍 차리고 육신에 굴복하지 말자고서로 부추기며 전진할 수 있었다. 정자의 이름은 '게으른 이들의벗Slothful's Friend'으로 고단한 몸을 쉬어가려는 순례자들을 어떻게든 유혹해볼 심산으로 지어놓은 쉼터였다.

꿈속에 보니, 일행은 그 외딴 지점을 지나쳐 사람들이 흔히 길을 잃곤 하는 자리에 들어섰다. 날이 훤하면 안내자가 실족할 만한 대목을 짚어주고도 남았겠지만, 칠흑같이 어두운 상태에선 그이마저도 멈춰 설 수밖에 없었다. 하지만 담대의 주머니엔 새 예루살렘 성을 오가는 길이 상세히 그려진 지도가 들어 있었다. 안내자는 늘 지니고 다니는 부싯돌로 불을 밝히고 지도를 유심히 살폈다. 오른쪽으로 돌아가는 자리를 조심하라는 표시가 보였다. 거기서 찬찬히 지도를 살피지 않았더라면 진흙 수렁에 빠져 죄다 목숨을 잃을 수도 있는 아슬아슬한 상황이었다. 몇 발자국 앞, 더없이 반듯한 길 끄트머리에는 깊이조차 알 수 없는 수렁이 도사리고 있었기 때문이다. 순례자들을 끌어들여 죽일 속셈으로 파놓은 진흙 구덩이였다.

순례길에 나서는 이는 반드시 이런 지도를 지니고 다니다가 어느 길로 가야 할지 헷갈릴 때마다 펼쳐보아야 하겠다는 생각이 절로 들었다.

일행은 마법의 땅을 계속 헤치고 나가서 큰길가에 서 있는 또 다른 정자에 이르렀다. 가까이 가보니 '부주의Heedless'와 '과신Too-bold'이 누워 있었다. 둘 다 오랫동안 이 길을 걸어온 나그네들로 긴 여정에 지친 나머지 잠시 쉬어가려 정자에 앉았다가 이내 깊이 곯아떨어진 터였다. 그렇게 잠들면 얼마나 비참한 꼴이 되는지 잘 알기에 순례자들은 고개를 절레절레 흔들며 그 앞에서 잠시 걸음을 멈췄다. 그러곤 이들을 깨워봐야 할지, 잠든 채로 버려두고 그냥 가야 할지 의견을 주고받았다. 결국 가서 이 둘을 가능한 한 깨워보기로 뜻을 모았다. 다만 스스로 정자에 주저앉거나 정자가 주는 안락함을 받아들이지 않도록 조심에 조심을 더 하기로 했다.

일행은 안으로 들어가서 순례자들을 깨웠다. 담대는 이미 그 둘을 아는 듯, 하나하나 이름을 불렀다. 하지만 상대는 대꾸는커녕 입조차 뺑긋하지 않았다. 이번에는 안내자가 몸을 흔들어 정신을 차리게 했다. 그러자 둘 중 하나가 잠에 취해 중얼거렸다.

"돈이 오면 갚아준다니까 그러네."

담대는 혀를 내둘렀다. 나머지 하나도 웅얼댔다. "손에 칼이 있는 한, 끝까지 싸울 테다."

아이들 가운데 누군가가 킥킥 웃음을 터트렸다. 크리스티아나는 물었다. "도대체 무슨 소릴 하는 겁니까?"

안내자는 설명했다. "잠꼬대를 하는 겁니다. 한 대 쥐어박든, 두들겨 패든, 무슨 짓을 하든 비슷한 소릴 해댈 겁니다. '파도가 때려도 돛대 꼭대기에 누운 이처럼 곤히 자고 깨어나면 다시 마실 것'이라는 옛말도 있지 않습니까?잠 23:34-35 알다시피 잠결에는 별의별 말을 다 하지만, 신앙이나 이성에서 나오는 얘기가 아닙니다. 순례자의 길을 간다면서 여기 이렇게 누워 있는 게 모순이듯 이들이 잠결에 하는 말들도 앞뒤가 맞지 않습니다. 부주의한 이들이 순례를 이어가다 보면 흔히 이런 해를 입곤 합니다. 십중팔구는 이 꼴이 되고 말죠. 마법의 땅은 원수들이 순례자를 노리는 마지막 은신처 가운데 하나기 때문입니다.

보시는 것처럼 이 땅은 순례길 거의 끄트머리에 있어서 놈들에게 한결 유리하답니다. 원수들은 생각할 겁니다. '좀 피곤한 게 아닐 테니, 이 멍청한 녀석들은 여기 주저앉고 싶은 마음이 간절해질 거야. 그리고 여정이 끝나갈수록 더 지치기 마련이잖아?' 마법의 땅이 '뿔라land Beulah'(따뜻한 햇살이 순례자들의 세속적인 염려를 거두어가고 눈앞에 놓인 목적지를 밝게 비쳐 보여주는 곳 ─ 옮긴이) 가까이, 경주가 다 끝나가는 지점에 자리 잡은 이유가 바로 거기에 있습니다. 여러분도 저 이들, 깊은 잠에 곯아떨어져 아무리 깨워도 일어날 줄 모르는 두 순례자처럼 되지 않도록 스스로 잘 살펴야 할 겁니다."

순례자들은 덜덜 떨며 어서 가자고 했다. 안내자에게는 불을 밝혀서 오직 그 등불 빛에만 기대어 남은 길을 가게 해달라고 부탁했다. 담대는 불을 댕겼다. 어둠은 여전히 짙고 깊었지만, 일행은 그 불빛의 도움으로 나머지 구간을 지날 수 있었다.벧후 1:19 하지만 아이들은 급격하게 지쳐가기 시작했다. 순례자들에게 사랑을 베풀어 더 편안한 길을 가게 해달라고 안내자에게 울며 매달렸다. 얼마 가지 않아 변화가 일어났다. 한 줄기 바람이 불어와 안개를 흩어버리자 공기가 한결 깨끗해진 것이다. 마법의 땅을 완전히 벗어난 건 아니었지만, 그저 서로를 그리고 가야 할 길을 조금 더 잘 볼 수 있게 된 것만으로도 안심이 되었다.

드디어 마법의 땅이 끝나는 경계에 거의 다다랐을 즈음, 얼마

떨어지지 않은 앞쪽에서 침통하게 중얼거리는 소리가 들렸다. 자못 큰 괴로움에 시달리는 듯한 목소리였다. 일행은 가까이 다가가 앞길을 살폈다. 짐작대로 웬 사내가 무릎을 꿇고 두 손을 든 채 하늘을 우러러 탄식하고 있었다. 높은 데 계신 분께 무언가를 열심히 아뢰는 것처럼 보였다. 최대한 다가서서 귀를 기울였지만 도통 무슨 소린지 알아들을 수가 없었다. 그이가 하던 일을 마칠 때를 기다리며 조심조심 더 가까이 다가갔다. 바로 그 순간, 사내는 기도를 끝낸 듯 벌떡 일어나 새 예루살렘 성 쪽으로 달려가기 시작했다. 담대는 황급히 그이를 불러 세우며 말했다.

"이보시오, 보아하니 새 예루살렘 성으로 가는 듯한데 그럼 우리 함께 갑시다!"

비로소 사내는 걸음을 멈췄다. 순례자들은 우르르 그이에게 다가갔다. 정직은 상대를 확인하곤 혼잣말처럼 말했다. "아, 그 양반이로군."

"누굽니까? 아는 분이면 말씀 좀 해주세요." 진리용사가 노인에게 물었다.

"내가 살던 곳 근처에서 온 '확고Standfast'라는 친구인데 참으로 곧바른 순례자라오." 정직은 설명했다.

마침내 모두가 한자리에 둘러섰다. 확고는 노인을 보고 반색을 했다. "아이고, 어르신! 여기서 뵙습니다."

정직도 반가워했다. "그러게 말일세. 거기 있는 게 분명 자네이

듯, 나도 어김없이 여기 이렇게 있다네."

"이 길에서 만나니 더 반갑습니다." 확고는 다시 말했다.

"그대가 무릎을 꿇고 있는 걸 보니 나도 정말 기쁘더군." 정직도 화답했다.

"이런, 그걸 보셨어요?" 확고의 얼굴이 붉어졌다.

그러자 노인이 말했다. "봤지. 그 모습에 내 마음이 얼마나 기뻤는지 모른다네."

확고는 물었다. "무슨 생각이 드시던가요?"

"생각? 생각하고 말고가 뭐 있겠나? 이토록 진실한 이를 길에서 만났으니 어깨를 나란히 하고 함께 가야겠다 싶었지." 정직은 대꾸했다.

확고의 목소리가 밝아졌다. "제 됨됨이가 정말 어르신이 보신 대로였으면 좋겠습니다. 그렇지 않으면 저 혼자 이 길을 가야 할 테니까요."

노인은 따듯하게 말했다. "그야 그렇지. 하지만 자네가 그렇게 두려워하는 걸 보니 순례자들의 임금님과 바른 관계를 맺고 있다는 확신이 더 깊어지는구려. '늘 두려워하는 마음으로 사는 사람은 복을 받는다'는 성경 말씀도 있지 않은가?"잠 28:14

"그런데, 형제님, 무릎을 꿇고 있었던 이유가 무엇인지 이제 말씀해주시겠어요? 특별한 자비를 입기라도 하셨나요? 아니면 어찌 된 셈인지…." 그러자 진리용사가 물었다.

확고는 대답했다. "여러분들도 아시다시피 지금 우리는 마법의 땅에 들어와 있습니다. 그동안 홀로 걸으면서 이 지역을 지나는 길이 얼마나 위험한 속성을 지녔는지, 그리고 얼마나 많은 순례자들이 이토록 멀리 왔다가 여기서 발이 묶이고 멸망에 이르렀는지 곰곰히 헤아려보았습니다. 이곳이 인간을 파멸시키기 위해 동원하는 죽음의 방식도 생각해보았죠. 여기서 최후를 맞는 이들은 무슨 심한 병에 걸려서 죽는 게 아닙니다. 심한 고통이 따르는 그런 죽음도 아니고요. 여기서 잠들었다 스러지는 이들은 기대를 품고 즐거운 마음으로 또 다른 여정을 시작하니까요. 죽음이라는 질병을 기꺼이 받아들이는 셈이죠."

이번엔 정직 노인이 끼어들었다. "정자에 두 사나이가 잠들어 있던데, 자네도 봤나?"

확고는 고개를 끄덕였다. "부주의와 과신이 코를 골고 있더군요. 모르긴 해도 둘 다 썩어 문드러질 때까지 일어나지 않을 겁니다.잠 10:7 제 사연을 좀 더 들려드리죠. 아까 말씀드린 대로 이것저것 궁리하면서 걷고 있는데, 말쑥하게 차려입기는 했지만 나이가 좀 들어 보이는 여인이 다가오더니 제게 세 가지를 제공하겠노라고 했습니다. 자기 몸과 지갑, 침대를 주겠다는 거죠.

이제야 드리는 말씀입니다만, 사실 몹시 고단하고 피곤한데다가 새끼 올빼미처럼 처량한 처지였거든요. 아마 그 마녀도 제 형편을 꿰뚫고 다가오지 않았나 싶습니다. 어쨌든 전 단칼에 거절했습니다. 하지만 그렇게 펄쩍 뛰는 걸 보고 여인은 도리어 웃더 군요. 화를 내도 전혀 신경 쓰지 않았어요. 그러더니 이번에는 다른 카드를 꺼내 들었어요. 시키는 대로 순순히 따르면 절 위대하고 행복하게 만들어주겠다더군요. 자기는 세상을 쥐락펴락하는 여주인이어서 사내 하나 행복하게 해주는 건 일도 아니라면서요.

　도대체 뉘시길래 이러느냐고 물었죠. '거품 마담Madam Bubble'이 라고 하더군요. 이름을 들으니 더 정나미가 떨어지더라고요. 그 런데도 마녀는 여전히 온갖 미끼를 던져가며 추근거렸어요. 그 래서 아까 여러분들이 보신 것처럼 무릎을 꿇고 손을 높이 든 채 부르짖었어요. 기꺼이 도와주시겠다고 약속하신 분께 간구했던 거죠. 그러자 곧바로 여러분들이 다가왔고 여인은 달아나버렸어 요. 저는 계속해서 큰 구원을 베풀어주신 주님께 감사 기도를 드 렸습니다. 마녀가 악한 뜻을 품고 순례길을 가로막으려 든다는 생각이 강하게 들었거든요."

정직 "마녀가 나쁜 속셈을 가졌던 건 의심의 여지가 없는 일일 세. 그런데 그대의 경험담을 듣노라니, 그 여자를 그린 그림 을 봤든지 아니면 글을 읽었든지 했다는 생각이 드는구려."

확고 "어쩌면 둘 다일지 모릅니다."

정직 "거품 마담이라…. 가만 있자, 혹시 키가 자그마하고 예쁘장 한 얼굴에 낯빛이 가무잡잡한 여자가 아니었소?"

확고 "맞습니다! 바로 그 여잡니다."

정직 "혀에 기름을 두른 듯 말이 번지르르하고 말끝마다 눈웃음을 치는!"

확고 "그래요, 그래요! 그 여자 하는 짓이 딱 그랬습니다."

정직 "커다란 전대를 옆구리에 차고 있지 않던가? 더없이 즐거운 놀이라도 하듯, 툭하면 지갑에 손가락을 넣어 돈을 만지작거리지는 않았고?"

확고 "말씀하신 그대로입니다. 그 여인이 내내 곁에 서 있다 하더라도 어르신처럼 상세하게 그려내지도, 생김새를 잘 설명할 수는 없을 겁니다."

정직 "그럼 내가 본 그림을 그린 이는 뛰어난 화가인 모양이군. 글쓴이는 사실을 있는 대로 정확하게 기록했고."

담대 "마녀가 틀림없습니다. 이 땅이 이처럼 사람들의 마음을 홀리는 것도 그 여인이 부리는 마법 탓입니다. 장담하건대, 누구든 그 무릎을 베고 눕는다면 칼날이 걸린 단두대에 머리를 올려놓는 셈입니다. 그 여인의 아름다움에 눈길을 주는 이는 하나님의 원수가 되는 꼴이고요. 순례자의 원수들을 죄다 화려하게 꾸며주는 것도 바로 이 마녀입니다.약4:4

그래요, 숱한 순례자들을 이 길에서 끌어내 거룩한 삶을 살지 못하게 만든 주인공이죠. 게다가 말은 좀 많게요. 그 여자는 딸까지 데리고 이 사람 저 사람 따라다니면서 다른 데

가봤자 이생만큼 근사한 삶이 없다고 침이 마르도록 순례자들을 꼬드긴답니다. 뻔뻔스럽고 무례하기 짝이 없는 계집이어서 아무 사내나 붙들고 말을 걸죠. 가난한 순례자들은 비웃고 멸시하지만, 부자들에게는 아첨이 늘어집니다. 교활한 술수로 떼돈을 번 이가 어디 있다는 얘길 들으면 이집 저집 다니며 칭찬하는 소문을 내기 바쁘고요. 잔치나 만찬이라면 사족을 못 쓸 만큼 좋아해서 걸게 차려놓은 밥상머리마다 어김없이 얼굴을 내밉니다.

자신이 여신이란 얘길 곳곳에 흘리고 다니는 바람에 예배하며 따르는 이들까지 생겼답니다. 가는 곳마다 속임수 판을 벌리기에 분주하죠. 아무도 감히 자신을 따라올 수 없을 만큼 남을 잘 속인다는 자부심이 넘쳐요. 자길 사랑하고 중요하게 여겨주는 상대라면 자식의 자식뻘 되는 사내와도 살겠노라고 장담하더군요. 특정한 장소와 특정한 누군가에게는 지갑을 열어 돈을 물 쓰듯 합니다. 누군가가 따라다니고 사탕발림해주는 걸 좋아하고 사내들의 품에 안기길 즐기죠. 지칠 줄 모르고 제 수중에 지닌 걸 자랑하고, 자길 으뜸으로 쳐주는 이들을 더없이 사랑한답니다. 시키는 대로 따르기만 하면 한 나라의 임금 자리를 약속하지만, 이 여자가 교수대로 보내버린 이들은 그 수를 셀 수가 없죠. 지옥에 떨어트린 이는 그보다 헤아릴 수 없을 만큼 더 많고요."

확고 "그런 여자를 뿌리쳤으니 이만저만 큰 은혜가 아니네요. 하마터면 어디로 가는지도 모르고 끌려갈 뻔했잖습니까!"

담대 "'어디로'라고 했나? 어디로 가는지는 하나님만이 아시지. 하지만 전반적으로 마녀는 그대를 어리석고 해로운 정욕으로 끌어가리라는 점만큼은 분명하다네. 결국은 파멸과 영원한 형벌에 이르게 될 테고.딤전 6:9 압살롬을 부추겨 아버지에게 반역하게 만든 것도, 여로보암을 곁에서 쑤석거려 주인에게 반기를 들게 만든 것도, 유다를 꼬드겨 주님을 팔아넘기게 이끈 것도, 데마를 후려서 경건한 순례자의 삶을 버리게 만든 것도 죄다 이 마녀의 짓일세. 이 여자가 미친 해악은 이루 다 말할 수가 없을 정도지. 통치자와 국민, 부모와 자식, 이웃과 이웃, 남편과 아내 사이, 한 인간과 그 자신, 육신과 영혼의 관계를 뒤틀어놓았다네. 그러니 확신이라는 자네 이름 그대로 무슨 일에든 흔들리지 말고 견고하게 서시게나."

이야기를 나누는 내내 일행의 마음에는 기쁨과 두려움이 뒤섞인 감정이 가득했다. 그렇게 얼마나 지났을까, 순례자들의 입에서 노래가 흘러나왔다.

순례자에게 어떤 위험이 따르는지,
얼마나 많은 적들이 노리는지,

죄로 가는 길이 얼마나 많은지,
잠시 살다 가는 인생은 알 도리가 없지.

더러는 개골창에 빠져 엉망이 되고,
진창에 자빠져 뒹굴 수도 있다네.
프라이팬을 피했다 싶은 이마저도
불 속으로 뛰어드네.

꿈에 보니, 이런 일들을 겪은 뒤 순례자들은 뻘라로 들어갔다. 밤낮없이 햇살이 따사로운 땅이었다. 다들 지친 터라 거기서 잠시 쉬어가기로 했다. 순례자라면 누구에게나 열려 있는 고을일 뿐만 아니라, 거기 있는 과수원과 포도밭은 모두 새 예루살렘 성 임금님의 것이므로 크리스티아나 일행은 눈치 볼 일 없이 무엇이든 마음껏 누릴 자격이 있었다. 하지만 거기 들어선 지 얼마 안 되어 다들 기운을 차렸다. 연신 종소리가 울려 퍼지고 나팔들이 아름다운 가락을 쉴 새 없이 연주하는 통에 잠을 이루지 못했는데도 마치 곤히 자고 난 듯 몸이 가뿐했다.

거리를 오가는 이마다 큰 소리로 소식을 전하는 바람에 온 동네가 시끌벅적했다. 이편에서 "더 많은 순례자들이 마을에 들어왔다!"고 외치면, 저쪽에선 "오늘도 많은 이들이 물을 건너 금빛 찬란한 대문 안으로 들어갔다!"고 화답했다. 이번에는 또 다른 이들이 소리쳤다. "빛나는 이들 한 무리가 막 시내에 들어왔다! 더 많은 이들이 길을 떠난 게 분명해! 여기서 기다리다 갖은 괴로움을 다 겪은 순례자들을 위로하려는구나!"

크리스티아나 일행은 자리에서 일어나 여기저기 거닐어보았다. 귀에는 거룩한 환호성이 가득하고 두 눈은 하늘나라를 바라보는 기쁨으로 빛났다. 어딜 가든 몸과 마음을 상하게 할 만한 것이라고는 들을 수도, 볼 수도, 느낄 수도, 냄새 맡을 수도, 맛볼 수도 없었다. 머잖아 건너게 될 강물을 맛보았는데 처음엔 쌉싸름했지만 삼키고 나자 이내 달콤한 기운이 감돌았다.

뷸라에는 옛 순례자들의 이름과 널리 알려진 행적을 기록한 역사가 보관되어 있었다. 어떤 이들이 건널 때는 강물이 차고 넘치더니 또 다른 이들이 지날 때는 썩 빠졌다는 이야기도 적잖이 적혀 있었다. 누군가에게는 말라붙고 어떤 순례자들에게는 둑을 넘을 만큼 차오른다는 뜻이었다.

마을의 어린이들은 임금님의 정원에 들어가 작은 꽃다발을 만들어서 순례자들에게 안겨주길 무척 좋아했다. 거기에는 유향과 몰약, 침향처럼 온갖 귀한 향료를 내는 나무들과 함께 고벨화와 땅두릅, 사프란, 창포, 계피나무가 자라고 있었다. 덕분에 순례자들이 머무는 내내 향기로운 냄새가 방안에 가득했다. 이런 향기들은 순례자들의 온몸을 적셨고 정해진 기한에 이르렀을 때 강을 건널 채비를 갖추어주었다.

뷸라에 머물며 정해진 때를 기다리고 있는데, 마을에서 요란한 환호성이 들렸다. 거룩한 성에서 크리스천의 아내에게 보낸 중요한 전갈이 도착한 것이다. 심부름꾼은 수소문 끝에 크리스티아나의 집을 찾아내곤 편지를 전달했다. 거기엔 이렇게 적혀 있었다.

선한 여인이여,
주인님이 그대를 부르신다는 소식을 전하오.
열흘 안으로 영원히 죽지 않는 옷을 입고 주님 앞에 서길 바라오.

편지를 다 읽어준 메신저는 스스로 참 메신저임을 증명하는 표지를 꺼내 보이며 어서 떠나자고 채근했다. 그 증표는 여인의 마음에 깊이 박혀 차츰 그 중심을 사로잡아 정해진 시간에 흔쾌히 떠날 수 있도록 사랑으로 날카롭게 촉을 벼린 화살이었다.

자신의 때가 다가왔으며 일행 가운데 가장 먼저 강을 건너리라는 사실을 알게 된 크리스티아나는 안내자를 불러 이러한 사정을 전했다. 담대는 더없이 기쁜 소식이라고 반겼다. 한편으론 자신에게도 전령이 찾아와 그런 전갈을 주면 얼마나 좋겠냐며 부러워했다. 여인은 길을 떠나기 위해 준비해야 할 일들을 빠짐없이 알려달라고 부탁했다. 담대는 이러저러한 채비를 해야 한다고 일러주고는 남은 이들이 함께 강가까지 배웅하겠노라고 했다.

크리스티아나는 자식들을 불러서 하나하나 축복하며 말했다. "너희들의 이마에 찍힌 표식을 확인하니 마음이 놓이는구나. 너희들이 지금껏 내 곁에 있고 여전히 때 한 점 묻지 않은 흰옷을 입고 있는 걸 보니 얼마나 기쁜지 모르겠다."

아울러 변변치 않지만 지닌 걸 모두 가난한 이들에게 나눠주게 하고 아들과 며느리들에게도 언젠가 찾아올 주님의 메신저를 맞이할 준비를 잘 갖추라고 당부했다.

안내자와 자식들에게 이런 부탁을 남기고 나서, 이번에는 진리용사를 불러 말했다. "언제 어디서나 그대는 진심을 보여주었습니다. 죽도록 충성하세요. 그러면 제 임금님께서 생명의 면류관을 주실 겁니다.계 2:10 아울러 제 자식들을 유심히 지켜봐주길 부탁드립니다. 조금이라도 약해진다 싶으면 언제고 따끔하게 지적해주세요. 며느리들도 그간 한결같이 신실했으니 저마다 지닌 약속이 마지막 때에 다 이뤄지리라 믿습니다."

이어서 확고에게는 반지를 빼주었다. 다음에는 정직을 바라보며 혼잣말처럼 말했다. "보아라, 저 사람이야말로 참으로 이스라엘 사람이다. 그에게는 거짓이 없다."요 1:47

노인은 복을 빌었다. "시온산으로 떠나는 날, 하늘이 맑아 그대가 발을 적시지 않고 강을 건너는 모습을 기쁘게 지켜보게 되길 바라오."

하지만 여인의 대답은 달랐다. "발이 젖더라도 어서 가고 싶은

사람들을 축복하는 크리스티아나

마음뿐입니다. 여행하는 가운데 어떤 날씨를 맞이하든, 목적지에 이르면 시간이 넉넉하니 앉아서 편히 쉬며 몸을 말리고도 남을 테니까요."

때마침 주저가 인사하러 찾아왔다. 크리스티아나는 그이에게 말했다. "여기까지 오시느라 말로 다 못할 어려움을 겪으셨습니다. 하지만 고초가 컸던 만큼 쉼은 더 달콤할 겁니다. 잘 지켜보고 준비를 게을리 마세요. 주저 님이 생각지도 못한 순간에 주님의 전령이 당도할지 모릅니다."

잇달아 의기소침이 딸 겁보와 함께 들어왔다. 여인은 부녀에게 당부했다. "절망거인의 손아귀에서 구원받고 의심의 성에서 탈출했던 일을 감사함으로 영원히 기억해야 합니다. 두 분이 안전하게 여기까지 올 수 있었던 건 모두 은혜를 입은 결과입니다. 그러므로 늘 조심하세요. 두려움을 떨쳐버리세요. 항상 깨어서 마지막 날을 향한 소망을 품으세요."

심약도 빼놓지 않고 덕담을 건넸다. "심약 님은 살선괴의 아가리에서 구원을 받고 생명의 빛 가운데서 살며 편안한 마음으로 임금님을 뵙게 되었습니다. 주님 앞에서 부끄러워하지 않도록 메신저가 찾아오기 전에 그분을 두려워하고 그 선하심을 의심하는 성향을 회개하세요. 드릴 말씀은 그뿐입니다."

이제 크리스티아나가 떠나야 할 때가 됐다. 여인이 길을 나서는 걸 보러 나온 이들로 거리가 바닥이 보이지 않을 정도로 메워

지다시피 했다. 맙소사! 강둑에는 말과 마차가 빼곡하게 들어서 있었다. 새 예루살렘 성문까지 순례자를 모셔가러 온 군대였다. 마침내 크리스티아나는 배웅하러 나온 숱한 이들에게 손을 흔들어 인사하며 강물로 걸어 들어갔다.

"주님과 더불어 살며 찬양하러 이제 떠납니다!"

이것이 여인이 남긴 마지막 말이었다.

건너편에서 기다리던 군대가 크리스티아나를 싣고 사라지자, 가족과 친구들은 발길을 돌렸다. 새 예루살렘 성에 도착한 여인은 지난날 남편 크리스천이 그랬던 것처럼 부름을 받고 감격이 가득한 의식을 좇아 문 안으로 들어갔다. 어머니를 떠나보내는 자녀들은 눈물을 흘리며 울었다. 하지만 담대와 진리용사는 악기를 연주하며 기쁨의 노래를 불렀다. 그렇게 일행은 저마다 처소로 돌아갔다.

그렇게 또 얼마쯤 시간이 지나자, 마을에 다시 메신저가 도착했다. 이번에는 주저를 찾아온 것이었다. 전갈을 받을 주인공이 맞는지 재차 확인한 심부름꾼은 말했다.

"목발을 짚을지언정 댁이 사랑하며 따랐던 그분이 보내서 왔습니다. 부활 이튿날, 주님의 나라에서 한 상에 앉아 먹고 마시길 바란다는 뜻을 전하라 하셨습니다. 그러니 어서 떠날 채비를 하세요."

그러곤 참 메신저임을 보증하는 증거를 제시했다. "내가 네 금

그릇을 깨트리고 네 은 줄을 풀었노라."(전 12:6 – 옮긴이)

전갈을 받은 주저는 동료 순례자들을 불러서 소식을 전했다. "제가 부름을 받았습니다. 하나님은 어김없이 여러분들도 부르실 겁니다."

그러곤 진리용사에게 유언을 기록해달라고 부탁했다. 남길 거라고는 평생을 지탱해준 목발과 선한 소망뿐이었으므로 이렇게 받아 적게 했다. "나보다 월등히 뛰어나길 바라는 간절한 소망을 담아 뒤따라올 내 아들에게 이 목발들을 남긴다."

그러곤 담대에게 지금껏 이끌어주고 친절히 대해줘서 고맙다는 인사를 전한 뒤에 집을 나섰다. 강독에 다다르자 그이가 말했다. "이제 목발은 필요 없습니다. 저기 보이는 마차와 말들이 절 태우고 갈 테니까요."

그러곤 마지막으로 짧게 한마디 하고는 길을 떠났다. "어서 오라, 생명이여!"

주저 다음으로, 전령은 심약을 찾아 문을 두드렸다. 집 안으로 들어온 메신저는 말했다. "주님이 그대를 보고 싶어 하신다는 뜻을 전하러 왔습니다. 이제 곧 그분의 빛나는 얼굴을 뵙게 될 겁니다. '창들로 내다보는 자가 어두워질 것이며.'전 12:3 이것이 내 메시지가 참임을 보여주는 암호입니다."

심약은 친구들을 불러 모으고 주님의 심부름꾼이 어떤 소식을 가져왔으며 그 전갈이 진실함을 보이는 증표로 무얼 받았는지 설명하고 나서 말했다. "물려줄 게 하나도 없으니 유언장을 쓴들 무슨 소용이 있겠습니까? 연약한 마음은 다 버리고 가렵니다. 이제 가게 될 데서는 눈곱만큼도 쓸 데가 없고, 더없이 가난한 순례자조차 이것은 필요하지 않을 테니 말입니다. 그러니 진리용사 님, 제가 떠나면 거름더미에 묻어주시구려."

이윽고 떠날 날이 되자, 심약은 먼저 떠난 동료들과 마찬가지로 강물로 곧장 들어갔다. 심약은 마지막 말을 남기고 강을 건너갔다. "단단히 붙드세요, 믿음과 인내를!"

날이 가고 달이 가면서 점점 더 많은 이들이 강을 건너갔다. 의기소침에게도 메신저가 찾아와서 소식을 전했다. "떨고 있는 이여, 돌아오는 주의 날까지 임금님께 나아가 온갖 의심에서 건져주신 구원의 역사를 소리 높여 기뻐하라는 부르심입니다."

심부름꾼은 말했다. "이 전갈이 참임을 입증하는 암호는 이것입니다. '메뚜기도 짐이 될 것이며.'"전 12:5

소식을 들은 딸 겁보는 자기도 함께 가겠노라며 매달렸다. 그러자 의기소침은 동료들을 돌아보며 이야기했다. "우리 부녀의 됨됨이가 어떠하며 함께 여행하는 길벗들을 얼마나 고단하게 했는지 여러분은 다 아십니다. 저와 딸아이의 유언이 있다면, 이렇게 떠나고 난 뒤로 영원토록 그 누구도 우리의 낙담과 비굴한 두려움을 물려받지 않기 바란다는 겁니다. 제가 죽고 나면 낙담과 공포는 또 다른 상속자를 찾으려 들 게 뻔합니다. 여러분들이니까 솔직히 말씀드립니다만, 순례자로서 첫발을 내딛는 순간부터 놈들과 맞닥뜨렸는데 한번 들러붙고 나니 좀처럼 떨쳐버릴 수가 없었습니다. 부디 저희를 생각해서 놈들이 들어오지 못하게 빗장을 꼭 걸어 잠그면 좋겠습니다."

떠날 때가 되자 의기소침과 겁보는 강가로 나아갔다. 의기소침도 마지막 한마디를 남겼다. "잘 가라, 밤이여! 어서 오라, 대낮이여!"

겁보는 노래를 부르며 강을 건너갔지만, 무어라고 하는지 아무도 알아듣지 못했다.

그로부터 얼마 후, 다시 마을에 나타난 심부름꾼은 정직을 수소문했다. 노인이 사는 집을 찾아온 전령은 편지를 한 장 전해주었다. 거기엔 이런 명령이 적혀 있었다. "이레 뒤에 아버지의 집에 이르러 주님 앞에 설 준비를 하도록 하라." 전령은 메시지가 참임을 보이는 징표를 내밀었다. "음악하는 여자들은 다 쇠하여질 것이며."전 12:4

정직은 길벗들을 다 불러 모아 말했다. "이 몸은 이제 곧 죽겠지만 유언은 남기지 않겠소. 정직은 그대로 지닌 채 가려 하오. 뒤따르는 이가 있거든 그렇게 전해주시구려."

떠날 날이 되자, 노인은 강으로 나갔다. 어찌 된 일인지 강물이 잔뜩 불어 군데군데 둑 너머로 물이 넘칠 정도였다. 하지만 정직은 강가에서 만난 '선한 양심Good-conscience'의 도움으로 무사히 강을 건너갔다. 생전에 강가에서 서로 만나자고 약속을 해둔 덕이었다.

"은혜가 다스린다!" 정직 노인은 그 말을 마지막으로 세상을 떠났다.

얼마나 시간이 더 흘렀을까. 주님의 메신저가 다시 와서 진리용사에게 부르심을 전했다는 소문이 파다하게 퍼졌다. "항아리가 샘 곁에서 깨지고"전 12:6라는 말씀이 소환장의 내용을 보증하는 증표였다. 전갈을 받자 진리용사도 벗들을 불러 사실을 알렸다.

"제가 아버지의 집으로 가게 됐습니다. 지금껏 지독한 어려움을 겪었지만 여기 이르기까지 고생스러웠던 일들을 후회하지 않습니다. 제 뒤를 이어 순례에 나서는 이들에게 제 칼을 전해주세요. 용기와 솜씨는 거기에 합당한 이들에게 물려주렵니다. 몸에 생긴 상처와 흉터들은 잊지 않고 갚아주실 분을 위해 싸웠다는 증거가 될 겁니다."

마침내 떠나야 할 날이 왔다. 수많은 이들이 용사를 강가까지 배웅했다. 강물로 들어가며 진리의 용사는 외쳤다. "사망아 너의 승리가 어디 있느냐?"

더 깊이 들어가며 한 번 더 소리쳤다. "사망아 네가 쏘는 것이 어디 있느냐?"고전 15:55 그렇게 강을 건너자 그이를 환영하는 나팔소리가 강 건너에 요란하게 울려 퍼졌다.

이어서 확고에게도 소환장이 도착했다. 마법의 땅에서 무릎을 꿇고 있는 모습이 다른 순례자들의 눈에 띄었던 바로 그이였다. 심부름꾼은 손으로 편지를 펼쳐 보여주었다. 주님이 더는 그이를 멀리 두고 싶어 하지 않으니 다른 삶을 살 준비를 하라는 내용이었다. 확고는 한동안 생각이 많은 눈치였다.

전령은 말했다. "제가 전한 메시지는 어김없는 사실이어서 단한 점도 의심할 필요가 없습니다. 여기 증표가 될 말씀이 있습니다. '바퀴가 우물 위에서 깨지고.'"전 12:6

그제야 확고는 오는 내내 길을 안내해준 담대를 불러서 이야기했다. "오래도록 순례여행을 함께하지 못했던 건 참으로 아쉽습니다만, 어르신을 알게 된 뒤부터는 제가 얼마나 큰 덕을보았는지 모릅니다. 집을 떠나 순례에 나서면서 아내와 다섯 아이를 남겨두었습니다. 이제 어른은 경건한 순례자들을 더 많이안내할 뜻을 품고 주인께로 돌아가시겠죠? 그래서 간절히 부탁드리는데, 고향에 가시거든 부디 제 식솔들을 이 길로 이끌어주시고 제게 일어난 일들과 앞으로 벌어질 일들을 낱낱이 알려주십시오.

아울러 여기 도착해서 얼마나 행복해하며 지금과 나중에 또어떤 은혜를 누리게 될지 전해주십시오. 크리스천과 그의 아내크리스티아나, 그리고 아들들이 어떻게 가장의 뒤를 따랐는지들려주세요. 그이가 얼마나 행복한 결말을 맞았으며 어디로 갔는지도 설명해주세요. 기도와 눈물 말고는 식구들에게 보내줄 만한 게 제게는 거의 없습니다. 그렇지만 어르신이 전해주는 이런 이야기들을 듣고 행여 마음이 움직인다면, 그걸로 충분할 겁니다."

확고는 이렇게 세상일을 다 정리하고 떠날 때가 되자 다른 길 벗들처럼 강가로 내려갔다. 이번에는 강물이 더없이 잔잔했다. 절반쯤 물을 건넜을 즈음, 확고는 이편에서 바라보는 이들을 향해 큰 소리로 말했다.

"이 강은 무수한 이들에게 두려움을 안겼습니다. 강물을 떠올리면 저도 겁이 날 적이 많았습니다. 하지만 지금은 이렇게 편안하게 서 있습니다. 이스라엘 백성들이 요단강을 건널 때 제사장들이 언약궤를 지고 섰던 그 자리에 저도 단단히 딛고 있습니다.수 3:17 강물이 혀에 쓰고 뱃속에 차가운 건 틀림없는 사실입니다. 하지만 지금 가고 있는 곳과 강 건너에서 기다리고 있는 호위대를 생각하면 잉걸불을 지핀 듯 마음이 뜨겁습니다.

저는 드디어 순례여정의 끝에 거의 다 와 있습니다. 고생스럽기만 했던 세월은 다 지났습니다. 이제 뭇사람들이 머리에 가시관을 씌우고 얼굴에 침을 뱉던 이를 만나러 갑니다. 저를 위해 그분은 그 고통을 다 견디셨습니다. 여태는 귀로 들어 알게 된 사실을 믿으며 살았지만, 앞으로는 눈으로 본 사실에 기대어 살며 제게 기쁨이 되는 분과 더불어 지내는 곳으로 갑니다. 여기서 지내는 내내 주님 말씀 듣기를 좋아했고 그분이 걸으신 길이다

싶으면 저도 거기 서보려 안간힘을 썼습니다. 주님의 이름은 사향을 담은 그릇 같아서 세상 어떤 향기보다 달콤했습니다. 그분의 목소리는 더없이 감미로웠습니다. 사람들은 햇빛을 보고 싶어 안달하지만 저는 주님의 얼굴 뵙기를 더 소망했습니다. 그분의 말씀을 긁어모아 음식으로, 정신을 잃지 않게 막아주는 해독제로 사용했습니다. 주님은 저를 붙들어 악의 구렁텅이에 빠지지 않게 지켜주셨습니다. 걸음걸음 힘을 주셔서 그분의 길에서 벗어나지 않게 하셨습니다."

이렇게 외치는 동안, 확고의 모습이 조금씩 변해갔다. 사나이다운 기상은 차츰 스러지고 "주께 갑니다, 저를 받아주세요!"라는 말과 함께 지켜보는 이들의 시야에서 완전히 사라졌다.

말과 마차, 나팔수와 피리 부는 악사들, 노래하는 이들과 현악기를 타는 연주자들이 툭 터진 벌판을 가득 메우고, 순례자들이 도착할 때마다 반가이 맞으며 차례차례 새 예루살렘 성문 안으로 데리고 들어가는 광경을 지켜보는 건 참으로 영광스러운 일이었다.

크리스티아나의 식솔들, 그러니까 여인이 낳은 네 아들과 며느리, 그리고 그 자녀들이 건너는 것까지는 보지 못한 채 난 그곳을 떠났다.

고향으로 돌아온 뒤에, 다들 아직 이 땅에 살고 있으며, 당분간은 지금 사는 데서 교회를 키우기 위해 애쓰려 한다는 얘길 누군가에게서 전해 들었다.

다시 그 길을 갈 일이 생기면, 그리고 더 알고 싶어 하는 이들이 있다면, 여기엔 소개하지 않은 이야기들을 들려줄 수도 있을 것이다.

자, 그럼 독자들이여, 이제 그만 안녕!

이탈리아 피사에 있는 캄포산토 모누멘탈레Camposanto Monumentale 벽화

글 뒤에는 삶,
길은 끝나지 않았다

맡고 싶지 않았다. 진심이다.

1

개인적인 취향 때문이다. 옛글은 딱 질색이다. 어휘는 고색창연하다. 요즘은 좀처럼 쓰지 않는 단어들마저 툭툭 튀어나온다. 동사마다 '-th' 따위의 흔적기관을 달고 있어서 이만저만 불편한게 아니다. 쉼표를 되풀이해가며 길게(이건 '기이이이일게'라고 적어야 한다) 늘어지는 문장들은 또 어떻고. 나중에 가면 작가가 무슨 소릴 하려고 이 문장을 시작했는지조차 헷갈린다. 은유와 상징이 범벅이 되다시피 한 터라, 등장인물의 이름 하나를 결정하는 데도 제법 시간이 걸린다. 곳곳에 박힌 운문은 더 말할 것도 없다. 그야말로 지뢰밭이다.

고질병을 감안하면 더 맡지 말았어야 했다. 우리끼리니까 하는 얘기지만, 실은 검열관과 기미상궁을 옆자리에 앉혀놓고 작업을 하는 중증질환을 앓고 있다. 물론, 그자들은 마음속에만 있다. 원문을 우리글로 풀어놓고 나면 검열관이 쌀쌀한 말투로 묻는다. "문법에는 맞는 거지?" 화들짝 놀라서 다시 다듬어놓으면 이번엔 기미상궁이 슬쩍 한마디 한다. "참 맛대가리 없게도 풀어놨네." 서로 충돌하는 둘의 비위를 맞추자니 죽을 맛이다. 결과? 당연히 죽도 밥도 아닌 기괴한 문장의 탄생이다. 하지만 그런 갈등을 피할 도리가 없다. 그래서 고질병이라고 하지 않는가?

운문들만 해도 그렇다. 적절히 풀어내고 다시 읽어보는 순간, 검열관이 말한다. "운이 맞아야지. 거리의 음악이라는 랩에도 라임이 있는데, 어떻게 고전의 시가에서 운자를 무시하니?" 어려운 줄은 안다. 영문과 우리글의 체계가 딴판인데 어떻게 운자까지 신경을 쓰겠는가? 그런데 어렵다고 생각하는 순간 미치도록 해보고 싶어진다. 요리조리 비틀고, 바꾸고, 조정하기를 무한 반복한다. 시간 낭비인 줄 확실히 알지만 가상한 노력이라고 우긴다. 결과? 마음속 기미상궁한테 물었더니 대꾸하기도 싫단다. 다음에 또 그 짓거리 하면 가만두지 않겠다고.

개인적인 사정으로도 사양하고 싶었다. 오래전에 잡아놓은 여행 일정이 있었다. 예약까지 죄다 끝내서 취소했다간 반 토막도 되돌려 받기 어려운 상태였다. 마감까지는 1년 가까운 시간이 남았지만, 이전에 맡아놓은 일감을 다 처리하고 달려들어야 하는 터라 시간이 빠듯했다.

일주일을 버티다 결국 맡았다. "님밖에 없어요"란 사탕발림에 넘어갔다. 패착이었다. 감진고래甘盡苦來. 달콤한 기분은 10분을 넘기지 못했고 괴로움은 한도 끝도 없이 오래갔다.

2

일단 작명이 발목을 잡았다. 하도 많은 인물들이 등장하는 터라, 1부에 나왔었는지를 일일이 확인해야 했다. 새 얼굴에는 그 속성과 행태에 따라 맞춤한 이름을 선사해야 했다. 너무 옛 느낌이 나서도 안 되고 그렇다고 지나치게 생기발랄해서 고전의 품위를 손상시켜도 안 될 일이었다. 웬만하면 한자 투가 아니라 우리말 느낌이 나는 단어를 가져오고 싶었다.

긴 문장도 고민거리였다. 토막을 치기로 했다. 전개가 빠른 요즘 드라마에 익숙한 세대까지 아우르고 싶은 욕심의 소산이다. 작가의 의도를 손상하지 않는 범위 안에서 유장하고 비옥한 문장을 짧고 건조하게 바꿨다. 일말의 상의도 없이 명문에 손을 댄 점에 대해 버니언 선생께 심심한 사죄의 뜻을 표한다(번역자의 무륙은 값이 저렴해서 끓는 데 주저함이 없다).

줄거리의 단순함을 보완할 최소한의 장치도 필요했다.《천로역정》은 출정, 시련, 극복, 휴식과 신학적인 충전이라는 사이클의 무한반복이다. 자칫 지루해질 수 있는 점을 감안해 필요할 때마다 다소 강한 표현을 썼다. "놀랐다"라고 해도 뒤집어쓸 자리에 "기겁을 했다"라는 말을 넣는 식이다. 과장이나 허세보다 생기충전 쪽으로 이해해주면 좋겠다.

희곡적인 구성도 번역에는 걸림돌이었다. 1부에서는 희곡적인 틀을 무너뜨리고 일반적인 문절로 녹여냈었다. 이름을 적고 콜론을 붙인 뒤에 화자의 이야기를 큰따옴표 없이 적은 원문을 "아무개는 ~라고 말했다"로 풀었다. 그편이 부드럽게 읽힌다고 보았기 때문이다. 하지만 2부에선 그럴 수가 없었다. 빈도가 너무 잦아서 '라고 말했다'가 무한 되풀이될 판이었다. 결국 원문의 틀을 그대로 유지하는 쪽을 선택했다.

3

이쯤 되면, 번역자가 원고를 주무르는 전권을 쥔 듯 보이지만, 사실 보이지 않는 실세는 편집자다. 이번에도 완고를 받은 편집부에서 대폭 손을 볼 기색을 내비친다. 가독성을 올리기 위해 틀도 좀 바꾸고 '쓸데없이' 공을 들인 운문들도 조절하고 싶단다. 다시 선택의 순간이다. 무너져가는 조국을 지켜보는 장수의 심정으로 분연히 일어설지, 아니면 국가의 미래를 짊어지고 담판에 나선 서희로 변신해 절충에 나설지 입장을 정해야 한다. 결과? 단호하게 무릎을 꿇고 편집부의 처단에 맡긴다. 어차피 이 글이 독자들의 손에 들어가 잘 읽히길 가장 간절히 바라는 건 그쪽일 테니까. 요즘 이편의 무릎 시세가 워낙 떨어지기도 했고.

주저하며, 마지못해 맡았고 허덕허덕 작업을 끝냈지만, 고생이 전부였던 건 아니다. 고전에는 독특한 맛이 있어서 번역이 진행될수록 그 매력이 사무친다. 글짓기와 집짓기에는 비슷한 구석이 많은데 버니언은 그 실상을 여실히 보여준다. 전달할 메시지를 전하고, 그 의미를 담을 유장한 줄거리를 구성하고, 그 이야기를 전달할 등장인물과 에피소드를 만들어 붙이는 작업을 선명하게 지켜볼 수 있다. 어떤 집을 짓겠다는 계획을 세우고, 설계도를 그리고, 나무를 구해다 치목을 하고, 마침내 조립하고 장식을 붙이는 집짓기 과정을 지면에서 구경하는 느낌이다. 건축가 버니언은 장인의 반열에 든 인물이라 그 시절에, 그 어려운 형편에 어떻게 이런 구상을 했을까 혀를 내두르게 한다. 문장이 길긴 하지만 쉼표마다 정말 한 번씩 숨을 쉬어주면 필자가 대사를 음송하는 가락이 느껴질 만큼 자연스럽다. 한 문장 한 문장 옮길 때마다 크리스티아나를 비롯한 등장인물들의 심사에 녹아들어간다. 등장인물들을 따라가다 지칠 때쯤이면 여관이니 쉼터니 하는 곳에서 그동안 벌어졌던 일과 앞으로 일어날 일들의 의미를 신학적으로 풀어주는 친절함에도 박수를 보내게 된다. 한순간도 긴장을 늦출 수 없는 서스펜스 드라마는 아니지만 호흡이 길다 해서 재미가 없는 건 아님을 잘 보여준다. 혹시라도 글이 빛나고 독자들의 마음이 흔들린다면, 공로는 죄다 버니언과 원작의 몫이다.

4

번역을 다 끝내지 못하고 기어코 여행지까지 원고를 들고 갔다. 낮에는 일정을 소화하고 밤에는 노트북 앞에 앉았다. 누가 보면 엄청난 일을 하는 줄 알았겠지만 실은 발등의 불을 끄고 있었을 따름이다.

최종 원고는 이탈리아 피사에서 보냈다. 걱정스럽기도 하고, 미안하기도 했다. 한편으로는 길었던 버니언과의 씨름을 청산해 홀가분했다. 다시는 그이와 얽히고 싶지 않았다. 조반니 시모네라는 건축가가 설계했다는 납골당을 돌아보기 전까지는 그랬다. 그런데 전쟁 통에 다 무너지고 볼거리라고는 뼈대와 벽면의 프레스코만 남은 죽은 자들의 집에서 희한한 그림들과 마주하면서 생각이 조금 달라졌다. 순례자의 삶을 파노라마처럼 담은 벽화였다. 지옥, 고통, 천국, 순례자, 유혹, 핍박, 전투…. 구성과 주제가 방금 끝낸 원고와 판박이였다. 그러고 보면 《천로역정》은 버니언의 전유물이 아니라 저 화가를 비롯한 선대와 오늘을 살고 또 내일을 살아갈 모든 크리스천들의 공유물이었다. 번역으로 끝날 일이 아니라 삶으로 계속해야 할 숙제인 셈이다.

　버니언은 좀처럼 나를, 우리를 놓아주지 않을 모양이다.

토머스 새들러Thomas Sadler, 〈존 버니언〉, 1684

박형진
햇불트리니티신학대학원대학교 선교학 교수

출판사상 성경 다음의 베스트셀러이자 스테디셀러가 된 《천로역정》은 200개 이상의 언어로 번역되었고 오늘날에도 다양한 형식으로 꾸준히 출판되고 있다. 이는 기독교인이라면 꼭 한 번은 읽어볼 만한 작품으로, 신앙생활을 막 시작한 이들은 이 작품을 통해 앞으로의 신앙생활을 전망해볼 수 있고, 오래 신앙생활을 한 이들은 스스로의 신앙 여정을 회고해볼 수 있다. 여기에선 작품을 더 깊이 이해하기 위해 저자인 존 버니언의 생애와 저작, 작품의 내용과 신학적 의미 등을 살펴보기로 하자.

저자 존 버니언

버니언의 생애

《천로역정》의 저자 존 버니언John Bunyan, 1628~1688은 누구인가? 그
는 1628년 영국 엘스토Elstow에서 한 땜장이의 맏이로 태어났다.
버니언은 "우리 아버지 집안은 영국에서도 제일 보잘것없는 하
층 계급에 속했다"라고 말했을 만큼 신분은 물론 경제적·교육적
으로도 열악한 환경 출신이었다. 하지만 그는 아버지의 유업을
이어받아 철제 바이올린을 만들 정도의 실력을 가진 땜장이로
성장해서 수감 중이었을 땐 감옥 책상다리를 뜯어 플루트를 만
들 정도였다.

그의 자서전에 따르면 그는 어린 시절에 골목대장·욕 대장으
로 소문날 정도로 말썽꾸러기였다. 하도 욕을 심하게 하니까 그
동네에서 욕을 제일 잘하는 한 여인이 "나도 욕 대장이긴 하지만
너처럼 욕 많이 하는 애는 생전 처음이다"라고 할 만큼 입이 거
칠었다고 한다.

그는 어려서부터 불경스러운 생각과 악몽에 시달렸다. 그는
15세에 어머니를 떠나보냈고, 한 달도 지나지 않아 여동생마저
잃었다. 더구나 이러한 상황에서 바로 재혼했던 아버지는 이후
에 또 세 번째 결혼을 한다. 버니언은 늘 아버지와의 불화 가운
데 있었는데, 이를 계기로 가출하고 만다. 버니언은 자신이 불안

정한 가정에서 자라 늘 심리적인 불안과 갈등이 심했고, 내면엔 죄와 죄책으로 인한 괴로움이 가득하였다고 진술하고 있다.

버니언이 살았던 시기의 영국은 매우 불안정한 정국이었다. 버니언이 태어나고 1년이 지난 1629년은 왕실과 의회의 마찰이 고조되던 때였다. 당시 왕이었던 찰스 1세는 스코틀랜드의 종교 문제에 간섭하여 전쟁을 야기했고, 이 문제를 극복하기 위해 세금을 징수하려고 하면서 정치적·종교적 갈등은 심화되었다. 16세이던 버니언은 청교도혁명을 일으킨 올리버 크롬웰Oliver Cromwell, 1599~1658의 의회군에 가입하여 전쟁의 실체를 보았고, 죽을 뻔한 위기를 겪기도 하였다. 하루는 그가 전장으로 나가기 직전에 순번이 바뀌어 다른 이가 그의 자리를 대신하여 나갔는데 머리에 총알이 박혀 죽었다는 보고를 들었다. 어렸을 때에는 사다리를 타고 놀다가 짓궂은 녀석이 사다리를 넘어뜨리는 바람에 물에 빠져 죽을 뻔했는데 다행히 배 위에 떨어져 살아난 적도 있었다. 이러한 경험들을 통해 버니언은 하나님이 그를 살려두신 이유가 있다고 믿게 되었다. 약 3년간의 군 생활 후 의회군이 해산하면서 귀향한 버니언은 가족과 재회하고 화해(특히 아버지와)하는 시간을 가졌지만 여전히 죄인 된 생활을 계속하였다고 진술하고 있다.

버니언은 21세에 결혼한다. 그의 아내는 그와 별다를 바 없는 가난한 가정 출신이었지만 경건한 청교도 신앙을 갖고 있었다.

그녀가 지참물로 가져온 것이라곤 고작 책 두 권이었는데, 하나는《천국을 향한 평신도의 길The Plain Man's Pathway to Heaven》이었고 다른 하나는《경건의 실천The Practice of Piety》이었다. 그러나 이 경건한 아내와 두 책이《천로역정》의 저자를 만들 줄 누가 알았겠는가? 그들 사이에서 태어난 큰 딸 메리Mary는 불행히도 날 때부터 실명이었고, 버니언의 첫 번째 부인은 10년간의 결혼 생활 중 아이 넷을 남기고 세상을 떠나고 만다. 30세에 아내와 사별한 버니언은 이듬해 재혼하고 두 명의 자녀를 더 낳았다.

당시의 청교도적이고 엄격한 설교는 죄를 질타하고 주일 엄수 등을 강조하였기에 죄책으로 가득 찬 버니언의 마음속엔 죄에 대한 중압감이 늘어만 갔다. 어느 주일날 버니언은 자치기tip-cat 놀이를 하다가 마음속 깊숙이 들려오는 준엄한 목소리를 들었다. "너 죄를 안고 지옥에 갈래, 아니면 죄를 청산하고 천국에 갈래?" 이 일을 계기로 두려움에 사로잡힌 버니언은 자신이 이미 극악한 죄인이어서 앞으로 어떻게 살든지 지옥에 갈 수밖에 없다고 생각했다.

영적인 고민과 관심이 고조되던 때에 그는 서너 명의 가난한 여인들이 나누는 이야기를 우연히 듣게 되었다. 신앙에 관해 대화하는 그 여인들을 보니 그들은 무엇인가 새로운 세계를 발견한 듯 목소리에 기쁨이 배어 있었다. 이러한 대화에 매료된 버니언은 이들이 다니던 교회에 출석하게 된다. 버니언이 간 교회는 베드포드 교회Bedford Church로, 존 기퍼드John Gifford 목사가 목회를 하고 있었다. 버니언은 기퍼드 목사에게 세례를 받고 교회의 일원이 되었다. 기퍼드 목사는 특별히 청교도적 회심의 체험이 있는 사람이었다. 그와의 개인적인 친분과 그의 영향력 있는 사역을 통해 버니언의 삶은 변화하게 된다.

기퍼드 목사가 세상을 떠난 후 교회 멤버들은 버니언에게 설교할 것을 권한다. 이후 버니언은 인기 많은 거리 설교자가 되어 '땜장이 설교자'라는 명성을 얻게 된다. 그러나 사실 그에겐 설교할 수 있는 자격이 없었다. 당시에 지정된 장소(국교회인 성공회 예배당) 밖에서 이루어지는 설교는 불법이었다. 또한 정치적으로 예민한 시기였던 터라 허가되지 않은 5명 이상의 모임은 불법이었고 지정된 장소에서 5마일을 벗어난 모임도 불법 집회로 간주되었다. 27세에 집사가 된 후 하나님으로부터 설교자로 소명을 받았다고 확신한 버니언은 체포영장이 나올 것임을 알고 있었음에도 설교를 감행하였다. 거침없는 행보를 펼치던 그는 결국 32세가 되던 1660년에 허가 없이 설교한 죄로 체포된다. 그의 죄목은 엘리자베스 여왕 치하에서 만들어진 '비밀집회금지령Conventicle Act'을 어긴 죄, 즉 성공회 밖에서 불법 예배를 드린 죄였다. 당시엔 영국 성공회의 공동기도서를 따르지 않는 예배는 불법 예배로 간주되었고, 즉흥 기도나 즉흥 설교도 불법이었다. 국가가 정한 규례를 따르지 않는 종교 모임은 잠재적인 정치적 위협이라 본 것이다. 그 후 버니언은 베드포드에서 1672년까지 찰스 2세 치하에서 12년간 옥살이를 하게 된다.

당시의 감옥 생활은 오늘날과 많이 달랐다. 죄수가 먹을 것은 그 가족이 책임지고 감당해야 했고, 죄수는 가족의 생계를 위해 감옥 안에서이긴 하지만 일도 할 수 있었다. 버니언은 가족을 부양하기 위해 구두끈 만드는 일을 했다. 가족들이 방문하는 때도 있었는데 그는 이들을 떠나보낼 때마다 고통스러워했다. 그는 자서전에서 "가련한 아내와 가난한 아이들과 떨어져 있어야 한다는 사실은 내 살과 뼈를 잡아 떼어내는 고통이었다"라고 고백하고 있다. 그런데 그는 수감 중에 자신을 위해 음식을 감옥까지 가져다주던, 당시 열세 살이었던 큰딸 메리의 죽음을 겪게 된다. 이러한 비보를 맞이한 버니언은 비통한 가운데《죽은 자의 부활 The Resurrection from The Dead》이라는 책을 써서 슬픔을 달래었다. 버니언은 수감 중에 많은 글을 썼다. 감옥이 그가 글을 쓰도록 만든 환경이었는지도 모른다. 1672년에 풀려난 버니언은 베드포드 교회의 비국교도 침례교 목사로 청빙을 받았고 이후 1676년 재투옥되었으나 1년이 지나지 않아 석방된다.《천로역정》은 그가 두 번째로 투옥되었던 2차 수감 생활 중에 완성된 글이다.

버니언은 1688년 어느 문제 있는 가정의 아들과 아버지를 화해시키고 오는 길에 비를 맞고 열병에 걸려 10일 후에 세상을 떠난다. 그는 마지막까지 목회자로서의 소임에 충실한 사람이

1667년, 베드포드 감옥의 존 버니언, 《존 버니언 전집The Complete Works Of John Bunyan》(Bradley, Garretson & Co., 1874)에 실림, 1874

었다. 청교도이자 순례자였던 그의 삶은 그 자체로 하나의 순례 여정이자 싸움이었다. 버니언은 런던에 있는 비국교도들의 묘지인 번힐 필즈Bunhill Fields에 묻혔고 그가 죽은 이듬해인 1689년엔 관용령Act of Toleration이 제정되어 비국교도도 종교의 자유를 얻게 되었다.

버니언의 저서들

버니언은 저서가 총 60여 권에 이를 정도로 다작을 했다. 이 중 버니언의 신학적이고 영성적인 특징을 대변할 수 있는 몇 권을 소개해보겠다.

버니언의 첫 저서이자 수감 전 쓴 책으로는《복음의 진리를 열다 Some Gospel-Truths Opened》(1656)와 이 책의 후속편인《저서 '복음의 진리를 열다'를 옹호하며 A Vindication of the Book Called, Some Gospel-Truths Opened》(1657)를 들 수 있다. 이 두 책은 당시 베드포드 지역에 성행하였던 퀘이커 Quaker 신앙을 겨냥하여 쓴 책이다. 퀘이커 교도들은 신자들 속에 거하는 성령의 내적 조명을 성경보다 더 중시하면서 성경은 절대적인 하나님의 말씀임을 강조하는 정통 칼뱅주의 입장과 여러 면에서 대치되고 있었다. 이는 버니언의 신앙 기조가 기록된 말씀의 권위를 강조하는 칼뱅주의적 입장에 철저히 기초하고 있음을 보여준다.

《성령으로 기도한다 I Will Pray with the Spirit》(1662)는 즉흥 기도에 대한 변증서이며 성공회가 쓰는 예전적인 공동기도서 The Book of Common Prayer에 반대하는 버니언의 모습을 보여준다. 이러한 예전적 기술은 인간의 인위적 작품에 불과할 뿐이며 성령이 역사하는 진정한 기도로는 볼 수 없다는 것이다.

버니언의 작품 중에는 그의 내면적 갈등과 경험을 반영하는 것 같은, 지옥에 대한 공포와 천국에 대한 열망을 담아낸 저서들도 눈에 뜨인다.《지옥에서의 탄식A Few Sighs from Hell》(1658)은 누가복음 16장에 나오는 부자와 거지 나사로의 비유에서 음부의 불꽃 속에서 고통스러워하는 부자를 통해 부가 초래하는 위험을 경고하고 있다.《거룩한 도성The Holy City》(1665)은 계시록 말미에 나오는 새 예루살렘에 대한 영광스러운 비전에 관한 저술로, 지옥에 대한 엄중한 경고만큼이나 영광스러운 천국에 대한 그의 열망을 보여준다.

버니언의 신학적 소양과 더불어 문학적 자질이 부각되는 작품도 있다. 수감 중에 쓴《유익한 명상Profitable Meditations》(1661)은 운율을 갖춘 시 형식으로 쓰인 작품이다. 이 책에는 사탄과 죽음의 대화, 그리스도와 죄인이 주고받는 대화와 같이 대화 형식으로 쓴 부분도 있다. 이 책은 복음과 구속에 대한 버니언의 깊이 있는 이해를 섬세하게 짜 맞춘 운율 안에 담아내고 있는데, 이러한 시적 재능은《천로역정》을 비롯한 여러 작품에서 군데군데 나타난다.

수감 중인 1666년에 버니언은 자서전《가장 사악한 죄인에게 넘치는 은총Grace Abounding to the Chief of Sinner》을 출간한다. 버니언의 회심과 영적 순례의 여정을 세밀하게 기록한 고백록이다. 출소 후 저술한《악인 씨의 삶과 죽음The Life and Death of Mr. Badman》(1680)은 평범한 죄인이 어떻게 영원한 멸망에 이르는가를 보여주는 이야기로《천로역정》의 여정과 반대로 가는 과정을 보여

1679년에 발행된 《천로역정》에 실린 그림과 속표지(초판은 1678년에 발행)

준다. 《거룩한 전쟁The Holy War》(1682)과 《천로역정 2부The Pilgrim's Progress, Part II》(1684)에 관해서는 아래에서 설명하도록 하겠다. 이렇게 다작을 했던 버니언은 40세 즈음부터 작가로 명성을 얻기 시작하였으며, 수감 중에 쓴 설교문들은 그가 간히기 전에 썼던 설교문보다 더욱 영향력을 발휘하였다.

《천로역정》

《천로역정》의 출간

《천로역정》은 전술한 바와 같이 1676년 버니언이 두 번째로 투옥되었을 때 원고가 완성된 것으로 보인다. 버니언은 출판사에 원고를 넘기며 작품이 볼품없다고 여겼지만, 예상과 달리 1678년 초판이 출간된 지 얼마 안 되어 최고의 베스트셀러로 급부상하게 되었다. 이 책은 그가 타계한 1688년까지, 즉 초판 발행 후 10년간 10회 이상 개정판이 발행되었으며 그때까지 10만 부가량 판매되었다는 기록이 남아 있다. 《천로역정》은 17세기 최고의 베스트셀러였고, 18세기를 영적 각성의 시대로 안내했던 영적 지침서였으며, 19세기 즉 "선교의 위대한 세기The Great Century of Missions"(라토렛)에는 선교사들의 손에 들린 필수품이 되었다. 이 작품은 1886년 미국에서 일어난 학생자원선교운동The Student Volunteer Movement의 여파로 영미권 선교사들을 통해 세계 곳곳으로 퍼져 나갔다.

한국에서의 출간

한국에서 《천로역정》은 1894년 캐나다 출신의 제임스 게일James Gale, 1863~1937 선교사가 원산에서 번역하여 1895년 배재학당의 삼문출판사를 통해 최초로 소개되었다. 한국에 개신교가 들어온

제임스 게일이 번역하여 1895년 간행된 한국어판《천로역정》표지

지 10년 만이었다. 흥미롭게도 게일은 17세기 한국 고소설인 김만중의《구운몽》을 영어로 번역하여 서양에 소개하기도 하였다. 같은 시대에 쓰인 두 작품 모두 꿈을 통해 이야기를 전달한다는 점이 게일의 관심을 끌었는지도 모른다. 한국어판《천로역정》은 민속화가 김준근의 삽화로 더욱 눈길을 끌었다. 삽화의 인물들은 서양식 의복이 아니라 갓을 쓰고 도포를 입고 있다. 등장인물 명이나 지명은 기독도 基督徒(크리스천), 은조 恩助(도움), 장망성 將亡城(장차 망할 성), 미궁 美宮(아름다운 궁전), 사하 死江(죽음의 강)와 같이 한자어로 풀었다. 이는 토착화의 한 본보기를 보여준다.《천로역

정》은 구한말에 출판될 때부터 인기가 많았으며 1907년 평양대 각성운동의 주역이 된 길선주 목사1869~1935에게도 영향을 미쳤다. 이후에는 부흥사 이성봉 목사1900~1965의《천로역정강화》를 통해 더욱 널리 소개되었다.

《천로역정》의 구성

《천로역정》은 크게 2부로 구성되어 있다. 우리에게 잘 알려진 내용은 주로 1부이지만 사실은 후속작까지 합쳐진 2부작인 것이다. 2부는 초판 발행 6년 후인 1684년에 나왔다. 이는 1부의 주인공인 크리스천의 부인 크리스티아나와 그 아이들의 순례기이다. 버니언은 아마도 "주 예수를 믿으라 그리하면 너와 네 집이 구원을 얻으리라"행 16:31라는 성경 말씀을 염두에 두고 쓴 것이리라.

2부는 버니언의 해명으로 시작된다.《천로역정》1부가 선풍을 일으키자 위작들이 나타났는데, 버니언은 이에 대한 우려를 표하며 진정한 저자는 자신임을 밝히고 있다. 또한《천로역정》에 쏟아진 그간의 평판 가운데 부당한 것들에 대해 해명하는데, 이를 통해 좋든 나쁘든 당시 작품이 끼친 영향력이 컸음을 알 수 있다.

《천로역정》은 앞서 밝혔듯이 초판 발행 후 10년간 10회 이상 개정판이 발행되었는데, 등장인물은 판을 거듭하면서 조금씩 변했다. 주요 등장인물은 1부와 2부 각각 20명 이상이고, 그 외에도 수많은 군소 인물들이 등장한다. 덧붙여 풍유법諷諭法으로 쓰인 이 작품은 등장인물의 이름만으로도 인물의 성격을 가늠할 수 있다.

여행과 싸움이라는 상징

《천로역정》은 작품 전체가 여행을 하는 이야기이며, 한편으로는 싸우는 이야기라고도 할 수 있다. 여행과 싸움은 삶을 빗대는 고전적인 상징이다. 서양 문학의 효시라고 이야기되는《일리아스Ilias》와《오뒷세이아Odysseia》를 그러한 상징을 활용한 대표적인 작품이라고도 볼 수 있다.《일리아스》는 고대 그리스의 에게인과 트로이인 간에 있었던 긴 싸움에 관한 이야기이며,《오뒷세이아》는 영웅 오뒷세우스가 전쟁이 끝난 후 고향으로 돌아가는 길에 겪는 역경과 모험에 대한 이야기이다. 우리가 이런 작품을 흥미롭게 보는 것은 그 이야기에 드러난 상징이 인생의 공통적인 경험으로 공감이 가기 때문이리라. 존 버니언은 이러한 고전적인 상징을 탁월하게 활용한 작가였다.

버니언의 또 다른 작품《거룩한 전쟁The Holy War》은 싸움이라는 상징이 작품 전체를 관통한다. 이는 그가 죽기 6년 전인 1682년에 쓰인 책으로 '디아볼루스Diabulus'와 '임마누엘Emmanuel' 간의 전쟁에 관한 이야기이다. 이 전쟁은 전능자 '샤다이Shaddai'의 성 '만술Mansoul'에서 치러진다. 여기서 버니언은 선과 악의 우주적 전쟁이 하나님의 창조물인 인간의 영혼 안에서도 일어나고 있음을 보여준다. 인간의 마음이 바로 영적 전쟁터임을 그리고 있는 것이다.

줄거리

─────────1부─────────

1부는 "세상의 광야를 헤매다가 동굴이 있는 곳에 이르렀다. … 그러곤 깜빡 잠이 들었는데 꿈을 꾸었다"라는 문장으로 시작된다. '크리스천Christian'이라 불리는 한 남자가 등에는 무거운 짐을 지고 손에는 책을 들고 있다. 그는 울면서 탄식한다. "도대체 어떻게 해야 한단 말인가!" 이때 '전도자Evangelist'가 나타나 '멸망의 도시'를 벗어나는 방법을 안내하고, 크리스천은 곧 영원한 생명을 위한 순례길을 떠난다.

그러나 그 길은 쉽지 않다. 크리스천은 '낙담Despond'이라 불리는 절망의 늪에 빠지고 만다. 그의 순례를 만류하려다가 동행하기로 결심한 '유순한Pliable'은 이 늪을 만나자 가까스로 벗어난 후 순례길을 포기한다. 크리스천은 기적같이 나타난 '헬프Help'의 손에 이끌리어 늪에서 벗어난다. 이후 그는 '세속현자Worldy-Wiseman'를 만나 그의 조언에 따라 등에 멘 무거운 짐을 벗어보고자 '도덕골Morality'이라는 마을을 찾아간다. 그러나 험난한 길과 천둥번개는 그의 여정을 어렵게 만든다.

이때 다시 나타난 전도자는 엄중한 경고와 함께 크리스천을 양의 문으로 갈 수 있는 좁은 길로 안내한다. 양의 문에 도착한 그는 문지기 '선의Good-Will'를 통해 '해석자Interpreter'의 집으로 안내를 받는다. 거기서 그는 앞으로의 순례길을 견고한 마음으로 걸어가기 위해 명심해야 할 일곱 가지 교훈을 받는다. 그리고 순례자는 그 집을 나와 십자가가 있는 언덕에 이르는데, 그때 비로소 그의 등을 무겁게 짓누르던 죄 짐이 벗겨지게 된다. 빛나는 옷의 세 천사가 나타나 그가 죄 사함 받았음을 알려주고 새 옷과 하늘나라까지 지니고 가야 할 두루마리를 준다.

이후에 크리스천은 양의 문을 통과하지 않고 온 두 명의 순례자 '허울Formalist'과 '위선Hypocrisy'을 만난다. 이 세 순례자는 '곤고재The Hill Difficulty'라는 고개에서 각자의 판단에 따라 다른 길을 택하여 가게 된다. 크리스천은 좁은 길을 택하여 곧장 걸어가지만 나머지 두 사람은 쉬운 길을 택하여 걷다가 결국 목숨을 잃는다. 산 중턱에 오른 크리스천은 정자에서 잠시 쉬면서 그가 받은 두루마리를 읽다가 이내 잠이 든다. 잠에서 깨어 얼마간 순례길을 걷던 크리스천은 위로의 말씀이 가득한 두루마리를 잃어버린 것을 알고 정자로 되돌아가 두루마리를 되찾는다. 그는 이후 '뷰티풀House Beautiful'이라는 대궐 같은 저택 앞에 서는데, 그 입구에는 사나운 사자 두 마리가 묶여서 들어가는 사람을 향해 울부짖고 있었다. 저택 문지기인 '주의깊은Watchful'은 겁에 질린 크리스천에게 그 사자들은 묶여 있으므로 길 가운데로만 걸어오면 무사히 들어올 수 있다고 전해준다. 그는 안심하고, 문지기의 말을 따라 안전하게 저택에 들어가 거기서 며칠간 휴식하며 네 명의 숙녀 '신중Discretion', '분별Prudence', '경건Piety', '자선Charity'을 만나고 무기고에서 다음 순례길에서 맞이할 싸움을 위한 무장을 하게 된다. '겸손의 골짜기The Valley of Humiliation'에서 크리스천은 '아볼루온Apollyon'이라 불리는 괴물을 만나 격투를 벌이고 마침내 괴물은 떠나간다. 싸움에서 상처를 입은 그는 상처를 아물리고 이어 '죽음의 그늘 골짜기The Valley of the Shadow of Death'라는 협곡으로 들어간다. 폭이 매우 좁은 그 길에선 수많은 유혹과 위협의 목소리들이 귓가에 들려온다. 순례자는 골짜기를 빠져나가는 어간에 '교황Pope'과 '이교도Pagan'라는 두 거인이 있는 동굴을 보게 되는데 거기엔 그들에게 희생당한 이들의 유골이 가득 차 있었다.

그곳을 빠져나온 크리스천은 곧 '신실Faithful'이라는 또 다른 순례자를 만나 동행한다. 신실은 그동안 자신이 겪었던 순례여정을 이야기하는데 그때 전도자가 나타나 두 사람 가운데 하나는 '허망Vanity'이라는 동네에서 목숨을 잃게 될 것이라고 말한다. '허망시장Vanity Fair'에서 두 사람은 낯선 행동거지 때문에 괴롭힘을 당하고 아울러 마을의 질서를 문란케 한다는 죄목으로 체포되어 재판을 받는다. 재판장 '협선 대감Lord Hate-Good'은 두 사람 모두에게 유죄를 선고한다. 신실은 참혹하게 죽임을 당하는데 그때 그의 영혼은 하늘로부터 온 수레를 타고 하늘나라로 간다.

기적처럼 그곳을 탈출한 크리스천은 곧 또 다른 동행자 '소망 Hopeful'을 만난다. '소망'은 허영의 마을에 있었으나 거기서 크리스천과 신실의 행동을 보고 큰 격려를 받은 사람이었다. 이 두 순례자는 길에서 '돈Lucre'이라 불리는 은광이 있는 언덕으로 유혹하는 '데마Demas'라는 자를 만나게 되는데 이때 소금 기둥으로 변한 롯의 아내의 모습을 보았다. 세상에 미련을 둔 자들의 결과를 본 것이다. 유혹의 위기를 넘긴 크리스천과 소망은 계속해서 이야기를 주거니 받거니 하면서 서로 격려하고 힘을 받는다. 그러나 얼마 후 그들은 잠시 곁길로 빠졌다가 '절망거인Giant Despair'에게 잡혀 '의심의 성Doubting Castle'에 갇히게 된다. 나흘간 절망거인으로부터 심한 매질과 수모를 당한 이들은 자살하고 싶은 마음까지 찾아오는 극한의 절망에 이른다. 그러나 밤새 기도하는 중에 크리스천은 '언약Promise'이라는 열쇠를 품에 지니고 있었음을 깨닫고 이내 감옥문을 열고 탈출하는 데 성공한다.

그들은 '기쁨산맥The Delectable Mountains'에 도착하여 몸을 씻고 과일을 먹고 목자들의 환영을 받으며 새 힘을 얻는다. 그들은 순례길에서 또 유혹에 빠지지만 천사의 책망과 징계를 받고 유혹에서 벗어난다. 그리고 순례자들을 졸음에 빠트리는 '마법의 땅 Enchanted Ground'을 가까스로 통과하여 '뺄라Beulah' 지방에 이른다. 거기는 천성이 바라보이는 곳이었다. 그러나 천성과 그들 사이엔 강이 가로놓여 있었다. 하늘나라로 가고자 하는 자는 반드시 이 강을 건너야 했다. 크리스천은 강에 발을 들여놓으며 건너기 시작한다. 그런데 그 강은 물의 깊이가 사람의 믿음에 따라 변하는 강이었다. 믿음이 옅은 자는 깊게, 강한 자는 얕게 느껴지는 신비로운 강이었던 것이다. 크리스천은 때로 죄책감에 사로잡혀 믿음을 잃고 물에 깊이 빠지기도 하지만 소망과 함께 마침내 그 강을 건넌다. 두 순례자는 천사들의 마중을 받으며 긴 순례여정을 끝내고 목적지인 하늘나라에 이른다.

―――――――― 2부 ――――――――

2부는 크리스천의 아내 '크리스티아나Christiana'와 그녀의 어린 네 아들 '매튜Matthew', '새뮤얼Samuel', '조셉Joseph', '제임스James', 그리고 이들의 순례길에 동행하기로 한 이웃 '자비Mercy' 양이 하늘나라를 향해 가는 여정이다. 여기선 2부의 줄거리와 더불어 1부와의 공통점과 차이점을 같이 설명하겠다.

2부에선 크리스티아나가 하늘나라에서 온 '비결Secret'이라는 이를 통해 하늘로부터 초대를 받아 순례길을 출발하게 되는데 '총명Sagacity'이라는 노인이 내레이터가 되어 이야기를 전개한다. 그들의 여정은 크리스천의 그것과 거의 같지만 그들은 또 다른 경험을 하게 된다.

순례길을 떠난 지 얼마 되지 않아 크리스티아나와 자비에게

흑심을 품은 사내들이 접근한다. 이때 '구조자Reliever'가 이들을 도와준다. 그들이 해석자의 집에 들렀을 때 해석자는 이들에게 크리스천에게 보여줬던 것과 다른 장면들을 보여준다. 순례자들이 다시 길을 떠날 때 해석자는 '담대Great-heart'라 불리는 이를 딸려 보내어 뷰티풀 저택으로 가는 그들을 보호한다. 용맹한 담대는 이후 네 명의 거인 '잔혹Grim', '쇠망치Maul', '살선괴Slay-good', '절망Despair'을 죽이고 허영의 마을을 공포에 빠뜨리는 괴물도 죽인다.

일행은 이전에 크리스천이 잠시 쉬다 간 정자에 도착한다. 그런데 크리스천이 전에 그곳에 두루마리를 놓고 갔던 것처럼 크리스티아나도 음료를 놓고 간다. 이는 사람은 모두 연약하여 누구든지 망각할 수 있음을 보여준다.

뷰티풀 저택에서 순례자들은 크리스천이 머문 시간보다 더 긴 한 달가량을 머물게 된다. 여기서 자비가 꾼 꿈 이야기를 통해 꿈을 통해서도 말씀하시는 하나님의 음성을 들을 수 있는 섬세한 직관에 대해 이야기한다. 그리고 '분별Prudence'이 네 아이들과 주고받는 대화는 학습 문답과 같은 형태로 이루어지면서 교리교육적 성격을 다분히 드러낸다. 또한 자비에게 구애하던 '번영Mr. Brisk'이 자비가 가난한 사람들을 위해 옷을 만드는 것을 보고 돌아서는 모습을 통해 신앙인이 겪을 수 있는 현실적인 어려움도 그려내고 있다. 마귀의 정원에서 훔친 과실을 먹은 큰아들 매튜가 복통으로 괴로워할 때 나타난 의사 '노련Skill'이 처방하는 약의 성분을 통해 영혼의 병을 치료하는 방편을 제시한다.

그들은 겸손의 골짜기와 죽음의 그늘 골짜기를 통과하고, 크리스천을 기억하는 노인 '정직Honest'을 만나 동행한다. 순례자들은 크리스천이 거쳐가지 않은 가이오의 여관에 들러 또다시 긴 시간을 체류하며 가이오와 신앙에 관한 대화를 나눈다. 비록 죄가 여자로 인해 잉태되었지만, 생명을 주실 구세주 또한 여인을 통해 잉태되었다는 놀라운 이야기를 통해 구속사에 기여한 여인들의 역할에 관해 논한다. 이는 여성의 관점에서 구속 역사를 재조명한 것이다.

이 길고 긴 순례길에서는 크리스티아나의 네 아들이 모두 결혼을 하게 된다. 또 '심약Feeble-mind' 씨와 목발을 짚은 '주저Ready-To-Halt' 씨 등이 합류하여 순례자들은 점점 더 늘어간다. 담대와 순례자들은 한 팀이 되어 격렬한 싸움 끝에 절망거인을 죽이고 의심의 성을 허물고 거기에 갇혀 있던 '의기소침Despondency'과 그의 딸 '겁보Much-afraid'를 구해낸다. 이들도 순례자의 무리에 합류한다. 나중엔 격투 끝에 상처를 입은 '진리용사Valiant-for-truth'도 함께한다. 1부와 달리 2부에선 순례자의 무리가, 그것도 연약한 이들이 점점 더 늘어나는 것을 볼 수 있다.

그들은 뿔라 땅을 지나 죽음의 강을 맞이한다. 크리스티아나는 하늘로부터 곧 강을 건너 천성에 올 것이라는 전갈을 받는다. 그녀는 남은 순례자들에게 일일이 인사를 나누고 강을 건넌다. 곧 주저도 부름을 받고는 그가 썼던 목발을 넘겨주고 떠나간다. 심약도 부름을 받고 그 뒤를 따른다. 하나둘씩 다 이렇게 부름을 받고 강을 건너지만 크리스티아나의 네 아들과 그들의 가족은 이 땅에서 교회를 돕는 일을 하며 강을 건너지 않고 그곳에 남아 있다. 이는 앞으로 순례를 이어갈 순례자들에게 희망과 격려를 주는 결말이라고 볼 수 있다.

　1부와 2부는 여러 면에서 대조적이다. 1부의 순례길이 엄중하고 치열한 싸움으로서의 면모가 부각되는 반면, 2부의 여정은 배려와 격려가 넘치는 길이다. 또 2부의 여정은 1부보다 시간적으로 길다. 젊을 때 길을 떠난 크리스티아나가 노인이 되어가는 모습을 보며 우리의 짧지 않은 인생 전체가 곧 순례길임을 알 수 있다. 또 2부의 순례여정은 다분히 관계 중심적이고 공동체적인 특성을 띤다. 2부는 '남성'이 아닌 이들, 즉 여성·어린이·노인·환자와 같이 '약한' 이들에게 주목하며, 그들을 통해 인간적이고 현실적인 순례자의 모습을 보여준다. 또 2부는 일상적이고 소소한 사건들을 통해 주인공의 가족을 비롯하여 도움이 필요한 이들을 보호하고 이끄는 순례길의 은혜를 묘사함으로써 연약한 우리의 성정과 현실에 더없이 큰 위로와 소망을 준다. 이처럼 2부는 등장인물과 순례 과정을 통해 '남성' 위주의 1부를 보완하고 균형을 잡아준다는 데에도 그 의의가 있다.

《천로역정》의 신학적 의미

성화의 과정

크리스천의 등에 무겁게 메여 있던 죄 짐은 십자가 언덕에서 벗겨진다. 크리스천의 여정에서 십자가는 종착점이 아니라 시작점에 불과하다. 순례자는 이후에 길고 긴 여정을 이어간다. 즉, 그리스도의 십자가는 기독교인에게 중요하지만 그것이 끝은 아니라는 것이다. 기독교인의 삶은 구원받음으로 시작된다. 이는 기독교가 다른 종교와 크게 다른 점이기도 하다. 불교나 이슬람교에선 구도의 끝에 '구원'이 있다고 볼 수 있다. 불교도는 열반의 경지에 이르고자 힘쓰고, 이슬람교도도 구원받기 위해 선행을 하고 계율을 지키고자 한다. 그러나 기독교에서는 인간이 구원을 향해 가는 것이 아니라, 하나님이 구원을 위해 오신다고 본다. 구원은 우리가 아무리 노력해도 이를 수 없는 길, 취할 수 없는 도이기에 하나님께서 친히 죄 문제를 해결하시고 구원의 문을 열어놓으신 것이다.

그렇다면 우리는 구원 이후에 무엇을 추구해야 하는가? 그것은 곧 성화聖化, sanctification이다. 신앙 여정은 바로 이 성화의 과정이다. 이러한 관점으로《천로역정》을 읽어보면 그 의미가 더욱 명확히 와닿는다. 작품에서 죄 사함을 받고 거듭나는 중생重生의 체험은 순간적으로 이루어지지만 성화의 과정은 점진적으로 진행된다. 십자가 체험 이후 크리스천이 만난 허울과 위선은 구원 받은 후에도 우리가 잘못 취할 수 있는 태도에 관한 교훈을 준다. 곤고재는 신앙과 믿음의 훈련을, 정자에서의 휴식은 어려움 속에서도 쉬게 해주시는 하나님의 은혜를 말해준다. 마귀와 귀신의 공격을 상징하는, 뷰티풀 저택 앞의 사자 두 마리는 그것이 우리를 위협하는 것 같으나 실제로는 하나님의 주권 하에 매여 있음을 보여준다. 크리스천이 만난 네 명의 숙녀(신중, 분별, 경건, 자선)는 신앙생활의 덕목을 말해준다. 그곳에서 취한 영적 무장은 에베소서(6:10-18 참조)에서 언급된, 영적 싸움에서 취해야 할 요소들을 그려내고 있다. 죽음의 그늘 골짜기를 지날 때 드렸던 '온갖 기도All-prayer'와 의심의 성을 탈출하기 직전 밤새 드렸던 기도는 기도의 중요성을 보여준다. 허영 마을은 우리가 사는 세상의 모습을 여지없이 보여준다. 기쁨산맥은 절망 이후에 회복을 누리는 기쁨을, 뷸라 땅은 최종적으로 누릴 약속된 성화의 기쁨을, 그리고 죽음의 강을 건너 천성을 향해 가는 것은 최종 승리를 위한 믿음의 과정을 보여준다.

하나님의 주도적인 역할

《천로역정》은 구원 역사에서의 하나님의 주권적이고 주도적인 역할이 강조되어 있다. 1부에서 크리스천이 만나는 전도자나 혼자 힘으로는 도저히 빠져나올 수 없는 절망의 늪에 빠졌을 때 도움을 준 헬프와 같은 이들의 등장에서 이를 알 수 있다. 또한 2부에선 크리스티아나가 하나님의 초대장을 들고 찾아온 비결의 방문을 받고서 순례길을 시작한다. 이러한 설정은 하나님께서 친히 구원 과정에 개입하시고 주권적으로 역사하심을, 즉 하나님이 주도적으로 이끌어가시는 구원의 섭리를 보여준다. 이것은 동시에 구원은 인간의 의나 노력으로 성취되는 것이 아니라 오직 하나님의 은혜임을 보여준다.

신앙 여정에서의 동행과 공동체성 강조

《천로역정》에서 순례자는 길을 내내 혼자 걷지 않는다. 순례자는 반드시 또 다른 순례자를 만난다. 크리스천은 신실, 소망과 동행하면서 서로 경험을 나누며 위로와 격려를 받는다. 전도자의 경우, 버니언이 실제로 막중한 영향을 받았던 기퍼드 목사의 화신이다. 2부에서는 점점 더 많은 동행자들로 인해 신앙의 공동체가 형성되어가는 장면을 볼 수 있는데, 이는 교회의 중요성을 말해준다.

칼뱅주의적 청교도 신학

청교도문학의 백미라 할 수 있는 《천로역정》은 하나님의 주권을 강조하는 칼뱅주의적 틀을 가지고 있다. 청교도운동은 종교개혁 이후 영국에서 일어난 운동으로 영국의 국교가 된 성공회가 온

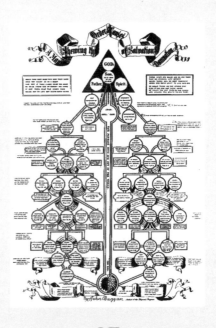

존 버니언, 〈천국과 지옥으로 가는 단계와 원인을 보여주는 지도 A Map Shewing the Order & Causes of Salvation & Damnation〉

전한 개혁에 이르지 못하였다고 느낀 이들이 일으킨 운동이다. 이들을 일컬어 퓨리턴Puritans이라 한다.

《천로역정》은 소위 '구원의 단계Order of Salvation'를 보여준다. 칼뱅주의에서 구원의 단계는 부르심calling, 칭의稱義, justification, 성화聖化, sanctification, 그리고 영화榮華, glorification로 나아간다. 이는 각각 멸망의 도시, 십자가 언덕, 긴 순례의 과정을 거쳐 마침내 죽음의 강을 건너 하늘나라로 이어지는 장면으로 펼쳐진다. 흥미롭게도 버니언은 이러한 과정을 정교한 도표로 만들었다. 구원과 멸망에 이르는 과정을 각각 보여주는 이러한 도표는 케임브리지 출신 청교도 신학자인 윌리엄 퍼킨스William Perkins, 1558~1602의 도식 골든 체인Golden Chain에서 선례를 볼 수 있다. 버니언은 이를 모델로 1663년경 도표를 만든 것으로 추정된다. 이때는《천로역정》출판 전인데, 이를 통해 버니언에겐 이미 상당한 신학적 소양이 있었으며,《천로역정》의 내러티브는 이러한 신학적 바탕 위에 정교하게 구성된 것임을 알 수 있다.《천로역정》은 그야말로 우화를 통해 풀어 쓴 조직신학서라고도 할 수 있다. 신학에 관심이 깊은 독자라면 작품과 함께 앞서 말한 도표를 찾아보아도 좋겠다.

성서의 중심성

《천로역정》에서 전개되는 모든 대화와 서술문에는 성경구절들이 녹아들어 있다. 작품에 인용되었거나 참고된 수많은 성경구절을 표기해놓은《천로역정》현대주해판을 보면 '기록된 성경말씀'이 그 양과 빈도에서 얼마큼 확고하게 자리 잡고 있는지를 쉬 볼 수 있다. 또《천로역정》은 성경의 내적 권위뿐 아니라 외적 권위 또한 강조하고 있는데, 이는 당대 퀘이커파의 주관적인 내적 조명에 대한 지나친 강조로 인해 상대적으로 성경의 객관적이고 외적인 권위가 약해진 것에 대한 반론을 의미한다.

버니언은 탁월한 작가이자 통찰력 있는 신학자였다. 그리고 《천로역정》은 성경의 많은 이야기들과 버니언 자신의 생애를 압축해놓은 작품이다. 《천로역정》은 궁극적으로 영원한 구원을 향해 가는 이야기이지만 수많은 인물들의 행동과 대화에선 일상적인 경험을 디테일하게 다루고 있다. 또 그 속에는 성경에 대한 이해와 깊은 신학적 담론이 녹아 있어 그리스도인의 삶을 위한 충실한 안내서로 손색이 없다. 《천로역정》은 그간 드라마와 영화, 성경공부 교재 등으로도 소개되었고 최근에는(2019년 부활절을 맞아) 새로운 애니메이션으로도 나왔으니 작품을 다양한 형식으로 접해보는 것도 좋을 듯하다.

참고문헌

———————————— 단행본 ————————————

Bunyan, John. *Grace Abounding to the Chief of Sinners*. Edited with an Introduction by W. R. Owens. Penguin Books: London, 1987.

De Vries, Pieter. *John Bunyan on the Order of Salvation*. Translated by C. van. Haafften. New York: Peter Lang, 1994.

Dunan-Page, Anne. ed. *The Cambridge Companion to Bunyan*. Cambridge: Cambridge University Press, 2010.

Furlong, Monica. *Puritan's Progress*. New York: Coward, McCann & Geoghegan, 1975.

Horner, Barry E. *An Evangelical Commentary on The Pilgrim's Progress by John Bunyan: Themes and Issues*. Lindenhurst. NY: Reformation Press, 2001.

Mullett, Michael. *John Bunyan in Context*. Keele, Staffordshire: Keele University Press, 1996.

Talon, Henri. *John Bunyan: The Man and His Works*. London: Rockliff, 1951.

———————————— 정기간행물 ————————————

Christian History. Issue 11 (Vol. 5, No. 3). 1986.

1628   영국 베드포드 근처에 있는 엘스토에서 땜장이의 맏아들로 태어나다.

1644   열여섯에 의회군 병사로 징집을 당하다.

1647   군대가 해산되고, 엘스토로 돌아와 땜장이 일을 계속하다.

1649   제대 후 첫 번째 부인과 결혼하다. 그녀가 지참금으로 가지고 온 두 권의 청교
        도 저서를 통해 신앙을 갖기 시작하다. 두 책은 아서 텐트의 《천국을 향한 평신
        도의 길The Plain Man's Pathway to Heaven》과 루이스 베일리의 《경건의 실천The
        Practice of Piety》이다. 그의 첫 번째 부인 이름은 기록되어 있지 않다.

1653   베드포드의 일반 침례교회 목사 존 기퍼드를 만나 카운슬링을 듣고, 그의 교회에
        나가기 시작하다.

1655   엘스토에서 베드포드로 이주해 마을에서 설교하기 시작하다.

1659   첫 번째 부인과 사별 후 엘리자베스와 재혼하다.

1660   강한 형벌로 설교를 금지하던 당시, 불법 집회를 인도했다는 죄목으로 체포되고
        옥살이를 시작하다. 옥살이를 했던 버니언을 위해 엘리자베스는 여러 탄원을 올
        렸다.

1666 그의 영적 자서전 《가장 사악한 죄인에게 넘치는 은총Grace Abounding to the Chief of Sinners》이 출간되다.

1672 1월 21일, 베드포드 교회의 목사가 되다. 3월에 감옥에서 풀려나다.

1677 설교로 인해 다시 6개월간 투옥되다. 5월 9일, 찰스 2세의 관용령에 의해 설교할 수 있는 자격을 얻다. 베드포드 교회는 회중 모임 장소로 인가를 얻다.

1678 5년 동안 감옥에서 집필한 《천로역정》 제1부가 출간되다.

1682 《거룩한 싸움The Holy War》이 출간되다.

1684 《천로역정》의 위작들이 판을 치자 오랫동안 고심한 끝에 제2부를 써 마침내 출간하다.

1686 60권이 넘는 그의 저작 중 마지막 작품이라 알려진 《소년 소녀들을 위한 책A Book for Boys and Girls》이 출간되다.

1688 어느 가정의 아들과 아버지를 화해시키고 오는 길에 비를 맞아서 열병이 걸려 10일 후 8월 31일에 세상을 떠나다. 런던 번힐필즈에 묻히다.

The Pilgrim's
Progress
Part II